高等院校工商管理类创新课程体系教材
省级精品课程教材

基础会计

Basic Accounting

杨成文 主 编
吴 涛 副主编

东北财经大学出版社
Dongbei University of Finance & Economics Press
大连

图书在版编目（CIP）数据

基础会计 / 杨成文主编. —大连 ：东北财经大学出版社，2017.7
（高等院校工商管理类创新课程体系教材）
ISBN 978-7-5654-2780-0

Ⅰ. 基… Ⅱ. 杨… Ⅲ. 会计学-高等学校-教材 Ⅳ. F230

中国版本图书馆CIP数据核字（2017）第122344号

东北财经大学出版社出版
（大连市黑石礁尖山街217号 邮政编码 116025）
网　址：http：//www.dufep.cn
读者信箱：dufep@dufe.edu.cn

大连雪莲彩印有限公司印刷　　东北财经大学出版社发行

幅面尺寸：185mm×260mm　字数：358千字　印张：15.75　插页：1

2017年7月第1版　　2017年7月第1次印刷

责任编辑：王　莹　吴　茜　　责任校对：那　欣
封面设计：张智波　　版式设计：钟福建

定价：36.00元

教学支持　售后服务　联系电话：（0411）84710309

如有印装质量问题，请联系营销部：（0411）84710711

“高等院校工商管理类创新课程体系教材”

前　言

基础会计是学习会计的入门课程。在基础会计课程的学习过程中，初学者能否对会计产生学习兴趣，能否建立起对会计的逻辑、基本原理与方法的正确理解，对其在今后的会计学习道路上走得是否顺利、能走多远有着极其重要的影响。万事开头难，学习会计也不例外。为了让学生顺利地进入会计学殿堂，本书在编写过程中力求体现如下几个理念：

第一，以激发学习者的会计学习兴趣为突破口。每章都以引导案例开篇，带着问题去学习，全书内容力求结合实际。同时，各部分内容尽可能讲清楚为什么，避免因死记硬背式的灌输让学生对会计学习产生反感。

第二，遵从认知规律，建立起学习会计的逻辑。无论是会计学专业的学生还是非会计学专业的学生，学习基础会计之前，都是会计的“门外汉”。为此，本书从企业与会计的关系讲起，在认知为什么需要会计的基础上，按照“会计本质→会计目标（质量信息要求、财务报表）→会计要素及其变化规律→会计科目与账户→复式记账法及其应用→凭证与账簿→财产清查→财务报表”的基本顺序，将会计核算的专门方法嵌入整个会计循环。本书在总论部分简要介绍了财务报表这一会计工作的直接目标，让学习者先建立起学习各部分内容的目标导向。为避免因讲述太多的内容影响初学者对会计逻辑的理解，本书只以工业企业为例讲述一个循环。基础会计是在会计业务中学习会计基本理论和方法，而不是用基本理论和方法去准确地解决会计实务，否则就是急于求成，非但混淆了基础会计与财务会计的界限或分工，也学不好会计。

第三，体现最新的理论和会计发展趋势。对于初学者来说，基础会计是他们对会计的第一印象，第一印象非常重要，可能会决定其将来在很长一段时间内对会计的认识和理解。为此，我们力求把符合现代会计发展方向的理念渗透到字里行间，比如财务共享、管理会计的重要性、会计的国际趋同等。

第四，以最新的法律、法规及规章为依据。本书在编写过程中遵从财政部发布的“企业会计准则”体系，遵从财政部和国家档案局联合发布的《会计档案管理办法》，遵从财政部颁布的《会计基础工作规范》，反映我国2014年以来新制定的《企业会计准则第39号——公允价值计量》等3项新准则及新修订的《企业会计准则第2号——长期股权投资》等4项准则，体现2016年财政部、国家税务总局发布的《关于全面推开营业税改征增值税试点的通知》的要求。

第五，渗透会计国际趋同的理念。尽管基础会计中很少有会计国际趋同的具体内容，我们仍然力求在会计初学者的脑海中种下会计国际趋同的种子，为此在会计的本质、会计规范等章节中均增加了相关内容。

本书是省级精品课程教材、省级名校工程建设项目特色教材。本书不仅可以作为高等院校会计学、财务管理及其他经济与管理类专业在校生学习会计的启蒙教材，也可作为其他会计学习人员自学、培训的教科书。

本书由杨成文教授担任主编，吴涛副教授担任副主编。第1章、第2章、第3章由杨成文编写，第4章由李莉编写，第5章、第11章、第12章由吴涛编写，第6章、第7章由高丽华编写，第8章由丁淑芹编写，第9章由杨娜编写，第10章由王先鹿编写。

本教材在编写过程中参阅了大量书籍、资料，本教材的出版得到了东北财经大学出版社的大力支持，在此一并表示感谢。书中不足甚至错误之处，敬请专家、读者批评指正。

编　者

2017年3月

目　录

第1章/ 总　论

本章知识结构图

【学习目标】理解会计与企业运营中的角色与功能；掌握会计的本质与概念；理解会计的内容、职能、目标及信息质量要求；理解会计核算的基本前提和会计核算的方法；了解会计准则及会计的国际趋同。

引导案例

小程以优异的高考成绩被某大学会计学专业录取，非常高兴，因为他从历年各大学各专业的高考录取分数线看出，会计学专业录取分数线普遍较高，进入会计学专业是比较难的，他感觉自己非常幸运，憧憬着即将到来的大学生活。有一天和同学聊天时，同学问他：当会计不就是数数钱，记记账嘛，认识字会算数就行了，又不是什么科学，还用得着上大学学会计?！小程虽然高考志愿填报的是会计学，其实对会计学专业知之甚少，无言以对。回到家后他有些茫然，又联想起在某些电影、电视剧中看到的会计人员的角色，感觉有些后悔。那么，小程应该怎样回答这个问题呢?

华为集团CFO孟晚舟在2017年新年致辞中说道："全球259家子公司均要按照本地会计准则、中国会计准则、国际会计准则的要求，分别出具三种会计准则下的财务报告。还有，按产品、区域、BG、客户群等维度分别出具责任中心经营报告，这些报告都可以在5天之内高质量输出。""那个驼着背、弯着腰、端着水杯、戴着老花眼镜的账房先生，绝不再是我们的形象代言。"①会计学到底是一门怎样的学科?

1.1 企业与会计

会计已被公认为一门全世界通用的商务语言，离开了会计这门语言，一切商务活动都无法很好地沟通。当今社会，从个人到组织，从企业到政府，无不渗透着商务活动，社会经济各个方面越来越离不开会计，会计正扮演着越来越重要的角色。由于企业活动是最为典型的商务活动，作为会计学的入门，这里以企业活动为例，简单分析会计在企业活动中的角色。

① HW集团财经. 却顾所来径，苍苍横翠微——华为CFO孟晚舟2017年新年致辞［EB/OL］.［2016-12-31］. http://mini.eastday.com/a/161231001648111.html.

1.1.1 企业的本质与类型

“格力电器”“可口可乐”“阿里巴巴”“万达商场”等，你可以随口说出一大串企业的名字，我们对企业并不陌生甚至是非常熟悉，有些离我们很远，有些离我们很近，有些很大，有些很小，它们都为我们提供着不同的产品或服务。

企业是一种以营利为目的的经济组织，它通过人、财、物的投入，为顾客提供各种各样的产品或服务。在市场经济条件下，利润是企业生存和发展的基础，利润最大化是大多数企业的目标。现代经济学理论认为，企业本质上是一种“资源配置的机制”，通过提高资源配置的效率，节约交易成本。

1）企业按其财产构成、内部分工协作与外部社会经济联系的方式分类

企业按其财产构成、内部分工协作与外部社会经济联系的方式不同，可分为独资企业、合伙企业和公司制企业。这种分类常称为企业的组织形式。

（1）独资企业

独资企业是一个自然人出资并兴办的企业，其业主享有全部的经营所得，同时对债务负有完全责任。这种企业的规模一般较小，经营者和所有者合一，经营方式灵活，建立和停业程序简单，但这类企业自身财力有限，抵御风险的能力较弱。在法律上，独资企业是一种自然人企业。

（2）合伙企业

合伙企业是由两个或两个以上的自然人订立合伙协议，共同出资、合伙经营、共享收益、共担风险的营利组织，合伙人对合伙企业债务承担无限连带责任。合伙企业在登记注册前，合伙人通过签订协议确定各自的出资方式及数额、收益分享方式及比例等。在法律上，独资企业也是一种自然人企业。合伙企业在设立登记、纳税、业主责任等方面与独资企业有很多相似之处，但融资能力、抵御风险的能力、企业规模等方面有所提高，竞争能力大大提高，但由于合伙人对合伙企业债务承担无限连带责任等因素限制了企业规模的扩张。

（3）公司制企业

公司是指以营利为目的，由许多投资者共同出资组建，股东以其投资额为限对公司负责，公司以其全部财产对外承担民事责任的企业法人。公司的两种主要形式是有限责任公司和股份有限公司。有限责任公司股东以其出资额为限对公司承担责任，公司以其全部资产对公司的债务承担责任。股份有限公司是其全部资本分成等额股份，股东以其所持股份为限对公司承担责任、公司以其全部资产对公司的债务承担责任。公司制企业的主要特点如下：①公司具有法人资格。公司企业不同于独资企业和合伙企业等自然人企业，是一个独立的法人实体，法律单独规定了其权利和义务，具有独立的财产、自主经营、自负盈亏，所有权与经营权分离。②公司投资者（股东）对企业债务承担有限责任，不像独资企业和一般合伙企业那样承担无限责任。这一特点决定了公司可以募集大量资金，有利于企业规模的扩张。③股份可转让，流动性好。④公司制企业受到更多的法律约束，《公司法》等法律规范对企业行为进行严格的约束。

2）企业按其经营内容及盈利模式分类

企业按其经营内容及盈利模式不同，可分为工业企业、商业企业和服务企业等类型的

企业。

(1) 工业企业

工业企业是从事工业生产经营活动或提供工业性劳务的经济组织。该类企业借助机器等对原材料进行加工，生产出符合社会生产和人民生活需要的产品。例如，一汽集团生产汽车，海尔集团生产电冰箱等家用电器，青岛啤酒集团生产啤酒，Nike公司生产运动服装等。

(2) 商业企业

商业企业主要是通过对商品的购进和销售，完成商品由生产领域到消费领域转移的，满足消费者的需要。商品的购进、运输、储存、销售是流通过程中的四个基本环节。与工业企业不同，商业企业对经营的商品基本上不进行加工或只进行浅度加工。例如，青岛利群商场销售服装百货，苏宁电器主营电子产品等。

(3) 服务企业

服务企业是指提供服务而不是提供产品的企业，所从事的行业是服务业，包括软件和信息技术服务业，信息传输、仓储和邮政业，租赁业，科学研究和技术服务业，金融业，居民服务、修理和其他服务业，教育，卫生和社会工作，文化、体育和娱乐业，交通运输、制造业中的金属制品、机械和设备修理业，住宿和餐饮业等。我们身边的服务类企业比比皆是，例如银行、医院、会计师事务所等。

企业还可以按照规模的其他分类标准进行划分。不同类型的企业对会计有着不同的要求。

1.1.2 企业内部管理与会计

各种组织形式、各类经营内容的企业，企业的目标都是通过有效的组织管理活动实现利润最大化。企业管理具有复杂的内容，包括生产管理、经营管理、质量管理、物资管理等，涵盖人财物、供产销各个方面。这些内容，错综复杂，彼此渗透，相互影响，形成一个整体。以工业企业为例，其生产经营与生产要素流转的过程如图1-1所示。

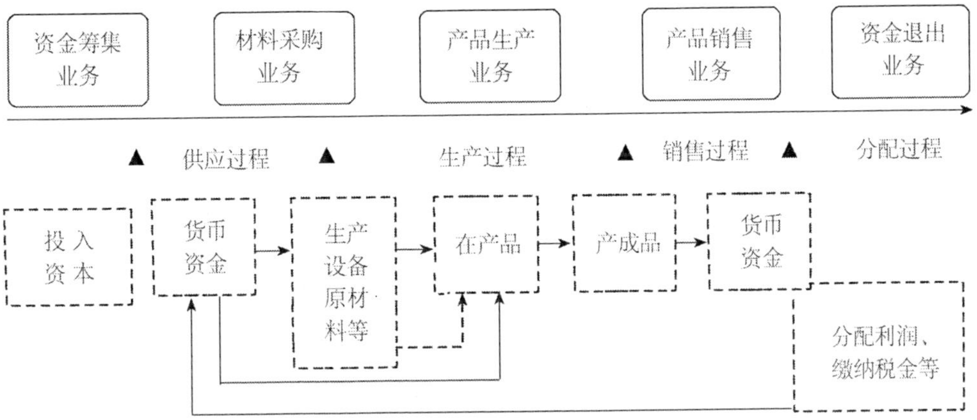

图1-1 工业企业生产经营与生产要素流转的过程

在上述生产过程中，企业必须要准确计算出各个要素的货币金额，计算出在产品、产成品的成本，计算出销售收入，计算出应纳税金额，计算出向投资者利润分配的金额等，进而计算出利润。各个管理部门通过控制各个要素耗费的金额，达到利润最大化的目标。这个对各个生产要素进行货币计量，记录计算货币金额并提供出相应的经济信息的过程，就是会计工作。可见，没有会计，根本就没法实现利润最大化的目标。特别是生产经营活动日益复杂的今天，企业管理活动更是离不开会计。

1.1.3 企业利益相关者与会计

任何一家企业都是在一定的社会经济环境下生存并开展生产经营活动的，只有正确处理好与利益相关者的关系，才有可能实现企业的目标。企业利益相关者是指对企业的经营行为与最终业绩有直接或间接影响的任何组织和个人，主要包括：所有者和股东、员工、银行和其他债权人、供应商、购买者和顾客、广告商、竞争对手、地方及国家政府、媒体公众等利益群体。

这些利益相关者大都需要了解企业的生产经营状况，掌握企业的相关经济信息。例如，投资者要根据企业的经济状况和盈利情况等信息进行投资决策；银行等金融机构要根据企业的资金状况、财务状况、盈利能力等信息决定是否给企业贷款；税务等政府部门要根据企业的利润水平、收入等信息计算税收金额等。这些信息大都是通过会计工作提供的，可以说离开了会计，企业将无法生存。

1.2 会计的产生、发展及会计的本质

会计是现代社会经济活动不可或缺的组成部分，离开了会计，企业将无法运转，甚至整个市场经济都无法正常运转。那会计的本质是什么？如何定义会计？其实会计是随着社会的发展而发展，随着环境的变化而不断变化的。探寻会计的本质需从其产生发展说起。

1.2.1 会计的产生和发展

随着社会生产的发展、科学技术水平的不断提高及经济管理的需要，会计经历了古代会计、近代会计、现代会计三个由低级到高级的发展阶段。

1）会计的产生

会计的历史虽然悠久，但何时诞生，诞生于何地至今尚不明确。实际上，会计的产生是个漫长的过程，它是随着人类生产力水平的逐步提高，随着人类文明的发展，随着加强经济管理、提高经济效益的需要而逐步诞生的。

人类要生存和发展就要有生产活动，生产活动是会计产生的前提条件。在生产过程中，一方面能够创造出物质财富，取得一定的劳动成果，另一方面也必然会产生人力、物力及财力等劳动消耗，人们自然会关心劳动成果与劳动耗费的比较，总是努力做到以尽可能少的劳动耗费，取得尽可能多的劳动成果。人类在认识、适应和改造大自然的过程中，生产工具不断改进，生产力水平不断提高，劳动成果越来越丰富。随着生产的发展，到了原始社会末期，特别是劳动成果有了剩余时，人们会更加注重剩余劳动的管理、交换、分配，因此，就必须在生产技术不断改进的同时，对劳动耗费和劳动成果采用一定方法进行记录、计算，并进行比较和分析，使劳动成果大于劳动耗费，但由于当时没有文字，人们只好用一些原始简单的方式进行记录，例如，“刻符记事”“结绳记事”等方法，这些原始的简单记录，就是会计的萌芽。

2）会计的发展阶段

（1）古代会计

这一阶段一般是指从会计的产生到复式记账的出现。

最初的会计记录是人们在生产之余进行的，是附属于生产活动的，当社会生产力发展到一定阶段时，会计才逐步从生产中分离出来，由专人负责，成为独立、专门的职能。例如在原始的印度公社已经有了记账员，负责登记农业项目及与此有关的一切事项，此时簿记独立地成为一个专职。而在古巴比伦、古希腊、古罗马也都有会计记录，这便是早期的古代会计，这个阶段会计记录一般都采用单式记账法。13世纪以后，随着商业的发展，特别是地中海沿岸商业的快速发展，单式记账已经不能满足经济发展的需要，逐步出现了复式记账的萌芽，例如：1211年，意大利佛罗伦萨银行账簿就采用了“借主”“贷主”分别登记债权、债务事项的处于萌芽阶段的复式记账法。

在我国，“会计”一词大约产生于西周时代，主要是指对财务收支业务的记录、计算和考核。据《周礼》记载，“司会主天下之大计，以岁会考岁成……”又据清代对官厅会计的考察，提出：“零星算之为计，总合算之为会。”西周还专门设置了会计官职，专门从事会计工作，例如“司书”“司会”等。秦汉时期，会计核算开始使用“入”“出”为记账符号，并有了记录会计事项的账簿。

到了唐朝，出现了“四柱结算”，也称“四柱清册”。四柱是指旧管、新收、开除和实在，即现在的期初结存、本期收入、本期支出、期末结存。它们之间的关系是：旧管+新收=开除+实在。“四柱清册”使我国古代会计提高到了一个新水平。明清时代又出现了“龙门账”，即把全部账目划分为“进”“缴”“存”“该”四大类。“进”指全部收入，“缴”指全部支出，“存”指全部资产，“该”指全部负债。它们之间的关系是：“进-缴=存-该”。“龙门账”要求对发生的会计事项，不再像之前一样，只反映经济事项的一个侧面，而是既要反映账项的“来龙”也要反映它的“去脉”，所以，这是我国最早的复式记账。由于古代会计主要是核算和监督朝廷官府的钱粮赋税收支活动，因此，将这个时期的会计称为“官厅会计”。

（2）近代会计

一般认为，从单式记账法过渡到复式记账法，即15世纪末期至20世纪30年代末这一时期为近代会计阶段。1494年，意大利数学家卢卡·帕乔利有关复式记账论著的问世，标志着近代会计的开端，是近代会计的形成标志。

近代会计与商品经济的发展有着不可分割的联系。这一时期意大利的佛罗伦萨、热那亚、威尼斯等地的商业和金融业特别繁荣，也因此要求记账方法不断改进和提高。复式记账技术首先运用于银行的存款转账业务。1494年，为适应经济发展的需要，意大利数学家卢卡·帕乔利出版了他的《算术、几何及比例概要》一书，系统地介绍了流行于意大利威尼斯一带的复式记账法，并在理论上进行了阐述。这标志着会计由单式簿记时期进入复式簿记时期，由此进入了近代会计的历史。

会计的理论与方法在15世纪到18世纪的发展是比较缓慢的。直到18世纪末19世纪初，蒸汽技术的发明，英国工业革命的实现，特别是股份公司的产生，促使会计有了较快的发展。会计由过去的记账和算账，发展到要编制和审查报表，研究资产的估价方法和有关理论等，会计逐步由应用技术发展为一门学科。

第一次世界大战以后，美国的生产和科学技术的发展都遥遥领先，取代了英国的地位，会计学的发展中心也从英国转移到美国。美国在20世纪20年代至30年代对标准成本会计的研究有了重大的发展。会计方法在这一时期已经比较完善，会计科学也逐步成熟。为规范会计工作、提高会计信息质量，以美国为首的一些国家会计师协会开始制定“公认会计原则”。“公认会计原则”的建立成为近代会计进入现代会计的标志。

（3）现代会计

现代会计一般是指从20世纪40年代开始到现在这一时期。

随着生产力的发展、科学技术的进步，经济活动越来越复杂，生产社会化程度越来越高，相应的，会计实践日趋丰富，会计理论更加完善，特别是现代数学、现代管理科学与会计的结合、电子计算机在会计中的应用，大大提高了会计工作的效率，使会计学的内容更加丰富，使会计信息的范围更加广泛，使会计信息的精确性和及时性得到提高，使会计工作在经济管理中发挥出更大的作用。至20世纪中叶，形成了比较完善的现代会计。一般地说，成本会计的出现和不断完善，管理会计与财务会计的分化，是现代会计的开端。此后，电子技术的飞速发展，经济的全球化、网络化、信息化使会计得到了更快的发展。人类进入21世纪，网络技术得到了突飞猛进的发展和广泛应用，特别是近年来大数据受到高度重视，会计已经出现了向财务共享发展的趋势。可以预言，现代会计将会随着网络技术的发展和企业管理模式的变革而发生快速发展和变革。

总之，会计是适应社会生产的需要而产生的，并随着社会生产的发展而不断地发展和完善的。

1.2.2 会计的本质

会计在不同的发展阶段，人们对它有不同的认识。我国儒家经典《周礼》中用“月计岁会”来描述会计；清代哲学家、数学家焦循所著的《孟子正义》中认为，“零星算之为计，总合算之为会”。

到了近现代会计阶段，曾经有“管理活动论”和“信息系统论”两种不同的观点。管理活动论认为，会计本质上是一种经济管理活动，是对能够用货币表现的经济事项，按特定的方法进行计量、记录、分类、汇总、分析评价、预测、参与决策、实行监督，旨在提高经济效益的一种管理活动。古典管理理论的先驱、法国古典管理理论学家亨利·法约尔把企业的全部活动分为：技术活动、商业活动、财务活动、安全活动、会计活动和管理活动六种活动；美国人卢瑟·古利克则把会计管理列为管理化功能之一；我国著名会计学家杨纪琬教授、阎达五教授是国内会计管理活动学派的代表人物。

信息系统论认为，会计本质上是一个经济信息系统，是处理经济数据、向信息使用者提供财务信息和其他经济信息的一个信息系统。美国会计学家A.C.利特尔顿在其《会计理论结构》一书中写道：“会计是一种特殊门类的信息服务。”这一观点应该是会计信息系统论的起源，自此之后，会计信息系统论的观点得到了广泛认可并流行。我国著名会计学家余绪缨教授、葛家澍教授是这一学派的代表人物，为会计信息论在我国的认可和传播做出了巨大贡献。

随着市场经济的不断发展，特别是资本市场的不断成熟，“管理活动论”和“信息系统论”两种观点的争论早已烟消云散。人们已经清楚地认识到，本质上会计是一个经济信息系统。

综上所述，我们将会计定义为：会计是以货币为主要计量单位，运用专门的方法，对会计主体单位的经济活动进行连续、系统、全面、综合的反映和监督，为会计信息的使用者提供决策有用的信息的一种经济信息系统，也是一项经济管理活动。

根据上述定义可从以下几方面理解会计的含义：

(1) 会计以货币为主要计量单位。货币是一般等价物，是衡量其他商品价值的共同尺度，只有统一以货币作为计量单位，才能对复杂多样的经济业务进行全面、综合的反映，进行汇总、比较。因此，会计以货币为主要计量单位，以实物量度和劳动量度作为辅助计量单位。

(2) 会计具有专门的方法。会计与其他学科一样，有自己独特、专门的方法。会计的专门方法包括会计核算的方法、会计分析的方法、会计检查的方法。会计核算的方法是对价值运动所产生的各种数据进行连续、系统的加工处理，直至提供全面、综合的会计信息所使用的方法；会计分析的方法是说明、辨别价值运动过程、结果及相互关系所使用的方法；会计检查的方法是运用会计资料检查各单位经济活动的合理性、合法性、有效性，并验证会计资料是否正确所使用的方法。会计方法以会计核算方法为基础，三种方法互相联系，形成了会计方法体系。

我们主要学习会计核算的方法。会计核算的方法包括：设置账户、复式记账、填制和审核凭证、登记账簿、成本计算、财产清查、编制财务报告等，我们将在以后的章节详细讲解。

(3) 连续、系统、全面、综合是其工作特点。会计对经济活动的反映和监督是连续、系统、全面、综合的。连续是指对经济业务的反映是按业务发生的时间顺序不间断、连续地进行。系统是指对于发生的经济业务要相互联系，又要按会计的方法归类、整理，形成系统、条理的会计信息。全面是指对于属于会计核算范围的经济业务，应全部地、不遗不漏地进行反映和监督。综合是指以货币为主要计量单位对经济业务进行汇总，形成满足会计信息使用者需求的总括的价值指标。

(4) 反映和监督是会计的职能，会计主要反映企业的财务状况、经营成果和现金流量等，并对企业经营活动和财务收支进行监督、检查。

(5) 能用货币表示的经济活动是会计的对象，是会计反映和监督的内容。

(6) 为会计信息的使用者提供决策有用信息是会计的目标。

(7) 会计的本质是一种经济信息系统。当然，会计在提供信息的过程中，也起到了经济管理活动的作用，具有经济管理活动的性质，是管理活动的一部分。

1.2.3　会计准则与会计的国际趋同

会计本质上是一个信息系统，这个信息系统还有区别于一般信息系统的特点，那就是为了确保会计信息质量，降低会计信息提供成本，一个国家或地区范围内的会计信息提供者必须遵循统一的会计规范。其原因如图1-2所示。

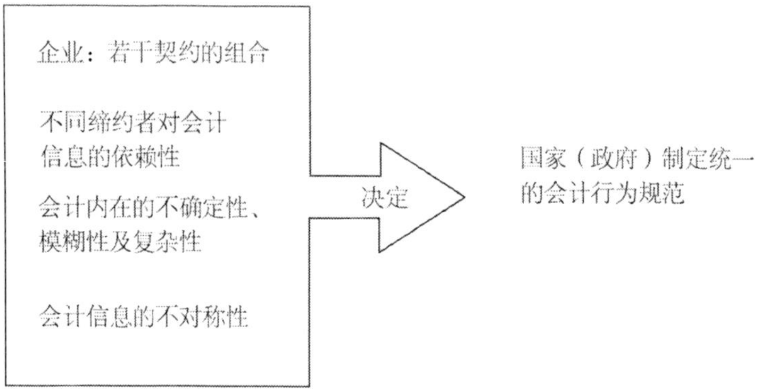

图1-2 统一的会计规范逻辑图

目前，大多数国家均采用会计准则的规范形式。会计准则是会计人员从事会计工作的规则和指南。其具体内容我们将在本书最后一章讲述。每一个会计初学者都应该从一开始就树立从事会计工作应该遵循会计准则的理念。

在当今世界，国际贸易和全球资本市场飞速发展。随着经济全球化趋势的迅猛发展，一国的经济发展必须融入国际经济潮流，任何国家如果要脱离世界贸易市场和资本市场而谋求自身的较高水准的发展是难以实现的。会计作为国际通用的商业语言，进行国际协调、实现本国（地区）内与他国（地区）在会计实务和财务信息上统一和有可比性，才能促进全球经济的发展。因此，近几十年来，会计的国际趋同的呼声越来越高，国际会计准则得到越来越多的国家或地区的认可。2005年11月8日，中国会计准则委员会（CASC）与IASB签署联合声明指出：中国制定的企业会计准则体系，实现了与国际财务报告准则的趋同。我国2010年也制定了《中国企业会计准则与国际财务报告准则持续趋同路线图》，推动我国会计的国际趋同。

因此，每一个会计初学者，在重视会计准则的同时，从一开始也应该牢固树立会计的国际趋同的理念。

1.3 会计的内容、职能与作用

1.3.1 会计的内容

明确了会计的本质及概念之后，必然要回答会计的内容有哪些。这个问题其实应该包括两个方面：一是会计的边界，即会计反映和监督的内容是什么，这个问题通常称为会计对象；二是会计作为一个信息系统，这个系统的内容有哪些，这部分内容可称为会计核算基本环节。

1）会计对象

会计对象是指会计反映和监督的内容，是会计工作的客体。会计是以货币为主要计量单位，对一定会计主体的经济活动进行核算和监督，因此，会计不能核算和监督会计主体单位的所有经济活动，只有能够以货币表现的经济活动，才是会计核算和监督的内容，也就是会计对象。以货币表现的经济活动通常又称为价值运动或资金运动。

国际上通常将上述能用货币表示的经济业务称为“会计交易”与“会计事项”。其中，会计交易是指发生在两个不同会计主体之间的价值转移，如一家公司购买另一家公司的产品、企业将自产产品用作奖品奖励给职工等；会计事项是指发生在一个会计主体内部各部门之间的资源的转移，如企业的生产部门到仓库领用原材料等。交易或者事项都属于会计的对象，但本质上是有区别的，交易是发生在两个不同会计主体之间的价值转移，而事项则是发生在同一主体内部各部门之间的资源转移。我国的企业会计准则中也越来越多地应用会计交易或事项的概念。

无论把会计对象描述为能用货币表示的资金运动还是会计交易与事项，都是很抽象的。需要使之具体化，会计对象可具体化为会计要素，对会计要素再进行的分类，就是会计科目。根据我国会计准则的规定，我国企业的资金运动分成六大要素，即资产、负债、所有者权益、收入、费用和利润，而每一会计要素又可分成若干会计科目。这些内容将在后续章节详细讲述。

2）会计核算基本环节

一般把会计信息提供的过程分为会计确认、会计计量、会计记录、会计报告四个基本环节。

会计确认是指依据一定的标准，辨认哪些数据可以输入、何时输入会计信息系统以及如何进行报告的过程。通过会计确认，把不属于会计对象，或暂时不能纳入会计信息系统的业务内容拒之门外。会计确认包括会计记录的确认和编制会计报表的确认两个环节，前者称为初始确认，后者称为再确认。初始确认是对交易或事项进行正式的会计记录的行为，关注的是企业发生的交易或事项是否应该被记录，应在何时、以多少金额、通过哪些会计要素在会计账簿中予以记录的问题。从会计账簿的会计信息到财务报告信息，是财务会计加工信息的第二阶段，也就是会计的再确认。再确认主要确认已记录和贮存在会计账簿中的会计数据哪些应列示在报表的具体项目中。会计确认必须以会计确认的标准为依据，会计确认的标准就是指会计核算的特定规范要求。

会计计量用货币作为主要计量单位，辅之以其他度量单位，来测度有关经济业务及其结果的数量（主要是以货币金额）的过程，通过会计计量来确定物品或事项之间的内在联系，或将数额分配于具体事项。会计计量是财务会计的一个基本特征，它在财务会计的理论和方法中占有重要的地位，是会计核算基本环节的核心。会计计量的关键，是计量属性的选择和计量单位的确定，我国企业会计准则规定的会计计量属性主要包括历史成本、重置成本、可变现净值、现值和公允价值。

会计记录是指对经过会计确认、会计计量的交易或事项，采用一定方法记录下来的过程。在会计记录中，要对于经过确认而可以进入会计信息系统处理的每项数据，按一定的记录规则，在账簿上加以登记，它是会计核算中的一个重要环节，是基础会计的讲授的主要会计方法之一。

会计报告即财务会计报告，是以账簿记录为依据，采用表格和文字形式，把会计所形成的财务信息传递给信息使用者的过程或手段。通过记录生成的信息量多又很分散，必须压缩信息的数量、提高其质量，使其形成相互联系的财务指标体系，将会计信息以一定的方式和格式传递给信息使用者，从而实现会计的目标。财务会计报告包括财务会计报表、财务会计报表附注和财务情况说明书。财务会计报表主要包括资产负债表、利润表、现金流量表及相关附表。

1.3.2 会计的职能

会计的职能是会计在经济管理中固有的功能，是明确会计工作的任务，充分发挥会计作用的理论依据。会计的基本职能主要是核算和监督。

1）核算职能

会计的核算职能是会计最基本的职能。会计核算是将实际发生的经济业务转化成有用的会计信息的过程。会计的核算职能在实际工作中是通过记账、算账、报账等来完成的。记账就是将会计主体发生的经济业务运用会计的方法和程序，通过填制凭证、登记账簿反映在账户中；算账是在记账的基础上，运用记账的相关资料，计算会计主体的资产、负债、所有者权益、收入、费用、利润；报账是在记账、算账的基础上，运用账簿记录的数据资料，通过编制、报送财务报告以反映会计主体的财务状况、经营成果、现金流量等。会计就是通过记账、算账、报账等形式，以货币为主要计量单位来反映会计主体的业务或事项，对内、对外提供会计信息，以实现会计的目标。因此，会计的核算职能也叫会计的反映职能。

2）监督职能

会计的监督职能是通过专门的方法，对会计主体的经济业务进行合法性、合理性的监督、审查。合法性监督、审查是指监督、审查会计主体的经济活动是否符合国家的法律、法规、方针政策等，是否有违法乱纪的行为，以遏制不法行为的发生。合理性的监督、审查是为了提高经济效益，依据客观经济规律以及经济管理的要求，对会计主体的经济活动通过预测、计划、控制、分析、考评等进行监督，例如，是否符合财务收支计划、是否增收节支、是否符合内部控制制度的要求等。会计监督包括事前、事中和事后监督。

会计的反映职能和监督职能是相互联系、相辅相成的。反映是监督的基础，没有会计反映职能提供的信息资料，会计监督就失去了依据；而会计监督是会计反映的保障，是会计反映的继续和深入，只有严格履行会计的监督职能，才能保证会计反映的财务信息合理、合法、真实、完整，才有利于会计提供决策有用的目标的实现。

会计除了具有反映和监督两大基本职能外，还具有预测、决策、控制、分析、评价等扩展职能。

1.3.3 会计的作用

会计的作用是会计职能的具体化，是会计职能在会计实践中的具体体现。随着市场经济的发展，会计发挥着越来越重要的作用，主要表现在以下方面：

1）为会计信息使用者提供决策有用的信息

会计通过最基本的反映职能，以会计报表等形式，为企业内部的经营管理者、外部的投资者和债权人、国家相关部门等诸多的信息使用者提供有关企业财务状况、经营成果和现金流量等方面的信息。

对于企业内部生产经营者，可以通过会计信息了解企业的生产经营状况，分析问题，及时地发现问题，以便采取有效措施，改进经营管理，提高经济效益。

对于投资者及债权人等外部信息使用者来说，财务信息是各方面进行决策的依据。作为企业投资者，他们可利用企业的盈利能力、偿债能力和发展趋势等方面的信息选择投资对象、衡量投资风险、做出投资决策。作为企业的债权人，他们可利用流动比率、速动比率、资产负债率等指标在内的短期偿债能力和长期偿债能力等财务信息选择贷款对象、衡量贷款风险、做出贷款决策。

对于政府部门来说，作为社会经济的管理者，要从总体上掌握企业的生产经营状况，从宏观上把握经济的发展变化趋势、制定经济政策、进行宏观调控、配置社会资源，同样离不开会计信息。

2）有助于考核企业管理层经济责任的履行情况

企业接受了投资者和债权人的投资，经营者受托对企业进行经营，经营者就具有受托责任，就应按照企业预定的发展目标和要求，为提高经济效益，履行受托责任，在生产经营过程中合理利用资源，改善经营管理，接受投资者、债权人对其经济责任的考核。而会计提供的经营成果的高低、现金流量的多少、资产质量的优劣、偿债能力的强弱、所有者权益的变化等信息，则较全面地反映了生产经营状况及经营者的经营管理水平，有助于分析、评价企业的业绩，从而有助于考核企业管理层受托责任的履行情况。

1.4　会计目标与会计信息质量要求

1.4.1　会计目标

会计目标，即财务报告目标，是会计要达到的最终结果。只有确定了会计目标，财务报告的编制才有出发点，企业会计准则建设才有立足点。会计目标决定着财务报告提供会计信息的对象是谁，维护谁的经济利益等问题，同时决定着会计信息的质量特征，决定着会计要素的确认与计量原则，因此，会计目标具有举足轻重的作用，是财务会计系统的核心。

根据我国《企业会计准则——基本准则》，“财务会计报告的目标是向财务会计报告使用者提供与企业财务状况、经营成果和现金流量等有关的会计信息，反映企业管理层受托责任履行情况，有助于财务会计报告使用者做出经济决策”。

明确会计的目标要解决以下问题：

1）向谁提供会计信息

财务会计报告的目标是向财务报告使用者提供会计信息。财务报告使用者主要包括投资者、债权人、政府及有关部门和社会公众等。

满足投资者决策的要求是会计准则的主要目标。将投资者作为企业财务报告的主要使用者，是市场经济发展的客观要求，强化了投资者的地位，有利于保护投资者利益。投资者是企业的所有者，理应通过会计信息了解企业的生产经营状况，因此，财务报告服务的主要对象是投资者。投资者关心的是对其决策有用的信息，了解企业受托责任的履行情况。例如：企业所拥有或者控制的经济资源的构成、增减变化、对经济资源的要求权及其变化；企业的各项收入、费用、利得和损失的金额及其增减变化，经营成果的好坏、盈利能力的大小、偿债能力的强弱、营运效率的高低、投资风险的大小；生产经营过程中形成的现金流入量和流出量的情况等。财务报告只有真实、全面地反映这些相关信息，才有助于现在的或者潜在的投资者做出正确、合理的投资决策。

企业财务报告的使用者还有债权人、政府及有关部门、社会公众等。例如，企业的债权人通过财务报告信息通常关注的是企业的偿债能力，关心企业是否有能力按时偿还债务的本息，债权人承担的风险有多大，是否继续借债给企业；政府及有关部门作为经济管理和监管部门，利用财务会计信息进行宏观调控，它们关注的是经济资源分配是否公平、合理，市场经济秩序是否公正、有序，监管企业经济活动是否合法和有效，并依据会计信息制定相关政策，进行国民经济统计等；社会公众及其他利益集团根据各自的利益关注企业不同的侧面，了解不同的会计信息，例如，就业机会、环境保护、产品的变化等。

另外，企业内部的管理层及职工也是会计信息的使用者。管理层通过会计信息了解生产经营情况，职工关心企业的发展前景、工作的稳定、报酬的高低及是否合理等。

2）提供哪些信息

根据上述分析，会计信息的使用者众多，不同的使用者对会计信息有不同的需求。概括起来主要包括以下几方面：

（1）反映企业财务状况的信息，主要是一定时点的资产、负债、所有者权益的状况。

（2）反映企业经营成果的信息，主要是一定会计期间收入、费用、利润的情况。

（3）反映现金流量的信息，主要是一定会计期间现金及其等价物的流入量、流出量及净流量的情况。

（4）反映所有者权益的信息，主要是一定会计期间所有者权益的大小及其增减变动情况。

3）如何提供会计信息

提供会计信息的主要方式是编制和报送财务报告。财务报告是反映企业财务状况、经营成果及现金流量的报告文件。例如，资产负债表主要提供一定时点的资产、负债、所有者权益等财务状况的信息；利润表主要提供一定会计期间收入、费用、利润等经营状况的信息；现金流量表主要提供一定会计期间现金及其等价物的流入量、流出量及净流量等的信息；所有者权益变动表主要提供一定会计期间所有者权益的大小及增减变动的信息。除了这些主要报表，还有附表对主表的信息进行补充、说明。对于不适合用表格反映的信息可以通过会计报表附注等加以反映。

4）会计信息应符合什么标准

只有符合规定标准的会计信息才是实现会计目标所需要的信息。根据《企业会计准则》确定的财务报告目标，会计信息应是决策有用的会计信息。《企业会计准则》同时规定了对会计信息具体的质量要求（将在后面的章节叙述）。

上述问题我们在本节后面两部分内容中做一简要回答，其具体答案实际上就是本书的核心内容。

1.4.2 财务报表简述

财务报表提供哪些信息？如何提供会计信息？这是实现会计目标首先要解决的问题。会计核算环节中的会计报告环节就很好地回答了这个问题，财务报告的核心内容是财务报表。财务报表既是实现会计目标的手段，也是设计会计这个信息系统的出发点，按照目标导向的逻辑，要学习理解好基础会计，必须首先简要了解财务报表这个会计系统的直接目标。当然财务报表的具体内容和编制方法必须要在学习其他环节之后才能讲述。

财务报表是财务报告的主要部分，它是以会计准则为规范编制的，向所有者、债权人、政府及其他有关各方、社会公众等外部信息使用者反映会计主体财务状况和经营成果的报表，主要包括资产负债表、利润表、现金流量表或财务状况变动表、附表和附注。

资产负债表是反映企业在某一特定日期的财务状况的报表，是企业经营活动的静态体现。其主要内容见表1-1。

表1-1　**资产负债表（简表）**

编制单位：××企业　　　　年　月　日　　　　单位：元

资产	期末余额	年初余额	负债和所有者权益（或股东权益）	期末余额	年初余额
流动资产：			流动负债：		
货币资金			短期借款		
应收账款			应付账款		
应收利息			应付职工薪酬		
应收股利			应交税费		
其他应收款			应付利息		
存货			其他流动负债		
……			流动负债合计		
流动资产合计			非流动负债：		
非流动资产：			长期借款		
长期应收款			长期应付款		
长期股权投资			非流动负债合计		
固定资产			负债合计		
在建工程			所有者权益（或股东权益）：		
工程物资			实收资本（或股本）		
无形资产			资本公积		
其他非流动资产			盈余公积		
非流动资产合计			未分配利润		
			所有者权益（或股东权益）合计		
资产总计			负债和所有者权益（或股东权益）总计		

利润表是反映企业在一定会计期间经营成果的报表。它反映的是某一期间的情况，所以属动态报表。利润表（简表）见表1-2。

表1-2　　　　　　　　　　　　　　　利润表（简表）

编制单位：　　　　　　　　　　　　　年　月　　　　　　　　　　　　　　单位：元

项目	本期金额	上期金额
一、营业收入		
减：营业成本		
税金及附加		
销售费用		
管理费用		
财务费用		
……		
二、营业利润（亏损以"-"号填列）		
加：营业外收入		
减：营业外支出		
……		
三、利润总额（亏损总额以"-"号填列）		
减：所得税费用		
四、净利润（净亏损以"-"号填列）		

现金流量表是反映企业在一定会计期间现金和现金等价物流入和流出的报表。

1.4.3　会计信息质量要求

为实现会计目标，向财务报告的使用者提供决策有用的会计信息，会计信息不仅要满足会计信息使用者量的需求，同时要符合一定的质的要求。会计信息的质量要求是会计信息应有的质量标准，是对企业进行会计核算的基本要求。根据我国《企业会计准则》的规定，会计信息的质量要求包括以下几方面。

1）可靠性

可靠性，也称客观性，真实性，是对会计信息基本的质量要求。是指企业应当以实际发生的交易或者事项为依据进行确认、计量和报告，如实反映符合确认和计量要求的各项会计要素，保证会计信息真实可靠、内容完整。

会计所提供的信息必须是客观的、真实的。如果会计信息是虚假的、不真实的，不仅不会满足信息使用者的需求，而且会误导他们，造成决策失误。在实际的会计核算工作中，从原始凭证的取得或填制、记账凭证的编制、账簿的登记直到财务报告的编制，都要以客观的、合法的凭证为依据，客观公正、不偏不倚，做到计算准确、数字真实、手续完备、资料可靠、内容完整，经得住复核、验证，使经济业务得到全面、真实地反映。总之，可靠的会计信息必须是真实的、准确的、可验证的。

2）相关性

相关性，也称有用性，是指企业提供的会计信息应当与财务报告使用者的经济决策需要相关，有助于财务报告使用者对企业过去、现在或者未来的情况做出评价或者预测。

相关的会计信息应是有使用价值的信息，是对决策有用的会计信息。对决策有用的会计信息，一方面，能帮助信息使用者评价过去的决策是否正确，验证、修正某些预测，以总结经验，以利于未来的决策，即相关的会计信息具有反馈价值，另一方面，能帮助信息使用者对未来进行预测、做出决策，即相关的会计信息应有预测价值。

会计信息符合相关性要求，需要企业在确认、计量和报告的过程中，充分考虑使用者的需要。但是，相关性是以可靠性为基础的，两者之间并不矛盾，会计信息应在可靠性的前提下，尽可能达到相关性，以满足财务报告使用者的决策需要。

3）可理解性

可理解性是指企业提供的会计信息应当清晰明了，便于财务报告使用者理解和使用。

企业提供的会计信息是为了使用，会计信息只有清晰、易懂，才能被信息使用者充分理解，才能准确把握会计信息的内容，才能充分发挥信息的相关性。质量再高的会计信息，如果不易于理解，也会丧失它应有的作用，甚至会产生理解的偏差，误导信息使用者。因此，企业提供的会计信息，应该项目完整、格式正确、勾稽关系清楚、数字准确、披露及相关说明清晰明了，以增强会计信息的可理解性。

4）可比性

企业提供的会计信息应当具有可比性。可比性包括横向可比及纵向可比。

纵向可比，也称一贯性，是指同一企业不同时期发生的相同或者相似的交易或者事项，应当采用一致的会计政策，不得随意变更。确需变更的，应当在附注中说明。会计信息具有纵向可比性，可使企业了解本企业不同时期的生产经营状况、发展变动趋势，找问题，作预测。

横向可比，也称统一性，是指不同企业发生的相同或者相似的交易或者事项，应当采用规定的会计政策，确保会计信息口径一致、相互可比，以使不同企业按照一致的确认、计量和报告要求提供会计信息。会计信息具有横向可比性，可使企业与同类企业进行比较，了解本企业与其他企业的差距，学习先进的经验，及时调整本企业的决策、预测方案。

因此，具有可比性的会计信息才能充分发挥有用性。

5）实质重于形式

实质重于形式是指企业应当按照交易或者事项的经济实质进行会计确认、计量和报告，不应仅以交易或者事项的法律形式为依据。

生产经营中发生的交易或事项的法律形式并不一定能反映交易或事项的经济实质，如果不按照交易或事项的经济实质进行会计的确认、计量和报告，会计信息就不能真实地反映企业的生产经营，就不利于信息使用者进行正确的决策。例如，融资租入固定资产，在租赁期未满之前，从法律上看是租赁，固定资产的所有权并没有转移。但从经济实质上看，租赁期限长，租赁期内承租方有权支配该资产，出租方已将资产的报酬及风险都转移给了承租方，因此，承租方应将资产看作是自有资产入账，并提取折旧、确认大修理费用。

6）重要性

重要性是指企业提供的会计信息应当反映与企业财务状况、经营成果和现金流量等有关的所有重要的交易或者事项。

在会计核算中，应区分交易或事项的重要程度，采用不同的核算方法。如果对使用者做出经济决策有较大影响的重要的交易或事项，就应该严格按照会计规定的程序和方法，逐项核算，做到数字准确、资料详细，披露充分、准确。对非重要的交易和事项，在不影响会计信息的真实性，不影响信息使用者做出正确判断的前提下，可以适当简化，合并处理。

坚持重要性的原则，要保证会计信息的质量，兼顾全面性和重要性。之所以要区分交易或事项的重要性和非重要性，主要缘于成本效益原则，即提供的会计信息的效用要与其核算成本相比较。企业发生的诸多的经济业务，如果不加区分地按相同的会计核算方法处理，全部转化为会计报表中详细的指标，罗列在一起，既没必要，也会浪费人力、物力、财力，降低效率，提供的会计信息也会主次不分，反而会影响信息使用者对会计信息的选择、判断，进而影响其决策。

判断交易或事项的重要性，很大程度上取决于会计人员的职业判断。一般来说，应从交易或事项的质和量两方面判断。从质的方面看，如果交易或事项的发生可能对信息使用者的决策影响重大，该交易或事项就具有重要性；从量的方面看，如果交易或事项的发生达到总资产的一定比例，就可判断该交易或事项具有重要性。在实际中，判断交易或事项是否重要，应结合具体情况，考虑经济业务的性质。如果某项会计信息是进行决策所必需的，即使核算成本较高，比例较低，也应作为重要的交易或事项处理。

7）谨慎性

谨慎性，又称稳健性，是指企业对交易或者事项进行会计确认、计量和报告应当保持应有的谨慎，不应高估资产或者收益、低估负债或者费用。

在实际的会计工作中，存在着风险和不确定因素，如果对于某项交易或事项有多种处理方法，或是需要会计人员进行职业判断，就应遵循谨慎性的要求。对于资产或收益在无把握、不确定的情况下，应低估，不使会计信息夸大资产、收益，造成信息使用者的盲目乐观，以至于误导其决策。对于负债或者费用，应充分考虑各种不利因素，对于可预计的费用和损失应进行确认、计量，使信息使用者充分考虑到各种风险。例如，企业对可能发生的资产减值损失计提资产减值准备，就体现了谨慎性的要求。

坚持谨慎性原则，不能随意歪曲事实，使会计信息丧失客观性。

8）及时性

及时性是指企业对于已经发生的交易或者事项，应当及时进行确认、计量和报告，不得提前或者延后，从而可以把会计信息及时地传递给财务报告的使用者，以利于使用者及时使用会计信息、及时进行决策。

会计信息具有时效性，特别是在竞争日益激烈、瞬息万变的市场经济中，及时性更为重要。会计信息如果不能及时传递到信息使用者的手中，即使符合其他的信息质量要求，也会失去其价值，使信息使用者贻误时机。坚持及时性原则，就要及时搜集会计资料、及时处理会计信息、及时传递会计信息。

1.5 会计核算的基本前提与会计核算方法

1.5.1 会计核算的基本前提

会计所处的环境纷繁复杂，会计人员面对变幻莫测的社会经济环境，就需要对会计的对象及环境做出基本的假定，从而对企业的经营活动进行规范的确认、计量、报告，这些基本假定即会计的基本前提，又称会计的基本假设，是人们在长期的会计实践中，逐步认识、总结出会计确认、计量、报告的合理假设。会计基本假设是会计确认、计量和报告的前提，是对会计核算所处时间、空间环境等所做的合理设定，是企业设计和选择会计方法的重要依据，是进行会计规范的基本条件和会计核算工作的基础。

我国会计的基本假设包括会计主体、持续经营、会计分期和货币计量。

1）会计主体

会计主体是会计工作为之服务的特定单位。会计主体可以是一个特定的企业，可以是某一个企业的特定部分，例如，企业的分公司、分厂等，也可以是由若干家企业通过控股关系组织起来的集团公司。我国《企业会计准则——基本准则》规定，“企业应当对其本身发生的交易或者事项进行会计确认、计量和报告”。即企业会计核算的对象要以自身发生的经济业务为主体，反映自身的经济活动。会计主体假设规定了会计核算的空间范围，明确了会计工作站在谁的立场上，为谁服务的问题。理解会计主体要明确以下几点：

（1）本企业的经济活动应区别于其他企业或单位的经济活动。企业发生的经济业务往往与其他企业或单位相联系，例如，从其他企业购入材料，将产品销售给其他单位等，企业在对经济业务进行核算时，必须站在本企业的立场上，必须以本企业的权利、义务为界限，将自身应核算的经济活动与其他企业或单位应核算的经济活动严格区别开来，正确地确认、计量、报告本企业的资产、负债、所有者权益，正确核算本企业的损益。

（2）企业的经济活动应区别于企业投资者的经济活动。明确会计主体，除了将本企业的经济活动与其他企业或单位的经济活动区别开来，还应将企业的经济活动与企业投资者的经济活动区别开来。如果企业的投资者又是企业的经营者，因为会计核算的是企业的经济业务，因此，应将投资者的个人消费与企业的经济活动区分开，核算清楚企业与投资者的往来，正确确认、计量、报告企业自身的财务状况和经营成果。

（3）会计主体与法人是有区别的。明确会计主体，还应明确会计主体与法人的区别。会计主体不一定具备法人资格，可以是法人，也可以不是法人；而法人一定是会计主体。比如，独资企业和合伙企业往往不具有法人资格，独资企业和合伙企业的财产和债务，在法律上仍是业主和合伙人的，但在会计的确认、计量、报告中，仍把它们看作是独立的会计主体。再比如由若干个具有法人资格的企业组成的集团公司，集团公司本身可能不具备法人资格，但在编制集团公司的会计报表（合并会计报表）时，要将集团公司看作是一个独立的会计主体。

2）持续经营

我国《企业会计准则——基本准则》规定："会计确认、计量和报告应当以企业持续经营为前提。"所谓持续经营就是指在正常情况下，企业的生产经营活动将按既定的经营目标、方针、形式无限期地延续下去，即在可预见的将来，企业既不会清算，也不会大规模削减业务。

如果说会计主体的基本前提为会计核算规定了空间范围，那么持续经营的基本前提则为会计核算规定了时间范围。企业是否能持续经营，决定了企业采用的核算方法、原则的不同。在持续经营的前提下，才能使得会计核算方法持续、稳定，才能建立在非清算的基础上，会计主体所持有的资产，才能按预定的目的消耗、出售，企业才能如期偿还债务。持续经营为会计核算的正常进行提供了依据，解决了财产计价、收益和费用确认、计量等问题。例如：在持续经营的前提下，企业收益、费用才能按权责发生制的原则确认，而不是收付实现制，企业财产才以历史成本计价，而不是现行市价或清算价格等。

在竞争激烈的社会环境下，企业破产、清算的风险时常存在。如果有确凿的证据表明企业无法正常经营下去，即将破产、倒闭，那么在持续经营前提下的会计核算的方法、原则等将不再适用。

3）会计分期

会计分期是建立在持续经营前提之上的。我们假设企业的生产经营会持续不断地进行下去，但会计要为各信息使用者及时提供信息，发挥会计的功能，实现会计的目标，总不能等到企业持续经营的过程全部结束的时候，因此，就需要将企业持续不断的生产经营过程人为地划分为会计期间，即会计分期。会计分期，就是将企业持续不断的生产经营活动人为地划分为连续的、间距相等的期间，以便确定每一个会计期间的收入、费用、盈亏，确定该会计期间的期初、期末的资产、负债、所有者权益，并据以结算账目、编制财务会计报告，及时向各方面提供有关企业财务状况、经营成果、现金流量等的会计信息。

会计期间分为年度和中期。会计年度可以是营业年，也可以是日历年。我国规定以日历年作为会计年度，即从公历1月1日至12月31日为一个会计年度。中期是指短于一个完整的会计年度的报告期间，分半年度、季度、月份，起止时间均采用公历日期，因此，企业还需按半年度、季度、月份编制会计报表。

有了会计分期这一基本前提，会计核算才有了本期、非本期的区分，才有了权责发生制、收付实现制，才使不同类型的会计主体有了记账的基准，才有了应收、应付、预收、预付等的会计处理方法。

4）货币计量

货币计量是指会计在确认、计量、报告中以货币为计量单位，记录和反映会计主体的财务状况、经营成果、现金流量等。

企业在生产经营过程中会发生许许多多、纷繁复杂的经济业务，会计核算可以采用诸如劳动计量、实物计量、货币计量等多种计量单位，而劳动计量、实物计量只能从某一个侧面反映会计主体的生产经营情况，不能在量上比较、汇总。而货币作为一般等价物，是衡量一般商品的价值的共同尺度，因此，在会计核算中为了全面反映生产经营情况，提供系统、综合的会计信息资料，应以货币作为计量单位，以其他计量单位作为辅助。所以，《企业会计准则——基本准则》规定："企业会计应当以货币计量。"在货币计量的基本前提下，企业进行会计核算以人民币作为记账本位币。企业的业务收支以外币为主的可以选择外币作为记账本位币，但在编制财务报告时应折算为人民币。在境外的中国企业向国内报送的财务报告，应折算为人民币。

货币计量的基本前提隐含着币值稳定的假设。货币本身也有价值，在市场经济中，货币的价值与其他商品一样也会时常波动，如果币值波动较大，以货币作为计量单位就不能准确地反映企业的经营状况，会计提供的信息就会失实。因此，以货币作为计量单位，同时也隐含着币值稳定的假设。

1.5.2　会计核算方法

会计核算方法是指会计对已经发生的经济活动进行连续、系统、全面地反映和监督所采用的各种专门方法。

会计核算的主要方法有：设置账户、复式记账、填制和审核凭证、登记会计账簿、成本计算、财产清查、编制会计报表。

1）设置账户

设置账户是对会计核算的具体内容进行分类核算和监督的专门方法。由于会计对象的具体内容是纷繁复杂的，要对其进行系统的核算和经常性监督，就必须对经济业务进行科学的分类，以便分门别类地、连续地、系统地记录，据以取得各种不同性质和内容的、符合经营管理需要的财务信息和指标。

2）复式记账

复式记账是指对所发生的每项经济业务，均以相等的金额，同时在两个或两个以上相互联系的账户中进行登记的一种记账方法。采用复式记账，能够通过账户的对应关系，全面地反映每一笔经济业务的来龙去脉，防止差错，利于检查账簿记录的正确性和完整性，是一种科学的记账方法。

3）填制和审核凭证

会计凭证是记录经济业务，明确经济责任，作为记账依据的书面证明，是登记账簿的依据。正确填制和审核会计凭证，是核算和监督经济活动、做好会计工作的基础。

4）登记会计账簿

登记会计账簿是以审核无误的会计凭证为依据在账簿中连续地、系统地、全面地记录各项经济业务，以便为经济管理提供完整、系统的会计核算资料。登记会计账簿，是编制会计报表，进行会计分析，会计检查的重要依据。

5）成本计算

成本计算是按照一定对象归集和分配生产经营过程中发生的各种费用，以便确定各该对象的总成本和单位成本的一种专门方法。产品成本是综合反映企业生产经营活动的一项重要指标。正确地进行成本计算，有助于分析、考核生产经营过程中发生的费用支出，为成本控制、价格决策和经营成果的核算提供有用的资料。

6）财产清查

财产清查是指通过盘点实物，核对账目，以查明各项财产物资实有数额的一种专门方法。通过财产清查，可以保证账实相符，提高会计核算的正确性，有助于查明各项财产物资的保管和使用情况以及各种结算款项的执行情况，以便于及时采取措施，清理积压或损毁的物资和逾期未收到的款项，是明确经济责任，加强会计监督的重要手段。

7）编制会计报表

编制会计报表是根据账簿记录，以特定表格的形式，定期编制并总括地反映企业、行政事业单位在特定时点和一定时期财务状况、经营成果和现金流量等书面文件的一种专门方法。会计报表以账簿记录为主要依据，经过进一步加工整理而产生完整、系统的核算指标，有助于考核、分析财务计划和预算的执行情况。

会计核算的七种专门方法，虽然各自有特定的含义和作用，但并非独立的，而是相互联系、相互依存、彼此制约的，只有综合地使用这些方法才能做好会计工作。一项经济业务发生后，首先要按规定的手续填制和审核凭证，并应用复式记账法在有关账簿中进行登记；期末要对生产经营过程中发生的费用进行成本计算和财产清查，在保证账证、账账、账实相符的基础上，依据账簿记录编制会计报表。七种会计核算方法构成了完整的方法体系，构成了会计循环过程。其中，设置账户和填制、审核凭证是会计工作的开始环节，登记会计账簿是会计工作的中间环节，而编制会计报表是一个会计期间会计工作的最终环节。会计核算方法的相互关系可用图1-3表示。

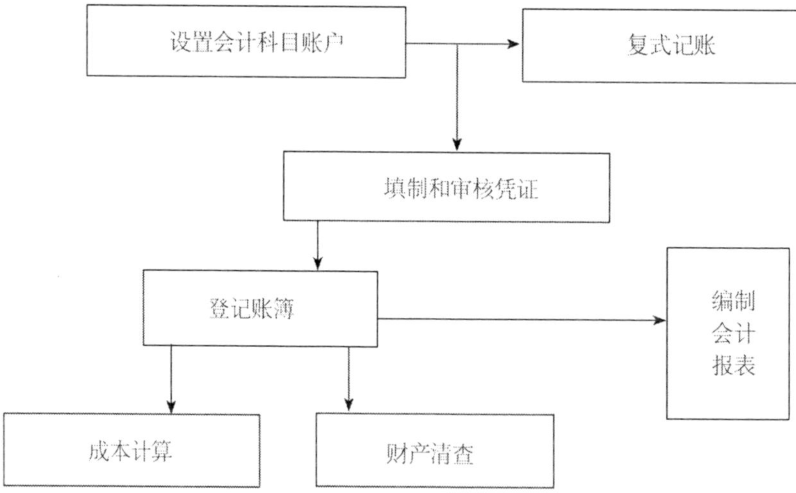

图1-3 会计核算方法体系

根据图1-3，从填制和审核会计凭证开始，经过登记会计账簿，直到编制出会计报表，这是一个周而复始的循环过程，称为会计循环。在会计循环过程中，以凭证、账簿、报表三个环节为联结点，联结起另外四种会计核算方法，从而构成了一个完整的会计核算方法体系（如图1-4所示）。

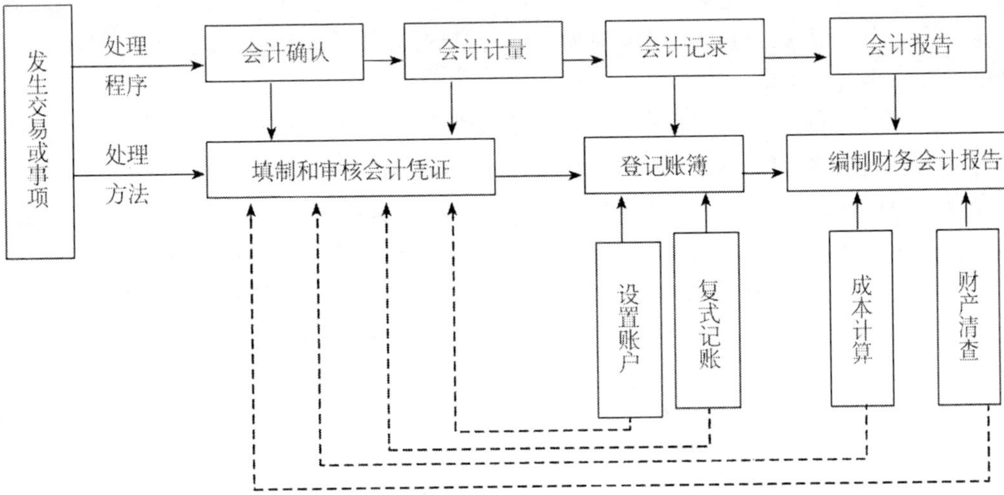

图1-4 会计处理程序与方法示意图

1.6 会计学科体系

会计学是在会计实践中发展起来的，是研究会计理论、会计方法、会计发展的客观规律，是指导会计工作的一门科学、一个学科体系。我们借鉴唐国平教授的观点①，将会计学科体系描述为如图1–5所示。

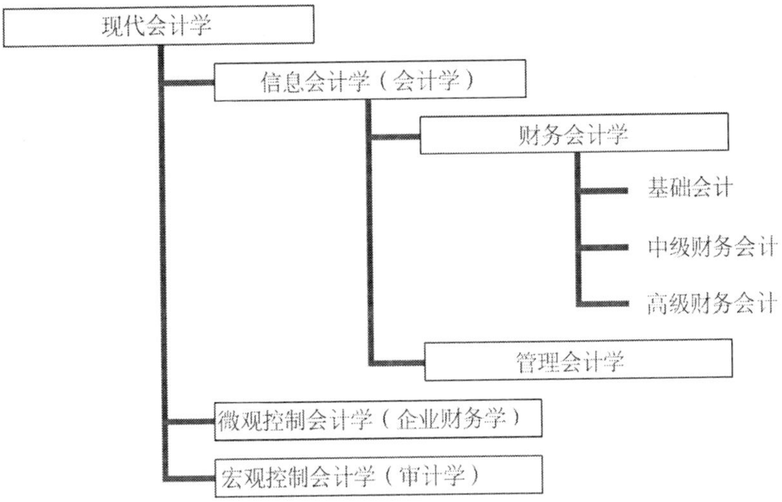

图1–5 会计学科体系

财务会计通常称为“对外报告会计”，是通过对企业已经完成的资金运动全面系统地核算与监督，主要通过定期编制和提供财务报告，为外部与企业有经济利害关系的投资人、债权人和政府有关部门提供企业的财务状况与盈利能力等经济信息为主要目标的一个信息系统和经济管理活动。财务会计在教学过程中通常分为基础会计、中级财务会计和高级财务会计三部分内容，这种划分也是人为的、相对的。基础会计就是本书的内容，主要

① 唐国平.会计学基础[M].北京：高等教育出版社，2009.

介绍会计的基本概念、基本原理、基本方法，是会计学的入门课程。中级财务会计和高级财务会计分别会计要素、会计交易或事项，结合会计准则的要求，具体讲述会计确认、会计计量、会计报告各个环节。

管理会计通常称为“内部报告会计”，是从传统会计中分离出来与财务会计并列的、着重为企业改善经营管理、提高经济效益服务的一个企业会计分支，从财务会计单纯的核算扩展到把解析过去、控制现在、筹划未来有机地结合起来。传统管理会计包括成本会计和管理控制系统（责任会计）两大组成部分，现代管理会计的内容越来越广泛。目前，我国正大力推进管理会计的应用，其在企业的财务管理活动中的作用越来越重要。

企业财务或称为企业财务管理，其内容主要包括控制企业的资金筹集、投资和分配等财务活动、协调企业财务关系、合理配置企业财务资源。

审计是由国家授权或接受委托的专职机构和人员，依照国家法规、审计准则和会计理论，运用专门的方法，对被审计单位的财政、财务收支、经营管理活动及其相关资料的真实性、正确性、合规性、合法性、效益性进行审查和监督，评价经济责任，鉴证经济业务，用以维护财经法纪、改善经营管理、提高经济效益的一项独立性的经济监督活动。按审计活动执行主体的性质分类，审计可分为政府审计、独立审计和内部审计三种。

章末习题

1.什么是会计？会计的基本职能是什么？

2.会计的目标是什么？

3.什么是会计基本假设？有哪几个会计基本假设？

4.会计信息质量要求的内容是什么？

5.会计核算的专门方法有哪几种？简要说明它们之间的关系。

第2章/ 会计要素与会计等式

本章知识结构图

【学习目标】掌握会计对象及会计要素的内容；理解会计恒等式。

引导案例

程先生年初创办了一家企业，聘请了会计为企业记账。他想了解企业的生产经营状况，于是，会计拿着一本本账册和报表向他汇报，什么“货币资金”“长期借款”“短期借款”“应付账款”“预收款项”“营业收入”“净利润”等，在听汇报的过程中，程先生感觉到有些内容会计汇报的和他自己理解的出入很大，比如“应收账款”“营业收入”等。于是程先生质问会计是否记错了账，会计说：“不是我记错了账，是会计上各个项目的具体内容和你平时理解的内容不完全一致。”

程先生所要弄明白的问题就是本章所要讲解的内容。

2.1 会计要素

2.1.1 会计对象

会计对象是会计核算和监督的内容，即社会再生产过程中的资金运动，是资金通过供应过程、生产过程、销售过程从货币资金变为储备资金、生产资金、成品资金再回到货币资金的循环周转过程。

工业企业的会计对象是工业企业的资金运动，包括资金的投入、资金的周转和资金的退出。工业企业的主要任务是生产和销售工业产品并进行积累，以利于扩大再生产。为此，企业必须通过投资者投资、向银行借入等渠道筹集资金，从而拥有资金、厂房、机器设备、材料物资等经济资源，企业利用这些经济资源组织生产经营活动。工业企业的生产经营活动一般可以分三个阶段，即供应过程、生产过程、销售过程。

供应过程的主要经济业务有：企业用银行存款或现金购买各种材料、物资，材料、物资入库，支付采购费，进行非现金形式结算业务等。

生产过程的主要经济业务有：生产领用材料，工人利用机器设备等劳动手段加工劳动对象，使材料变成产品入库。在这个过程中会发生材料消耗、工资支付、固定资产折旧、水电费支付等。因此，在生产过程中，应进行费用的归集、成本的计算等经济业务。

销售过程的主要经济业务有：企业将生产的产品通过市场销售出去，收回货币资金。

货币资金中即包含了已经销售的产品的生产成本，也包含了经营过程中新创造的价值。因此，在这个过程中就需要进行费用的结转、货款的结算、负债的偿还、税金的缴纳、利润的计算等经济业务。

企业生产经营过程中资金的形态随着供应过程、生产过程和销售过程的经济业务的发生不断变化：从供应过程中以货币资金形态购进材料物资变为储备资金，到生产过程中投入生产成为在产品、产成品变为生产资金、成品资金，再到销售过程中将产品销售出去，收回货币资金，再到下一个生产经营过程购买材料投入生产，资金形成周而复始的运动，即资金的循环周转（如图2-1所示）。

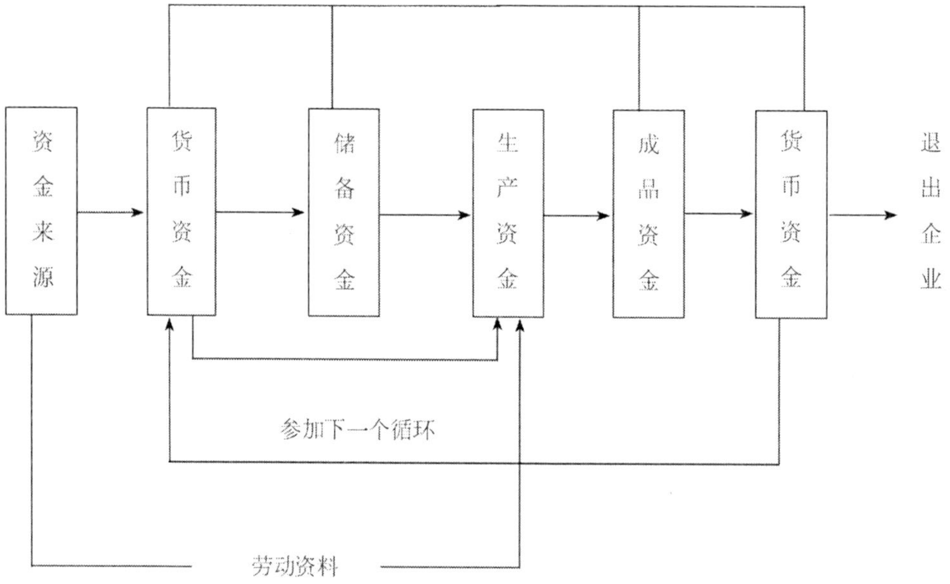

图2-1　资金的循环周转

2.1.2　会计要素的内容

为了分类反映经济业务、提供系统的会计核算资料，需要对会计的对象，即会计核算和监督的内容进行分类，就产生了会计要素。会计要素是会计内容的具体化，是指按交易或事项的经济特征所做的基本分类。分为反映财务状况的会计要素，包括资产、负债、所有者权益和反映经营成果的会计要素，包括收入、费用、利润。

1）资产

（1）资产的概念和确认

资产是指企业过去的交易或事项形成的，由企业拥有或控制的、预期会给企业带来经济利益的资源。

符合资产定义的资源，在同时满足以下条件时，确认为资产：

①与该资源有关的经济利益很可能流入企业。

②该资源的成本或者价值能够可靠地计量。

符合资产定义和资产确认条件的项目，应当列入资产负债表；符合资产定义，但不符合资产确认条件的项目，不应当列入资产负债表。

(2) 资产的特征

①资产是由企业过去的交易或事项形成的。企业过去的交易或者事项包括购买、生产、建造行为或其他交易事项。预期在未来发生的交易或者事项不形成资产。资产是现实的资产，不是预期的资产。例如，已购入的原材料形成企业的资产，而采购计划中未来将购入的原材料，是预期发生的，不是现实的资产，不能确认为企业的资产。

②能为企业拥有或控制，是指企业享有某项资源的所有权，或者虽然不享有某项资源的所有权，但该资源能被企业所控制。例如，融资租入固定资产，在租赁期未满时企业并不拥有其所有权，但能对其控制使用，也应作为企业的资产。

③预期会给企业带来经济效益。资产预期会给企业带来经济利益，是指资产直接或者间接导致现金或现金等价物流入企业的潜力。这种潜力可以是企业日常的生产经营活动产生的，也可以是非日常活动产生的。经济利益可以是直接现金或现金等价物的流入，或者是间接现金或现金等价物的流入，例如，可以转化为现金或现金等价物的形式。

能为企业带来经济利益是资产的重要特征，如果不能为企业带来经济利益就不能确认为企业的资产。

(3) 资产的分类

资产按流动性可分为流动资产、非流动资产。

①流动资产，是指可以在1年内或者超过1年的一个正常营业周期内变现或耗用的资产，主要包括库存现金、银行存款、交易性金融资产、应收账款、应收票据、存货等。

正常营业周期是指企业在正常的生产经营过程中，从购买用于加工的资产、接受劳务开始到销售商品、提供劳务，实现现金或现金等价物的期间。

②非流动资产是相对于流动资产而言的，是指不能在1年内或者一个正常营业周期内变现或耗用的资产，主要包括可供出售金融资产、持有至到期投资、长期股权投资、投资性房地产、固定资产、在建工程、无形资产等。

2) 负债

(1) 负债的概念和确认

负债是指企业过去的交易或者事项形成的、预期会导致经济利益流出企业的现时义务。

将一项现时义务确认为负债，需要符合负债的定义，还需要同时满足以下两个条件：

①与该义务有关的经济利益很可能流出企业。

②未来流出的经济利益的金额能够可靠地计量。

符合负债定义和负债确认条件的项目，应列入资产负债表；符合负债定义，但不符合负债确认条件的项目，不应列入资产负债表。

(2) 负债的特征

①负债是由企业过去的交易或者事项形成的。就是说只有过去的交易或者事项才形成负债。如果是未来发生的承诺或是签订的合同等交易或者事项，则不形成负债。

②负债是企业承担的现时义务。负债必须是企业承担的现时义务。其中，现时义务是指企业在现行条件下已承担的义务。未来发生的交易或者事项形成的义务，不属于现时义务，不应当确认为负债。例如，企业购买原材料形成应付账款，企业向银行的借款，企业

按税法规定应当缴纳的税款等，都是企业应当承担的现实义务。

③负债预期会导致经济利益流出企业。预期会导致经济利益流出企业是负债的一个本质特征。企业在履行义务时必然会导致经济利益流出企业，例如，用货币资金或实物资产偿还债务，提供劳务偿还债务，将负债转为资本等。无论以何种形式偿还债务，均会导致经济利益流出企业。相反，如果不会导致企业经济利益流出，就不符合负债的定义。

（3）负债的分类

负债按其偿还期的长短可分为流动负债和非流动负债。

①流动负债，是指在1年或一个营业周期内偿还的债务，主要包括短期借款、交易性金融负债、应付账款、应付票据、应付职工薪酬、应交税费、应付股利等。

②非流动负债，是指在超过1年或一个营业周期内偿还的债务，主要包括长期借款、应付债券、长期应付款等。

3）所有者权益

（1）所有者权益的概念和确认

所有者权益是指企业资产扣除负债后由所有者享有的剩余权益。公司的所有者权益又称为股东权益。所有者权益是所有者对企业资产的剩余索取权。

所有者权益体现的是所有者在企业中的剩余权益，因此，所有者权益的确认主要依赖于其他会计要素，尤其是资产和负债的确认；所有者权益金额的确定也主要取决于资产和负债的计量。

所有者权益项目应当列入资产负债表。

（2）所有者权益的特征

①所有者权益是投资者对企业净资产的所有权，即资产总额扣除负债后的剩余索取权，用公式表示为：

所有者权益=资产-负债

企业清算时，在还清所有债务后，剩余财产才能用于偿还所有者。

②在持续经营的情况下，企业一般不需要偿还所有者的投资。

③投资者有权按投资比例分享企业利润。所有者权益与负债不同，不需要企业偿还，但有权按持股比例参与企业的利润分配。所有者分享利润的多少要视企业的经营状况及经营政策而定，因此，存在风险。

④投资者有法定的管理企业的权利。作为企业的投资者不仅具有利润分配权，还具有经营管理权，有权参与企业的经营管理。而企业的债权人只是有权按期收回本息，无权参与企业的经营管理。

（3）所有者权益的来源构成

所有者权益的来源包括所有者投入的资本、直接计入所有者权益的利得和损失、留存收益等，通常由股本（或实收资本）、资本公积（含股本溢价或资本溢价、其他资本公积）、其他综合收益、盈余公积和未分配利润构成。

所有者投入的资本是指所有者所有投入企业的资本部分，它既包括构成企业注册资本或者股本部分的金额，也包括投入资本超过注册资本或者股本部分的金额，即资本溢价或者股本溢价，这部分投入资本在我国企业会计准则体系中被计入了资本公积，并在资产负债表中的“资本公积”项目下反映。

直接计入所有者权益的利得和损失，是指不应计入当期损益、会导致所有者权益发生增减变动的、与所有者投入资本或者向所有者分配利润无关的利得或者损失。其中，利得是指由企业非日常活动所形成的、会导致所有者权益增加的、与所有者投入资本无关的经济利益的流入。损失是指由企业非日常活动所发生的、会导致所有者权益减少的、与向所有者分配利润无关的经济利益的流出。

留存收益是企业历年实现的净利润留存于企业的部分，主要包括累计计提的盈余公积和未分配利润。

4）收入

（1）收入的概念和确认

收入是指企业在日常活动中形成的、会导致所有者权益增加的、与所有者投入资本无关的经济利益的总流入。

“日常活动”，是指企业为完成其经营目标所从事的经常性活动以及与之相关的其他活动。

工业企业转让无形资产使用权、出售原材料、对外投资（收取的利息收入、股利收入）等，属于与经常性活动相关的其他活动，由此产生的经济利益的总流入也构成收入。

收入有广义和狭义之分。广义的收入包括营业收入、投资收益、营业外收入等经营和非经营所得；狭义的收入仅指营业收入，是经常的、主体性的经营业务取得的。会计上的收入是狭义的收入。

收入的确认条件如下：

①符合收入定义。

②只有在未来经济利益很有可能流入，从而导致企业资产增加或者负债减少，且经济利益的流入额能够可靠计量时才能加以确认。

符合收入定义和收入确认条件的项目，应当列入利润表。

（2）收入的特征

①收入是企业在日常活动中形成的经济利益的总流入

“日常活动”，是指企业为完成其经营目标所从事的经常性活动以及与之相关的活动。收入是企业在日常活动中形成的经济利益的总流入。

企业为完成其经营目标所从事的经常性活动形成的经济利益的流入。比如，工业企业制造并销售产品、商业企业销售商品、保险公司签发保单、咨询公司提供咨询服务、软件企业为客户开发软件、安装公司提供安装服务、商业银行对外贷款、租赁公司出租资产等，均属于企业为完成其经营目标所从事的经常性活动，由此产生的经济利益的总流入构成收入。

与企业为完成其经营目标所从事的经常性活动相关的活动形成的经济利益的流入。企业转让无形资产使用权、出售原材料、对外投资（收取的利息、现金股利）等，属于与经常性活动相关的活动，由此产生的经济利益的总流入也构成收入。

不属于企业为完成其经营目标所从事的经常性活动和与之相关的活动形成的经济利益的流入。比如，企业处置固定资产、无形资产等活动，不是企业为完成其经营目标所从事的经常性活动，也不属于与经常性活动相关的活动，由此产生的经济利益的总流入不构成收入，应当确认为营业外收入。

②收入会导致所有者权益增加

企业取得的收入，会使企业的资产增加，例如，在取得商品销售收入、劳务收入、转让资产使用权收入的同时，会使企业的银行存款或应收款项等资产增加。或者收入会使企业的负债减少，例如，在取得商品销售收入、劳务收入、转让资产使用权收入的同时，用商品、劳务、资产的使用权来抵偿所欠对方的债务。根据“资产=负债+所有者权益”的平衡原理，“所有者权益=资产-负债”，因此，无论是资产的增加还是负债的减少，收入最终都会导致所有者权益的增加。

③收入与所有者投入资本无关

收入是企业日常活动中形成的，投资者投入的资本虽然使企业的资产增加、所有者权益增加，但不是企业自身的活动形成的经济利益的流入，因此，收入与所有者投入资本无关。

（3）收入的分类

①收入按其在企业中所占的地位不同分为主营业务收入及其他业务收入。主营业务收入，又称基本业务收入，指企业为完成其经营目标所从事的主要经营活动取得的收入；其他业务收入，又称附营业务收入，是指企业主要经营活动以外的其他经营活动取得的收入。

②收入按性质分为销售商品收入、提供劳务收入、让渡资产使用权收入。销售商品收入是指企业销售产品或商品取得的收入；提供劳务收入是指企业通过提供劳务取得的收入；让渡资产使用权收入是指企业通过让渡资产的使用权取得的收入。

详细内容将在以后章节讲解。

5）费用

（1）费用的概念和确认

费用是指企业在日常活动中发生的、会导致所有者权益减少的、与向所有者分配利润无关的经济利益的总流出。

费用是相对于收入而言的，费用与收入相配比。费用分为广义的费用和狭义的费用。广义的费用包括各种费用和损失；狭义的费用只包括为获取营业收入销售商品或提供劳务等日常活动而发生的耗费。狭义的费用不包括损失，损失只是对收益的纯扣除。会计上的费用是指狭义的费用。

符合费用定义，经济利益很可能流出，从而导致企业资产减少或者负债增加，且经济利益的流出额能够可靠计量时才能确认费用。

（2）费用的特征

①费用指企业在日常活动中发生的经济利益的总流出

这里的“日常活动”与“收入”定义中的“日常活动”一致，都是指企业为完成其经营目标所从事的经常性活动以及与之相关的活动。费用指企业在日常活动中发生的经济利益的总流出，不包括非经常性活动所发生的支出，例如，企业对外投资发生的投资损失，更不包括与企业正常经营活动无直接联系的、偶发的事项产生的支出或损失，例如，自然灾害等非常事项造成的财产损失等。

②费用会导致所有者权益的减少

费用的产生会使资产减少，这种减少可以是现金支出，也可以是非现金支出。例如，用现金或银行存款支付销售费用、办公费用，是现金支出；再如，产品消耗原材料，是非现金支出。费用的产生也会使负债增加，例如，企业本期发生的应付未付的水电费、职工薪酬等，使本期的费用增加的同时负债增加，将来实际支付时，终究会导致资产减少。总之，无论使资产减少还是负债增加，费用都会使企业的经济资源减少，使企业的经济利益流出，根据“资产=负债+所有者权益”的平衡原理，“所有者权益=资产−负债”，费用最终会导致所有者权益的减少。需注意的是：在生产经营过程中，资产的减少并不都引起所有者权益的减少，例如，用银行存款偿还债务本金，是资产减少，负债减少，并不影响所有者权益，因此，这项资产的减少不属于费用；负债的增加也并不都引起所有者权益的减少，例如，从银行借入短期借款，存入银行，这项业务使资产、负债同时增加，但并不影响所有者权益。

③费用与向所有者分配利润无关

费用是企业日常活动中形成的，向所有者分配利润虽然使企业的资产减少、所有者权益减少，但不是企业的经营活动形成的经济利益的流出，属于最终利润的分配，因此，不是费用。

（3）费用分类

①费用按经济内容分为外购材料、外购燃料、外购动力、工资、提取的职工福利费、折旧费、利息支出、税金、其他支出。

②费用按经济用途分为直接材料、直接人工、制造费用和期间费用。直接材料指构成产品实体，或有助于产品形成的各种原料及主要材料、辅助材料、燃料、备品备件、外购半成品及其他直接材料；直接人工指直接从事产品生产人员的工资、奖金、津贴、补贴及职工福利费；制造费用又称间接费用，指企业各生产单位为组织和管理生产所发生的各项费用，一般是在月末分配计入产品或劳务成本的费用；期间费用是企业生产经营过程中发生的不能计入产品生产成本或劳务成本，而直接计入当期损益的费用，包括销售费用、管理费用、财务费用。

6）利润

（1）利润的概念和确认

利润是指企业在一定会计期间的经营成果，利润包括收入减去费用后的净额、直接计入当期利润的利得和损失等。

收入减去费用后的净额反映的是企业日常活动的业绩。

计入当期利润的利得和损失，是企业非日常活动的业绩，是指应当计入当期损益、会导致所有者权益发生增减变动的、与所有者投入资本或者向所有者分配利润无关的利得或者损失。

利润是评价企业经营管理的一项重要指标，也是财务报告使用者关心的重要信息。企业实现了利润，表明企业的所有者权益将增加，业绩提升；如果企业发生了亏损，表明企业的所有者权益将减少，业绩下滑。

利润反映的是收入减去费用、利得减去损失后的净额，因此，利润的确认主要依赖于收入、费用、利得、损失的确认，其金额的确定也主要取决于收入、费用、利得和损失金额的计量。

利润项目应当列入利润表。

（2）利润的特征

①利润是一定会计期间（月度、年度等）的经营成果。

②利润取决于收入、费用及直接计入当期利润的利得和损失等。

③利润在未分配前属于所有者权益，为投资者所有。

（3）利润分为营业利润、利润总额、净利润三个层次

营业利润 = 营业收入 − 营业成本 − 税金及附加 − 期间费用 − 资产减值损失 +/− 公允价值变动收益或损失 +/− 投资收益或损失

其中：

营业收入=主营业务收入+其他业务收入

营业成本=主营业务成本+其他业务成本

期间费用=销售费用+管理费用+财务费用

利润总额=营业利润+营业外收入−营业外支出

净利润=利润总额−所得税费用

2.1.3 会计要素的计量属性

企业在将符合确认条件的会计要素登记入账并列报于会计报表及附注时，应当按照规定的会计计量属性进行计量，确定其金额。计量属性反映的是会计要素金额的确定基础，主要包括历史成本、重置成本、可变现净值、现值和公允价值等。

1）历史成本

在历史成本计量下，资产按照购置时支付的现金或现金等价物的金额，或者按照购置资产时所付出的对价的公允价值计量。负债按照因承担现时义务而实际收到的款项或者资产的金额，或者承担现时义务的合同金额，或者按照日常活动中为偿还负债预期需要支付的现金或现金等价物的金额计量。

历史成本是企业取得资源时的原始交易价格，具有可靠性、可验证性。但在物价变动较大时，它的可比性、相关性就会降低，收入与费用的配比就会缺乏统一性，就不能分清经营业绩和持有收益，因此，也就不能真实反映企业的财务状况。

2）重置成本

在重置成本计量下，资产按照现在购买相同或者相似资产所需支付的现金或现金等价物的金额计量。负债按照现在偿付该项债务所需支付的现金或现金等价物的金额计量。

因为重置成本可以体现资产的现时价值，接近市场公允价值，因此，目前在资产评估工作中，大都采用重置成本的方法。但是，重置成本的确定难度较大，无法和原持有资产完全吻合，所以信息的可靠性较低。

3）可变现净值

在可变现净值计量下，资产按照其正常对外销售所能收到现金或现金等价物的金额扣减该资产至完工时估计将要发生的成本、估计的销售费用以及相关税费后的金额计量。

可变现净值反映了资产的预期变现能力，是指资产在正常经营状态下，带来的未来现金流入或将要支出的现金流出。

4）现值

在现值计量下，资产按照预计从其持续使用和最终处置中所产生的未来净现金流入量的折现金额计量。负债按照预计期限内需要偿还的未来净现金流出量的折现金额计量。

现值这种计量属性考虑了货币的时间价值，但未来现金流量现值是不确定的，所以可靠性较差。

5）公允价值

公允价值，是指市场参与者在计量日发生的有序交易中，出售一项资产所能收到或者转移一项负债所需支付的价格。

企业以公允价值计量相关资产或负债，应当假定市场参与者在计量日出售资产或者转移负债的交易，是在当前市场条件下的有序交易。有序交易，是指在计量日前一段时期内相关资产或负债具有惯常市场活动的交易。清算等被迫交易不属于有序交易。

公允价值是国际上较普遍采用的一种价值计量方法，但是公允价值取得信息的难度较大，因此，在实务操作中，应关注公允价值和资产活跃市场信息的可信程度。

在各种会计要素计量属性中，历史成本通常反映的是资产或者负债过去的价值，而重置成本、可变现净值、现值以及公允价值通常反映的是资产或者负债的现时成本或者现时价值，是与历史成本相对应的计量属性。当然这种关系也并不是绝对的。比如，资产或者负债的历史成本有时就是根据交易时有关资产或者负债的公允价值确定的。企业在对会计要素进行计量时，一般应当采用历史成本，采用重置成本、可变现净值、现值、公允价值的，应当保证所确定的会计要素金额能够取得并可靠计量。

2.1.4　会计基础

企业会计的确认、计量和报告应当以权责发生制为基础。权责发生制是指凡是当期已经实现的收入和已经发生或应当负担的费用，无论款项是否收付，都应当作为当期的收入和费用，计入利润表；凡是不属于当期的收入和费用，即使款项已在当期收付，也不应当作为当期的收入和费用。相对应于权责发生制，收付实现制是以收到或支付的现金作为确认收入和费用的依据。我国《企业会计准则——基本准则》规定："企业应当以权责发生制为基础进行会计确认、计量和报告。"

【例2-1】根据甲公司2016年12月份发生的下列经济业务分别以权责发生制和收付实现制确定本月的收入、费用：

（1）销售产品收到5 000元，存入银行；

（2）销售产品2 000元，购买单位甲交来现金1 000元，余款暂欠；

（3）收到购买单位乙上月所欠货款5 000元；

（4）收到购买单位丙预交货款1 200元；

（5）收到阳光公司交来7—12月份厂房租金12 000元；

（6）支付上月电费2 000元；
（7）支付本月应负担的办公费800元；
（8）支付下季度的保险费1 500元；
（9）负担上季度已预付的保险费500元；
权责发生制：
收入=（1）5 000+（2）2 000=7 000（元）
费用=（7）800+（9）500=1 300（元）
收付实现制：
收入=（1）5 000+（2）1 000+（3）5 000+（4）1 200+（5）12 000=24 200（元）
费用=（6）2 000+（7）800+（8）1 500=4 300（元）

2.2 会计等式

我们知道，将会计的对象依据交易和事项的经济特征进行基本分类，分为资产、负债、所有者权益、收入、费用和利润六个会计要素。这六个会计要素分别反映不同的财务信息，反映企业生产过程中不同的方面，但六要素之间并非孤立的，而是有着本质的联系的，它们之间的数量变化有一定的规律，我们把反映会计要素之间这种内在联系的数学表达式叫会计等式，也叫会计方程。

2.2.1 资产与负债、所有者权益的平衡关系

在企业生产经营过程中，不断发生各种各样的经济业务，从而引起资本周而复始地运动，资本的运动是绝对的，而静止是相对的。资本的相对静止是指资本在某一特定时点（如月末、季末、年末、月初、季初、年初）资本的相对静止状态，具体表现为处于不同的经营环节、具有不同形态的财产物资——资产。

企业的资产一方面表现为不同的占有形态，体现着企业拥有和控制的经济资源，如库存现金、银行存款、原材料、固定资产、对外投资等；另一方面，这些不同形态的资产总有其来源。在相对静止状态，资产的来源不外乎两个方面：一个来源是投资者投入的，是投资者对企业净资产（资产总额-负债）的所有权——所有者权益；另一来源就是企业从金融机构、其他单位等借入的，体现了企业的债权人对企业资产的要求权——负债。所有者权益和负债统称为权益。资产和权益是同一事物的两个方面，二者相互联系、相互依存，有资产必有其来源，有来源一定对应着相应的资产，没有无来源的资产，也没有无资产的来源。因此，

资产=权益
资产=负债+所有者权益　　　　（2-1）

公式（2-1）体现了资产、负债、所有者权益的本质联系，是资本处于相对静止状态下会计要素间的平衡关系，是编制资产负债表的依据。

【例2-2】甲公司经批准于2016年5月1日创立，其时投资者王某投资银行存款100 000元，李某投入价值200 000元的机器，张某投入专利权一项，经评估价值150 000元。另外，企业从银行借入短期借款150 000元，存入银行。此时，甲公司的资产、负债、所有者权益之间的数量关系见表2-1。

表2-1　　2016年5月1甲公司的资产、负债、所有者权益　　单位：元

资产		负债	
银行存款	250 000	短期借款	150 000
固定资产	200 000	所有者权益	
无形资产	150 000	实收资本——王某	100 000
		实收资本——李某	200 000
		实收资本——张某	150 000
合　计	600 000	合　计	600 000

从表2-1可知，公司在5月1日的资产、负债、所有者权益之间的数量关系如下：

资产=银行存款（100 000+150 000）+固定资产（200 000）+无形资产（150 000）=600 000（元）

负债=150 000元

所有者权益=王某投资（100 000）+李某投资（200 000）+张某投资（150 000）=450 000（元）

所以：

资产=负债+所有者权益=600 000元

或者：

所有者权益=资产-负债=净资产=450 000元

以上甲公司的资产、负债、所有者权益之间的数量平衡关系是指在2016年5月1日资本运动相对静止状态下的静态平衡关系。

2.2.2　收入、费用、利润的平衡关系

在企业的生产经营过程中，伴随着经济业务的发生，资本在运动、周转着，资本只有处于运动中才能增值，才能创收。例如，企业生产出产品通过销售取得收入，实现其价值，另外企业还会有其他的收入；在生产经营过程中要发生原材料的消耗、固定资产折旧费、人工费等各种费用。这样，一定会计期间的收入与费用相比较，如果收入大于费用，表明企业实现了利润，收入小于费用，表明企业经营亏损了，收入等于费用，表明企业经营只是保本。因此，收入、费用、利润之间存在着这样的平衡关系：

收入-费用=利润　　（2-2）

公式（2-2）体现了收入、费用、利润之间的内在联系，是资本处于显著运动状态下会计要素间的平衡关系，是编制利润表的依据。

【例2-3】上例中，甲公司经过一个月的经营，取得各种收入120 000元，存入银行，相应地发生各种费用80 000元，均用银行存款支付。这样，收入与费用比较，甲公司本月实现利润40 000元。收入、费用、利润间的数量关系见表2-2。

表2-2　　收入、费用、利润间的数量关系　　单位：元

收　入	120 000
减：费用	80 000
利润	40 000

收入（120 000）−费用（80 000）=利润（40 000）（元）

2.2.3 会计要素之间的综合平衡关系

我们探讨了资本处于某一会计期间起点时，即相对静止状态下会计要素间的平衡关系，即公式（2−1），以及在某一会计期间资本处于显著运动状态下会计要素间的平衡关系，即公式（2−2）。那么，当这一会计期间结束，即资本处于这一会计期间终点时，会计要素间有什么样的内在联系呢？是否还存在平衡？

期初：资产=负债+所有者权益 （2−3）

期间：收入− 费用=利润 （2−4）

企业实现的收入会使资产增加，发生的费用则会使资产减少，因此：

期末：资产=负债+所有者权益+（收入−费用）

即：资产=负债+所有者权益+利润 （2−5）

企业实现的利润归所有者所有，若是亏损则会减少所有者权益，因此，

期末：资产=负债+所有者权益 （2−6）

【例2−4】续前两例。甲公司2016年5月31日的资产、负债、所有者权益见表2−3。

表2−3 **甲公司的资产、负债、所有者权益** 单位：元

资　产		负　债	
银行存款	（250 000+120 000−80 000）	短期借款	150 000
固定资产	200 000	所有者权益	
无形资产	150 000	实收资本（王、李、张）	450 000
		利润	40 000
合　计	640 000	合　计	640 000

根据表2−3：

资产=640 000元

负债=150 000元

所有者权益=450 000+40 000=490 000（元）

所以：

资产=负债+所有者权益=640 000元

公式（2−6）与公式（2−3）表达式虽一样，但经过一定时期的经营，会计要素的数量、金额、构成发生了变化，即便如此，资产仍然等于负债加所有者权益，体现了会计要素之间相同的内在联系，我们称之为会计恒等式。

2.2.4 经济业务的发生对会计等式的影响

在生产经营过程中，会发生许许多多、纷繁复杂的经济业务，但这些业务归纳起来可分为四类：

一是会计恒等式的左边即资产内部一增一减，增减金额相等，等式右边即权益不变。

二是会计恒等式的右边即权益内部一增一减，增减金额相等，等式左边即资产不变。

三是会计恒等式的两边同增，即资产和权益同时增加，且金额相等。

四是会计恒等式的两边同减，即资产和权益同时减少，且金额相等。

下面举例说明各类经济业务的发生对会计等式的影响。

【例2-5】甲公司2016年10月31日资产、负债、所有者权益状况见表2-4。

表2-4　**资产情况表**

编制单位：甲公司　2016年10月31日　单位：元

资　产		负　债	
库存现金	80 000	应付账款	30 000
银行存款	500 000	短期借款	170 000
应收账款	70 000	长期借款	500 000
固定资产	2 000 000	所有者权益	
无形资产	150 000	实收资本	1 500 000
		资本公积	130 000
		盈余公积	160 000
		未分配利润	310 000
总　计	2 800 000	总　计	2 800 000

11月份甲企业发生如下经济业务：

（1）1日将20 000元现金存入银行。

这项经济业务使企业的资产——库存现金减少了20 000元，同时又使企业的另一项资产——银行存款增加了20 000元。这项业务的发生是资产内部一增一减，且金额相等，所以，会计等式仍保持平衡。

资产=库存现金（80 000-20 000）+银行存款（500 000+20 000）+应收账款（70 000）+
　　固定资产（2 000 000）+无形资产（150 000）
　=2 800 000（元）

负债+所有者权益=2 800 000元不变

所以：

资产=负债+所有者权益

（2）11日从银行取得30 000元的短期借款，直接偿还前欠乙企业的采购材料款。

这项经济业务使企业的权益（负债）——短期借款增加了30 000元，同时又使企业的另一项权益（负债）——应付账款减少了30 000元。这项业务的发生是权益内部一增一减，且金额相等，所以，会计等式仍保持平衡。

资产=2 800 000元不变

负债+所有者权益=应付账款（30 000-30 000）+短期借款（170 000+30 000）+长期借款（500 000）+
　　实收资本（1500 000）+资本公积（130 000）+盈余公积（160 000）+未分配利润（310 000）
　=2 800 000（元）

所以：

资产=负债+所有者权益

（3）20日王某追加投资200 000元，存入银行。

这项经济业务使企业的资产——银行存款增加了200 000元，同时又使企业的权益（所有者权益）——实收资本增加了200 000元。这项业务的发生是等式两边同时增加，且金额相等，所以，会计等式仍保持平衡。

资产=库存现金（80 000-20 000）+银行存款（500 000+20 000+200 000）+应收账款（70 000）+
　　固定资产（2 000 000）+无形资产（150 000）
　=3 000 000（元）

负债+所有者权益=应付账款（30 000−30 000）+短期借款（170 000+30 000）+长期借款（500 000）+
实收资本（1500000+200000）+资本公积（130000）+盈余公积（160000）+未分配利润（310000）
=3 000 000（元）

所以：

资产=负债+所有者权益

（4）30日以银行存款300 000元偿还长期借款。

这项经济业务使企业的资产——银行存款减少了300 000元，同时又使企业的权益（负债）——长期借款减少了300 000元。这项业务的发生是等式两边同时减少，且金额相等，所以，会计等式仍保持平衡。

资产=库存现金（80 000−20 000）+银行存款（500 000+20 000+200 000−300 000）+
应收账款（70 000）+固定资产（2 000 000）+无形资产（150 000）
=2 700 000（元）

负债+所有者权益=应付账款（30 000−30 000）+短期借款（170 000+30 000）+
长期借款（500 000−300 000）+实收资本（1 500 000+200 000）+资本公积（130 000）+
盈余公积（160 000）+未分配利润（310 000）
=2 700 000（元）

所以：

资产=负债+所有者权益

甲公司2016年11月30日资产、负债、所有者权益状况见表2−5。

表2−5 **资产情况表**

编制单位：甲公司 2016年11月30日 单位：元

资 产		负 债	
库存现金	60 000	应付账款	0
银行存款	420 000	短期借款	200 000
应收账款	70 000	长期借款	200 000
固定资产	2 000 000	所有者权益	
无形资产	150 000	实收资本	1 700 000
		资本公积	130 000
		盈余公积	160 000
		未分配利润	310 000
总 计	2 700 000	总 计	2 700 000

综上所述，生产经营过程中不论发生什么样的经济业务，都不会破坏会计要素之间的平衡关系，资产恒等于负债加所有者权益。会计恒等式是设置账户、复式记账、试算平衡、编制会计报表的依据，它贯穿于会计核算的始终，是会计方法的出发点。

章末习题

一、思考题

1.什么是会计要素？为什么要划分会计要素？

2.什么是资产？资产的确认必须满足哪些条件？

3.什么是负债？负债的确认必须满足哪些条件？

4.所有者权益包括哪些内容？它与负债有哪些联系和区别？

5.什么是收入？收入有哪些特征？

6.什么是费用？费用有哪些特征？

7.为什么资产=负债+所有者权益？简述会计等式的作用。

二、业务处理题

1.要素归类练习。

要求：判断表2-6中的项目分别属于哪类会计要素。

表2-6　**要素归类**

项　目	会计要素
银行存款	
短期借款	
应付职工薪酬	
车间厂房	
未分配利润	
实收资本	
应交税费	
销售收入	
原材料	
已销产品消耗的原材料	

2.乙公司2016年6月发生了以下经济业务，请分别用权责发生制和收付实现制计算公司6月份的收入和费用。

（1）以银行存款支付全年的财产保险费12 000元；

（2）销售产品一批总计18 000元，货款尚未收到；

（3）收回上月销货款20 000元；

（4）预收下月销售定金25 000元；

（5）以现金支付本月工资20 000元；

（6）本月销售产品一批收到款项15 000元。

3.乙公司2016年5月31日的部分财务数据如下：银行存款5 000 000元，存货300 000元，机器设备1 000 000元，房屋9 000 000元，应收账款200 000元，借款800 000元，应付账款200 000元，当月实现收入500 000元，支付水电费等各项费用50 000元，支付工资100 000元。

要求：根据会计方程式确定资产、负债、所有者权益、收入、费用、利润的金额。

4.乙公司某月发生下列经济业务：

（1）向银行借入短期借款500 000元，存入银行。

（2）收到客户预付的购货款2 000元，存入银行。

（3）收到投资者以货币资金投入的资本800 000元，存入银行。

（4）以银行存款偿还两年期的借款200 000元。

（5）收到客户归还的前欠货款50 000元存入银行。

（6）购买机器设备一台，价值80 000元，款项尚未支付。

（7）从银行提取现金10 000元。

（8）用银行存款支付前欠丙公司货款80 000元。

要求：判断每项业务对会计要素的影响。

5.乙公司2016年6月30日有关资产、负债、所有者权益的资料见表2-7。

表2-7 **乙公司的资产、负债、所有者权益** 单位：元

项 目	金 额	资 产	负 债	所有者权益
生产用厂房	320 000			
库存商品	170 000			
应收货款	50 000			
接受投资	720 000			
库存半成品	190 000			
库存现金	2 000			
机器设备	180 000			
尚未归还的银行借款	186 000			
银行存款	218 000			
应付购货款	62 000			
本年已实现利润	100 000			
尚未缴纳的税金	12 000			
以前年度的留存收益	50 000			

要求：根据所给资料，划分资产、负债和所有者权益，并汇总各类金额，检验其平衡关系。

三、案例讨论

1.乙公司是一家产品制造企业，2016年9月份对发生的经济业务做了以下会计处理：

（1）9月5日，会计将自己一家人出去旅游的住宿费500元当做自己的差旅费报销。

（2）9月10日，预付材料采购费用5 000元，会计记录“原材料”增加5 000元。

（3）9月15日，乙公司购入一台办公设备20 000元，一次性记入了9月份的“管理费用”。

（4）9月20日，乙公司与银行签订借款协议，金额100 000元，会计记入了“短期借款”。

（5）9月22日，乙公司向灾区捐款10 000元，会计将这笔支出记入了9月份的“管理费用”。

（6）9月28日，预收货款50 000元，会计记入了“主营业务收入”。

要求：分析并讨论乙公司对这些经济业务的处理是否正确，如果有错误，请说明违背了哪些会计原则。

2.乙公司2016年5月初资产500 000元、负债200 000元、所有者权益300 000元。

本月发生以下经济业务：

（1）接受投资设备一台，价值10 000元。

（2）购买原材料5 000元，货款暂欠。

（3）用银行存款归还前欠货款3 000元。

（4）以银行存款支付管理部门办公费1 000元。

（5）收到外单位前欠账款500元，收存银行。

（6）销售产品收入2 000元，存入银行。

（7）将盈余公积金2 000元转赠资本。

要求：将以上经济业务对会计等式的影响列入表2-8（不考虑增值税）。

表2-8　**经济业务对会计等式的影响**　单位：元

经济业务	资产	负债	所有者权益	收入	费用
（1）					
（2）					
（3）					
（4）					
（5）					
（6）					
（7）					
期末余额					

根据上述结果，分析讨论：

（1）发生上述7种经济业务，会计等式是否依然成立？

（2）期末与期初相比资产增加了多少？资产增加的原因是什么？

（3）引起净资产变动的原因有哪些？

（4）收入、费用的发生能否破坏了会计要素之间的平衡关系？期末，“资产=负债+所有者权益”是否仍然成立？

第3章/
账户与复式记账原理

本章知识结构图

【学习目标】掌握会计科目及账户的概念、作用及相互关系；掌握并应用复式记账原理及借贷记账法。

引导案例

著名会计学家葛家澍教授在《复式簿记的开山之作：〈巴其阿勒会计论〉》一文中写道：

尽管会计的起源很早，但现代意义上的会计却应从人们学会复式簿记来记录经济活动时算起。复式簿记是文艺复兴时代的产物，是一个巧妙的科学核算系统。自从它被推广应用以后，备受各界著名人士的交口赞扬。德国诗人、文学家、哲学家歌德（Goethe）形容复式簿记是“人类智慧的绝妙创造之一，每一个精明的商人从事经营活动都必须利用它”。数学家凯利（Cayley）认为，复式簿记原理“像欧几里德的比率理论一样，是绝对完善的”。经济史学家松巴特（Sombart）说：“创造复式簿记的精神，也就是创造伽利略和牛顿系统的精神。”

复式簿记对于促进商品经济的发展具有不可磨灭的功绩。把复式簿记同文艺复兴时期先后发明的时钟、显微镜、金属活字印刷技术等相提并论，它也当之无愧。

资料来源：葛家澍. 复式簿记的开山之作:《巴其阿勒会计论》[J]. 财会通讯·综合版，2007（9）.

复式簿记到底是一个怎样的系统能够得到如此高度的评价，并且一直使用到500多年后的今天？本章就在前面讲述的会计的含义、职能，会计的目标、会计要素、会计等式、会计核算的基本前提和信息质量要求等的基础上，在本章学习两个最重要也是最基本的会计核算方法——设置账户和复式记账。

3.1 会计科目和账户

3.1.1 会计科目

1）会计科目的含义

会计的对象是会计核算和监督的内容，即再生产过程中的资金运动，将它按经济内容的特征做基本的分类，分为资产、负债、所有者权益、收入、费用、利润，称为会计要素。虽然做了这样的分类，但仍不能提供较为详细、系统的会计信息，不能满足编制报表及会计信息使用者的要求。例如：甲企业用10万元银行存款购入原材料。在这项经济业务引起的资金运动中，银行存款和原材料均属于资产，银行存款减少了10万元，原材料增加了10万元，资产总额不变。再如：甲企业借入短期借款20万元，偿还前欠乙企业的应付账款，在这项经济业务引起的资金运动中，短期借款和应付账款均属于负债，短期借款增加了20万元，应付账款减少了20万元，负债总额不变。可以看出，如果只对会计核算内容做这样基本的分类，发生了类似以上的经济业务，各会计要素总额都没有发生变化，会计不能提供新的信息，不能详细地反映经济业务的发生，也就不能满足会计信息使用者的需要。因此，会计不仅要提供反映各会计要素增减变动的总括情况，还应更加全面、系统、详细地反映各会计要素内部具体项目的构成、增减变动、结余情况以及各会计要素间的关系，应在会计要素的基础上，再进一步进行科学的分类，这就是会计科目。

会计科目是按会计要素的特征及经济管理的需要进行科学分类的项目。每一个会计科目都有其名称，都反映其特定的经济内容。例如，“银行存款”核算企业存入银行或其他金融机构的各种款项。“应收账款”核算企业因销售商品、产品，提供劳务等经营活动应收取的款项。“原材料”核算企业库存的各种材料，包括原料及主要材料、辅助材料、外购半成品（外购件）、修理用备件（备品备件）、包装材料、燃料等的计划成本或实际成本。

各会计科目反映的经济内容是相互独立，不重不漏的，一个企业设置的会计科目要适应经济发展的需要，全面、准确地反映经济业务的发生，所提供的信息要能满足各信息使用者的需求。

2）会计科目的分类

为充分发挥会计科目的作用，进一步正确地认识、运用会计科目，需要对会计科目进行分类。

（1）按会计科目提供会计信息的详细程度分为：总分类科目和明细分类科目。

总分类科目，也叫一级科目，是按经济业务的特征和管理的需要进行总括分类的项目，提供的是总括的核算指标，例如：“库存现金”“应付职工薪酬”“实收资本”“生产成本”“主营业务收入”等。在实际工作中，为满足经济管理的需要及各方面对会计信息的需求，提供更详细的信息，需要对总分类科目进一步分类，称为明细分类科目，也叫明细科目。例如，企业可根据原材料的种类在“原材料”总分类科目下设置“甲材料”“乙材料”等明细科目；根据债务人的名称设置“应收账款”明细科目。如果一个会计科目所包含的内容较复杂、层次较多、需设置的明细科目较多时，可根据管理的需要在一级科目和明细科目之间设置二级科目，二级科目所提供信息的详细程度介于一级科目和明细科目之间，例如：在“固定资产”一级科目与“冼床”“刨床”等生产设备明细科目之间设置“生产用固定资产”二级科目，二级科目、三级科目都属于明细科目。

总分类科目与其所属的明细分类科目共同反映某类会计要素的有关项目，总分类科目对其所属的明细分类科目起统驭作用，明细分类科目是对总分类科目所提供指标的具体化。

（2）按会计科目所反映的经济内容的性质，即按会计对象的具体内容分为：资产类、负债类、所有者权益类、成本类和损益类。主要会计科目见表3-1。

会计科目按经济内容性质的分类有利于了解会计科目所反映和核算的内容，有利于正确运用各类科目所提供的会计信息，并且这种分类与会计报表的项目排列基本一致，有利于对会计报表的理解，便于为报表提供资料。同时，这种分类法也是账户分类的依据。

表3-1　　**主要会计科目表**

顺序号	编号	会计科目名称
		一、资产类
1	1001	库存现金
2	1002	银行存款
3	1012	其他货币资金
4	1101	交易性金融资产
5	1121	应收票据
6	1122	应收账款
7	1123	预付账款
8	1131	应收股利
9	1132	应收利息
10	1221	其他应收款
11	1231	坏账准备
12	1401	材料采购
13	1402	在途物资
14	1403	原材料
15	1404	材料成本差异
16	1405	库存商品
17	1406	发出商品
18	1408	委托加工物资
19	1411	周转材料
20	1471	存货跌价准备
21	1501	持有至到期投资
22	1502	持有至到期投资减值准备
23	1503	可供出售金融资产
24	1511	长期股权投资
25	1512	长期股权投资减值准备
26	1601	固定资产
27	1602	累计折旧

续表

顺序号	编号	会计科目名称
28	1603	固定资产减值准备
29	1604	在建工程
30	1605	工程物资
31	1606	固定资产清理
32	1701	无形资产
33	1702	累计摊销
34	1703	无形资产减值准备
35	1711	商誉
36	1801	长期待摊费用
37	1811	递延所得税资产
38	1901	待处理财产损溢
		二、负债类
39	2001	短期借款
40	2101	交易性金融负债
41	2201	应付票据
42	2202	应付账款
43	2203	预收账款
44	2211	应付职工薪酬
45	2221	应交税费
46	2231	应付利息
47	2232	应付股利
48	2241	其他应付款
49	2501	长期借款
50	2502	应付债券
51	2701	长期应付款
52	2901	递延所得税负债
		三、共同类（略）
		四、所有者权益类

续表

顺序号	编号	会计科目名称
53	4001	实收资本
54	4002	资本公积
55	4101	盈余公积
56	4103	本年利润
57	4104	利润分配
		五、成本类
58	5001	生产成本
59	5101	制造费用
60	5201	劳务成本
61	5301	研发支出
		六、损益类
62	6001	主营业务收入
63	6051	其他业务收入
64	6101	公允价值变动损益
65	6111	投资收益
66	6301	营业外收入
67	6401	主营业务成本
68	6402	其他业务成本
69	6601	销售费用
70	6602	管理费用
71	6603	财务费用
72	6701	资产减值损失
73	6711	营业外支出
74	6801	所得税费用
75	6901	以前年度损益调整

3.1.2 账户

1）账户的概念

为了将会计科目分类反映的经济内容记录到账簿中，反映经济业务的增减变动及结果，需要依据会计科目在账簿中开设记账的户头，即账户。账户就是根据会计科目在账簿中开设的，用来分类记录经济业务内容的具有一定格式和结构的记账实体。例如，根据“库存现金”科目可设置“库存现金”账户，根据“主营业务收入”科目可设置“主营业务收入”账户等。同会计科目一样，每一个账户都反映特定的经济内容，对这一特定的经济内容进行核算。企业设置的账户既要相互独立，又要全面、不重、不漏地反映企业的经济业务。

设置和运用账户是会计核算的专门方法，通过账户的设置和运用，把经济业务分门别类、序时地记入到相应的账户中，以提供会计信息使用者所需的全面、系统的会计信息。

2）账户的结构

账户不仅具有名称，能反映相应的经济内容，还具有一定的结构，这正是账户之所以能反映经济业务的增减变动及结果的原因。企业发生的经济业务繁杂、多样，但无论发生什么样的经济活动，所引起的会计要素的数量变动不外乎增加、减少两种情况，因此，用来核算经济业务的账户的基本结构分为左右两方，一方表示增加，另一方表示减少。至于哪一方代表增，哪一方代表减，要依据账户反映的经济内容和不同的记账方法而定。除了代表增减的左右两方的基本结构，账户还包括：账户的名称，登记经济业务的日期，凭证号数，经济业务摘要，增加、减少的金额及余额等。

账户的一般结构，以三栏式为例，见表3-2。

表3-2　**账户的一般格式**

账户名称：

年		凭证号数	摘 要	借 方	贷 方	借或贷	余 额
月	日						

为方便教学，账户一般采用简化格式，称为“T”形结构，也叫“丁字账户”，格式如下：

左方　**账户名称**　右方

账户记录的金额包括：期初余额、本期增加发生额、本期减少发生额、期末余额。期初余额是上一个会计期间的期末结余即期末余额，本期增加发生额是本会计期间增加额的合计，本期减少发生额是本会计期间减少额的合计。本期的期初余额加上本期增加发生额与本期减少发生额相抵后的差额就是本期的期末余额，本期的期末余额结转到下期就是下期的期初余额。余额一般与增加额记录的方向相同。发生额表示经济业务在本会计期间增减变动的情况，余额表示该经济业务增减变动的结果。因此，账户中期初余额、本期增加发生额、本期减少发生额、期末余额之间的关系可表示如下：

期末余额=期初余额+本期增加发生额 − 本期减少发生额

【例3−1】某企业在某一个会计期间“库存现金”账户记录如下：

左方		库存现金	右方
期初余额	1 000		
本期增加	800	本期减少	900
本期发生额	800	本期发生额	900
期末余额	900		

期末余额（900）=期初余额（1 000）+本期增加发生额（800）−本期减少发生额（900）

3.1.3 会计科目和账户的关系

会计科目和账户密切相关，二者既有区别又有联系。

1）会计科目和账户的联系

（1）会计科目的名称即是相对应的账户的名称。例如，“银行存款”科目与“银行存款”账户名称相同。

（2）账户依据会计科目设置，因此，会计科目与相应的账户反映的经济内容一致。例如，“银行存款”科目与“银行存款”账户都反映企业存入银行或其他金融机构的各种款项。

（3）会计科目与相应账户按经济内容的分类一致。例如，“银行存款”科目是资产类，“银行存款”账户也是资产类。

2）会计科目和账户的区别

会计科目只是对会计要素按经济内容进行分类的项目，有名称、内容，没结构，不是会计核算的专门方法。而设置账户是会计核算的专门方法，既有名称、内容，也有具体结构，可以分类、连续地反映经济业务增减变动及结果，提供会计核算资料。

3.2 复式记账原理

在了解了会计科目和账户之后，我们来学习记账方法。记账方法是依据会计要素之间的内在联系，利用会计科目和账户记录经济业务的规则和方式。记账方法分为单式记账法和复式记账法。

3.2.1 单式记账法和复式记账法

单式记账法是对发生的经济业务，一般只在一个账户中登记的方法。在这种记账法下，只有对涉及应收、应付现金、银行存款的收付业务才在两个或两个以上的账户中登记，对其他业务只在一个账户中登记或不作登记。例如，用银行存款支付办公费，只在“银行存款”账户中登记减少数，而不记费用账户。可以看出单式记账法虽然简单，但是对发生的经济业务在账户中登记不全面，账户体系不完整，账户之间往往没有对应关系，不能反映经济活动的全貌和资金的来龙去脉。因此，单式记账法是一种不科学的记账法，随着经济发展的需要，单式记账法逐步演变为复式记账法。

复式记账法是对每一项经济业务的发生所引起的会计要素数量的增减变动，以相等的金额同时在两个或两个以上相互联系的账户中进行登记的记账方法。例如，用银行存款支付管理费用，除在“银行存款”账户登记减少数，也登记“管理费用”账户增加数。与单式记账法相比，复式记账法的账户体系完整，每一项经济业务的登记，账户之间都有相互的对应关系，能全面、系统地反映经济业务的全貌和资金的来龙去脉。所以，复式记账法能适应现代生产力的发展，适应日益复杂的经济活动，是一种科学的记账方法。

复式记账法又分为借贷记账法、收付记账法、增减记账法等，现在国际上普遍采用的是借贷记账法，我国《企业会计准则》规定我国境内所有企业进行会计核算时，都要采用借贷记账法。

3.2.2 借贷记账法

借贷记账法是以会计恒等式为理论依据，以“借”“贷”为记账符号，以“有借必有贷，借贷必相等”为记账规则记录经济业务的一种复式记账法。借贷记账法的内容包括以下几方面：

1）记账符号

记账符号表示记账的方向。在借贷记账法下，记账符号为“借”“贷”，分别代表账户“左”“右”两个方向。在这里“借”“贷”已失去了原来表示债权债务变化的含义，而只是记账符号，纯粹表示记账的方向，即账户的借方和贷方，代表经济业务的发生引起的会计要素数量增减变化的方向。记账符号也表示余额的方向。“借”“贷”本身只表示记账的方向，不表示“增”“减”，只有与具体的账户类型结合方可确定哪一方表示增加，哪一方表示减少。

2）账户结构

账户按不同的标准有不同的分类。账户按反映的经济内容可分为资产类账户、负债类账户、所有者权益类账户、成本类账户、损益类账户。其中，损益类账户包括收入类账户和费用类账户。

账户按提供指标的详细程度可分为总分类账户、明细分类账户。此外，账户还可以按反映会计报表的内容、按用途和结构等标准进行分类。

当经济业务的发生引起会计要素数量增减变动时，就要在相应账户的借方或贷方记录增加或减少。在借贷记账法下，虽然账户的基本结构分为两个基本部分：左方为借方，右方为贷方。依据会计等式，对于不同类的账户规定了不同的账户结构。

（1）资产、负债、所有者权益类账户的结构

属于资产要素的增加额记入资产类账户的借方，属于资产要素的减少额记入资产类账户的贷方。正常情况下，资产账户的期初余额与本期增加额之和大于本期减少额，因此，资产类账户余额一般在借方。

因为：

资产=负债+所有者权益

资产在等式的左方，而负债、所有者权益在等式的右方，因此，属于负债、所有者权益要素的增加额分别记入负债、所有者权益类账户的贷方，属于负债、所有者权益要素的减少额分别记入负债、所有者权益类账户的借方。正常情况下，负债、所有者权益账户的期初余额与本期增加额之和大于本期减少额，因此，负债、所有者权益类账户余额一般在贷方。

账户如此记录的结果既能使借方等于贷方，也遵循了“资产=负债+所有者权益”的平衡原理。

（2）成本和损益类账户的结构

损益类账户可分为收入类和费用类账户。

因为：

资产=负债+所有者权益+收入−费用

即：

资产+费用=负债+所有者权益+收入

公式中的“费用”包含了与收入相配比的成本。

费用与资产在等式左方，又因为费用可以看作是资产的转化形态，可理解为所有者权益减少，因此，成本、费用类账户结构与资产类账户结构相似，成本、费用的增加额记入成本、费用类账户的借方，成本、费用的减少额记入成本、费用类账户的贷方。

收入与负债、所有者权益在等式右方，收入可理解为所有者权益增加，因此，收入类账户结构与所有者权益类账户结构相似，属于收入要素的增加额记入收入类账户的贷方，属于收入要素的减少额记入收入类账户的借方。

收入−费用=利润

期末，收入与费用类账户的余额都要结转到利润账户以计算出当期利润，因此，收入与费用类账户期末一般无余额。成本类账户若有余额，一般在借方，表示期末在产品的成本。

各类账户结构见表3−3。

表3−3 **各类账户结构**

	借方	贷方	余额
资产类账户	增加额	减少额	一般在借方
负债类账户	减少额	增加额	一般在贷方
所有者权益类账户	减少额	增加额	一般在贷方
成本类账户	增加额	减少额	若有余额一般在借方
收入类账户	减少额	增加额	期末一般无余额
费用类账户	增加额	减少额	期末一般无余额

3）记账规则

记账规则就是在借贷记账法下利用账户记录经济业务所引起的会计要素增减变化的规律。

因为费用账户的性质与资产账户相同，收入账户与所有者权益账户性质相同，因此，按性质划分经济业务时，可把费用归为资产，把收入归为所有者权益。把经济业务按性质划分为资产类、负债类、所有者权益类。实际中虽然会发生多种多样的经济业务，每项经济业务都会引起会计要素的增减变动，但不外乎以下四种类型：

（1）资产与权益同增

例如：甲公司接受投资者投入的货币资金200 000元，存入银行。这项经济业务使得资产类账户“银行存款”增加了200 000元，记入借方；同时使所有者权益类账户“实收资本”增加了200 000元，记入贷方。一个账户记借方，另一个账户记贷方，且记入借方账户的金额等于记入贷方账户的金额。

（2）资产与权益同减

例如：甲公司用银行存款偿还所欠乙公司的货款80 000元。这项经济业务使得甲公司资产类账户“银行存款”减少了80 000元，记入贷方；同时使负债类账户“应付账款”减少了80 000元，记入借方。一个账户记借方，另一个账户记贷方，且记入借方账户的金额等于记入贷方账户的金额。

（3）资产内部有增有减

例如：甲公司将10 000元现金存入银行。这项经济业务使得资产类账户“银行存款”增加了10 000元，记入借方；同时使资产类账户“库存现金”减少了10 000元，记入贷方。一个账户记借方，另一个账户记贷方，且记入借方账户的金额等于记入贷方账户的金额。

（4）权益内部有增有减

例如：甲公司从银行借入100 000元的短期借款直接偿还所欠乙公司的货款。这项经济业务使得甲公司负债类账户“短期借款”增加了100 000元，记入贷方；同时使另一个负债类账户“应付账款”减少了100 000元，记入借方。一个账户记借方，另一个账户记贷方，且记入借方账户的金额等于记入贷方账户的金额。

从以上分析可总结出，无论发生什么样的经济业务，都要在两个或两个以上相互联系的账户中进行记录。如果一个账户记借方，那么相对应的账户必然记贷方，或者如果一个账户记贷方，那么相对应的账户必然记借方，且记入借方账户的金额等于记入贷方账户的金额。这就是借贷记账法的记账规则：有借必有贷，借贷必相等。

4）会计分录

为保证账簿记录的正确性，对发生的经济业务在登记账簿之前必须编制会计分录。会计分录就是指明账户名称、记账方向与金额的记录。在实际工作中是通过编制记账凭证完成的。记账凭证是登记账簿的直接依据，因此，会计分录是否正确，直接影响账簿记录的正确与否。编制会计分录的步骤如下：

（1）分析经济业务，明确该业务所涉及的账户。

（2）根据经济业务所引起的会计要素的增减变动情况及账户的性质、结构确定账户的借、贷方向。

（3）确定应记入账户的金额。

会计分录分为简单分录和复合分录。简单分录，指只涉及相互联系的一借一贷两个账户的分录。复合分录，指涉及两个以上相互联系的账户，一借多贷，多借一贷，或多借多贷的分录。

简单会计分录的格式：

借：账户名称　　　　　　　　　　　　　　　　　　　　金额

贷：账户名称　　金额

【例3-2】企业从银行提取现金1 000元。

借：库存现金　　1 000

贷：银行存款　　1 000

复合会计分录的格式如下。

一借多贷：

借：账户名称　　金额

贷：账户名称　　金额

账户名称　　金额

【例3-3】企业销售产品，销售收入10 000元，增值税1 700元，存入银行。

借：银行存款　　11 700

贷：主营业务收入　　10 000

应交税费——应交增值税（销项税额）　　1 700

多借一贷：

借：账户名称　　金额

账户名称　　金额

贷：账户名称　　金额

【例3-4】企业从乙公司购入原材料，验收入库，收到乙公司开来的专用发票，价款10 000元，增值税税额1 700元，以银行存款支付。

借：原材料　　10 000

应交税费——应交增值税（进项税额）　　1 700

贷：银行存款　　11 700

多借多贷：

借：账户名称　　金额

账户名称　　金额

贷：账户名称　　金额

账户名称　　金额

【例3-5】企业从乙公司购入原材料，验收入库，收到乙公司开来的专用发票，价款10 000元，增值税税额1 700元，以银行存款支付8 000元，余款暂欠。

借：原材料　　10 000

应交税费——应交增值税（进项税额）　　1 700

贷：银行存款　　8 000

应付账款　　3 700

5）试算平衡

将一定时期的经济业务记入账户后，为使账户记录准确无误，在会计期末要进行试算平衡。试算平衡就是根据会计恒等式和记账规则，来检查账户记录是否正确的方法。

根据“有借必有贷，借贷必相等”的记账规则，每发生一项经济业务，记入借方账户的金额等于记入贷方账户的金额。这样，一个会计期间发生的所有经济业务记入借方账户的金额之和应等于记入贷方账户的金额之和，这就是发生额平衡公式：

所有账户的借方发生额合计=所有账户的贷方发生额合计

根据“资产=负债+所有者权益”的平衡原理及各类账户的结构，资产类账户的余额一般在借方，负债、所有者权益账户的余额一般在贷方，因此，所有账户的借方余额合计应等于所有账户的贷方余额合计，这就是余额平衡公式：

所有账户的期初借方余额合计=所有账户的期初贷方余额合计

所有账户的期末借方余额合计=所有账户的期末贷方余额合计

试算平衡工作一般是在月末结出各个账户的本期发生额和期末余额后，通过编制试算平衡表来进行的。试算平衡表分为总分类账户发生额试算平衡表、总分类账户余额试算平衡表，或将两表合并成总分类账户综合试算平衡表。其格式见表3–4、表3–5和表3–6。

表3–4 **发生额试算平衡表**

企业名称： 年 月 单位：元

账户名称	本期发生额	
	借 方	贷 方
合 计		

表3–5 **余额试算平衡表**

企业名称： 年 月 单位：元

账户名称	期末余额	
	借 方	贷 方
合 计		

表3–6 **综合试算平衡表**

企业名称： 年 月 单位：元

账户名称	期初余额		本期发生额		期末余额	
	借 方	贷 方	借 方	贷 方	借 方	贷 方
合 计						

试算平衡业务举例：

【例3-6】甲公司2016年12月1日资产、负债、所有者权益账户的期初余额见表3-7。

表3-7 **各账户期初余额**

2016年12月1日 单位：元

资　产	金　额	负债及所有者权益	金　额
库存现金	6 000	短期借款	50 000
银行存款	2 000 000	应付账款	206 000
应收账款	100 000	实收资本	2 500 000
原材料	800 000	资本公积	100 000
库存商品	100 000	盈余公积	1 150 000
固定资产	1 000 000		
资产合计	4 006 000	负债及所有者权益合计	4 006 000

甲公司12月份发生下列经济业务：

（1）甲公司接受投资者投入的货币资金200 000元，存入银行。

（2）甲公司用银行存款偿还所欠货款80 000元。

（3）甲公司将1 000元现金存入银行。

（4）甲公司从银行借入100 000元的短期借款直接偿还所欠乙公司的货款。

要求：

（1）根据期初余额资料开设“T”形账户，登记期初余额。

（2）根据12月份发生的经济业务编制会计分录，并登记入账。

（3）结出各账户本期发生额及期末余额。

（4）编制试算平衡表。

分析如下：

（1）根据期初余额资料开设“T”形账户，登记期初余额。

借方	**库存现金**		贷方
期初余额	6 000		
		（3）	1 000
本期发生额		本期发生额	1 000
期末余额	5 000		

借方	**银行存款**		贷方
期初余额	2 000 000		
（1）	200 000	（2）	80 000
（3）	1 000		
本期发生额	201 000	本期发生额	80 000
期末余额	2 121 000		

借方	**应收账款**		贷方
期初余额	100 000		
本期发生额		本期发生额	
期末余额	100 000		

借方	**原材料**		贷方
期初余额	800 000		
本期发生额		本期发生额	
期末余额	800 000		

借方　**库存商品**　贷方

期初余额	100 000		
本期发生额		本期发生额	
期末余额	100 000		

借方　**固定资产**　贷方

期初余额	1 000 000		
本期发生额		本期发生额	
期末余额	1 000 000		

借方　**短期借款**　贷方

		期初余额	50 000
		(4)	100 000
本期发生额		本期发生额	100 000
		期末余额	150 000

借方　**应付账款**　贷方

		期初余额	206 000
(2)	80 000		
(4)	100 000		
本期发生额	180 000	本期发生额	
		期末余额	26 000

借方　**实收资本**　贷方

		期初余额	2 500 000
		(1)	200 000
本期发生额		本期发生额	200 000
		期末余额	2 700 000

借方　**资本公积**　贷方

		期初余额	100 000
本期发生额		本期发生额	
		期末余额	100 000

借方　**盈余公积**　贷方

		期初余额	1 150 000
本期发生额		本期发生额	
		期末余额	1 150 000

（2）根据12月份发生的经济业务编制会计分录，并登记入账。

①借：银行存款　200 000
　　贷：实收资本　200 000

②借：应付账款　80 000
　　贷：银行存款　80 000

③借：银行存款　1 000
　　贷：库存现金　1 000

④借：应付账款　100 000
　　贷：短期借款　100 000

（3）结出各账户本期发生额及期末余额。

（4）编制试算平衡表（见表3-8）。

表3-8　　综合试算平衡表

企业名称：甲公司　　2015年12月　　单位：元

账户名称	期初余额		本期发生额		期末余额	
	借　方	贷　方	借　方	贷　方	借　方	贷　方
库存现金	6 000			1 000	5 000	
银行存款	2 000 000		201 000	80 000	2 121 000	
应收账款	100 000				100 000	
原材料	800 000				800 000	
库存商品	100 000				100 000	
固定资产	1 000 000				1000 000	
短期借款		50 000		100 000		150 000
应付账款		206 000	180 000			26 000
实收资本		2 500 000		200 000		2 700 000
资本公积		100 000				100 000
盈余公积		1 150 000				1 150 000
合　计	4 006 000	4 006 000	381 000	38 1000	4 126 000	4 126 000

根据表3-8：

所有账户的期初借方余额合计（4 006 000）=所有账户的期初贷方余额合计（4 006 000）

所有账户的借方发生额合计（381 000）=所有账户的贷方发生额合计（381 000）

所有账户的期末借方余额合计（4 126 000）=所有账户的期末贷方余额合计（4 126 000）

试算平衡是通过账户借贷金额是否平衡来检查账户记录是否正确的方法，可及时发现错误，并可以为编制会计报表提供资料。但需注意的是，试算平衡了，并不意味着账户记录完全正确，如：重记、漏记、借贷方金额发生同数额差错、借贷方科目写错、借贷方科目记反等记账错误通过试算平衡不能发现，需要借助其他方法检查，以保证账户记录准确无误。

6）借贷记账法举例

【例3-7】甲公司7月2日从银行提取现金6 000元备用。

这项经济业务使甲公司的资产类账户“库存现金”增加，应记入该账户的借方；另一个资产类账户“银行存款”减少，应记入该账户的贷方。会计分录如下：

借：库存现金　　6 000

　贷：银行存款　　6 000

【例3-8】甲公司7月5日从乙企业购入原材料，验收入库，收到乙企业开来的专用发票，材料价款5 000元，增值税税额850元，以银行存款支付。

这项经济业务使甲公司的资产类账户“原材料”增加，应记入该账户的借方；因购买材料支付的增值税的进项税额，应记入“应交税费”账户的借方；同时，另一个资产类账户“银行存款”减少，应记入该账户的贷方。会计分录如下：

借：原材料　　5 000

　　应交税费——应交增值税（进项税额）　　850

　贷：银行存款　　5 850

【例3-9】甲公司7月8日用银行存款200 000元购入专利权一项。

这项经济业务使甲公司的资产类账户“无形资产”增加，应记入该账户的借方；另一个资产类账户“银行存款”减少，应记入该账户的贷方。会计分录如下：

借：无形资产　　200 000

　贷：银行存款　　200 000

【例3-10】甲公司7月10日从银行借入短期借款100 000元，存入银行。

这项经济业务使甲公司的资产类账户“银行存款”增加，应记入该账户的借方；同时使负债类账户“短期借款”增加，应记入该账户的贷方。会计分录如下：

借：银行存款　　100 000

　贷：短期借款　　100 000

【例3-11】甲公司7月11日收到乙公司500 000元的投资，存入银行。

这项经济业务使甲公司的资产类账户“银行存款”增加，应记入该账户的借方；同时使所有者权益类账户“实收资本”增加，应记入该账户的贷方。会计分录如下：

借：银行存款　　500 000

　贷：实收资本　　500 000

【例3-12】甲公司7月15日以银行存款偿还前欠丙公司的货款80 000元。

这项经济业务使甲公司的负债类账户“应付账款”减少，应记入该账户的借方；使资产类账户“银行存款”减少，应记入该账户的贷方。会计分录如下：

借：应付账款　　80 000

　贷：银行存款　　80 000

【例3-13】甲公司7月16日生产A产品耗用原材料6 000元。

这项经济业务使甲公司的成本类账户“生产成本”增加，应记入该账户的借方；使资产类账户“原材料”减少，应记入该账户的贷方。会计分录如下：

借：生产成本　　6 000

　贷：原材料　　6 000

【例3-14】甲公司7月18日购买200元的办公用品，以现金支付。

这项经济业务使甲公司的费用类账户“管理费用”增加，应记入该账户的借方；使资产类账户“库存现金”减少，应记入该账户的贷方。会计分录如下：

借：管理费用　　200

　贷：库存现金　　200

【例3-15】甲公司7月28日A产品生产完工，验收入库，产品生产成本为70 000元。

这项经济业务使甲公司的资产类账户“库存商品”增加，应记入该账户的借方；使生产成本转到完工的A产品上，成本类账户“生产成本”减少，应记入该账户的贷方。会计分录如下：

借：库存商品　　70 000

　贷：生产成本　　70 000

【例3-16】甲公司7月30日销售A产品，售价9 000元，增值税销项税额1 530元，价税合计10 530元，收到并存入银行。

这项经济业务使甲公司的资产类账户“银行存款”增加，应记入该账户的借方；因销售产品收到的增值税销项税额，应记入“应交税费”账户的贷方；同时，因销售产品获得的收入使收入类账户“主营业务收入”增加，应记入该账户的贷方。会计分录如下：

借：银行存款　　10 530

　贷：应交税费——应交增值税（销项税额）　　1 530

　　主营业务收入　　9 000

章末习题

一、思考题

1.什么是会计科目？什么是账户？会计科目和账户有什么关系？

2.账户的基本结构是怎样的？

3.什么是复式记账？

4.什么是借贷记账法？

5.什么是会计分录？编制会计分录的基本方法是什么？

6.什么是试算平衡？试算平衡的方法主要有哪些？

二、业务处理题

1.以下账户互不相关，每个账户的已知数据见表3-9。

表3-9　**账户数据**　单位：元

账户	期初余额	期末余额	已知的本期发生额数据
（1）库存现金	1 000	2 000	现金减少额4 000元
（2）应收账款	2 000	1 500	赊销3 500元
（3）原材料	300	190	耗用存货160元
（4）实收资本	4 000	4 500	减少资本500元
（5）应付账款	8 000	7 000	偿还账款1 500元

要求：请利用每个账户的已知数据计算本期现金收入总额、本期收回顾客账款总额、本期原材料增加的金额、本期资本增加的金额、本期应付账款增加的金额。

2.甲公司2016年10月初有关总分类账户的余额见表3-10。

表3-10　**总分类账户余额**　单位：元

资　产	月初余额	负债及所有者权益	月初余额
库存现金	6 000	短期借款	50 000
银行存款	2 000 000	应付账款	206 000
应收账款	100 000	实收资本	2 500 000
原材料	800 000	资本公积	100 000
库存商品	100 000	盈余公积	1 150 000
固定资产	1 000 000		
资产合计	4 006 000	负债及所有者权益合计	4 006 000

甲公司2016年10月份发生下列经济业务：

（1）1日向银行借入短期借款50 000元，已存入银行。

（2）2日向乙公司购进商品一批，价款2 000元，商品已验收入库，贷款尚未支付。

（3）5日从银行提取现金8 000元备用。

（4）10日以银行存款偿还前欠乙公司货款5 000元。

（5）22日接银行通知，投资人投入资本100 000元。

要求：

（1）根据本月发生的经济业务编制会计分录。（不考虑增值税）

（2）根据期初余额资料开设并登记总分类账。

（3）根据账户记录结果编制"总分类账户发生额及余额试算平衡表"

三、案例讨论

李兵是会计专业大二的学生，这学期刚学了《基础会计》，为巩固所学知识，了解实际的会计工作，假期来到一家企业实习，面对实际发生的诸多经济业务，具体如何做账？李兵还是有些不太明确，实习指导老师指出了李兵对本月发生的经济业务所做的账务处理有错误。

（1）从银行借入100 000元短期借款直接偿还前欠的应付账款。

借：短期借款　100 000

　贷：应付账款　100 000

（2）职工王林预借差旅费2 000元，以现金支付。

借：应收账款　2 000

　贷：库存现金　2 000

（3）接受投资者投资100 000元，存入银行。

借：银行存款　100 000

　贷：主营业务收入　100 000

（4）以银行存款支付车间的水电费2 000元。

借：管理费用　2 000

贷：银行存款 2 000

（5）以银行存款预付下年的报纸杂志费3 600元。

借：管理费用 3 600

贷：银行存款 3 600

请分析讨论上述李兵所做的会计分录错在哪里，并做出正确的账务处理。

第4章/
复式记账法的应用

本章知识结构图

【学习目标】了解工业企业的主要经济业务内容；掌握实收资本的核算；掌握材料采购成本的计算和账务处理；掌握完工产品的成本计算和账务处理；理解企业利润的组成；熟悉利润分配的顺序；掌握利润分配的账务处理。

引导案例

李刚同学大学毕业后自己创业，投资200 000元开设了一家公司。公司成立后，业务较少，李刚同学感觉公司是自己的，会计不就是记录一下花了多少钱嘛，他决定不请会计，自己记账，这样既减少费用开支，又保守了公司的商业秘密。2015年末，公司设立时没有发生业务，除了记录投入的200 000元银行存款之外，没有其他记录。2016年随着公司业务的开展，支付了各种办公费56 000元，取得收入120 000元，购置了计算机等设备20 000元，支付房屋租金24 000元，支付工资30 000元，李刚同学按照自己的理解，在银行存款日记账里记了一个流水账，账面余额190 000元。他认为没有赚钱也不存在缴税的问题。2017年1月税务局检查认为该公司账目混乱，有偷税嫌疑。

按照公司法和会计法要求，公司作为一个会计主体，应该由具有会计专业知识的人记账，应当根据涉及的经济业务设置会计科目，按照借贷记账法记账。上一章介绍了复式记账的原理，本章将结合工业企业生产经营的生产循环进行复式记账法具体运用的讲解。

4.1 工业企业生产经营业务概述

现代企业制度下的工业企业，不但担负着国家宏观调控下的基本任务，而且还要在社会主义市场经济的竞争中不断谋求发展，对其拥有的资产实现保值增值。所以，企业在其生产经营过程中力求以最小的耗费取得最大的效益。

工业企业为了进行生产经营活动，必须拥有一定数量的财产物资，这些再生产过程中财产物资的货币表现就是资金，而这些资金都是从一定渠道筹集的，随着生产经营活动的进行，资金以货币资金→储备资金→生产资金→成品资金→货币资金的形式不断运动，资金的不断转化，形成经营资金的循环与周转。

企业从各种渠道筹集的生产经营所需的资金，其筹资的渠道主要包括接受投资者的投资和向债权人借入各种款项。权益性或债务性资金进入企业，意味着资金筹集的业务完成。企业就可以利用筹集的资金开展正常的经营业务，进入采购、生产、销售阶段。

采购阶段是工业企业材料的供应阶段。企业进行生产经营离不开各种材料、房屋、建筑物和机器设备等。由于房屋、建筑物和机器设备属于固定资产，一旦购买可供长期使用。企业用货币资金购买各种材料，形成生产储备，用以保证生产的正常进行。这时资金从货币资金形态转化为储备资金形态。企业在支付材料的价款、采购费用和相关税款后，还会与供货单位发生货款的结算关系。因此，材料采购业务和因采购而引起的与供货方的货款结算、支付采购费用和相关的税款、计算采购成本，就构成了采购阶段的主要经济业务。

生产阶段是工业企业的中心环节。它既是产品的制造过程，也是物化劳动和活劳动的消耗过程，即各种成本、费用的发生过程。在这一阶段，企业要投入各种材料，支付职工薪酬，使用厂房、机器设备等固定资产，计提折旧费用等。这一阶段使得企业的一部分材料存货价值、货币价值和一部分固定资产的价值转化为在产品存货价值，形成在产品成本，并随着进一步加工完成形成产成品，在产品存货又转化为产成品存货。因此，归集发生的生产费用，计算完工产品的生产成本，就构成了生产阶段的主要经济业务。

销售阶段是企业产品价值的实现过程。企业通过销售生产的产品并按售价与客户办理结算，收回货币资金，实现销售收入。在这一阶段，企业的产成品存货又转化为货币资金，从而完成一个经营周期。因此，销售产品，支付销售费用，缴纳销售税金，与购货方结算货款并计算产品的销售成本是销售阶段的主要经济业务。

工业企业的主要经营过程就是这样通过采购、生产、销售三个阶段，连续不断、周而复始进行的。为了及时总结企业在一定时期内的经营成果，还需将企业获得的各种收入、费用相比较，计算出企业最终是盈利还是亏损。对于实现的利润，企业还有义务向国家缴纳所得税。利润总额扣除所得税费用后就是企业的净利润，然后再按规定，一部分以盈余公积的形式留存企业，供企业扩展生产经营之用；另一部分在投资者之间进行分配，作为投资者的投资报酬；其余没有分配的部分则作为未分配利润，留存企业参与生产经营。

4.2 资金筹集阶段的核算

成立工业企业所需资金主要有两个渠道：一是由企业的所有者根据企业的发展需要，对企业进行投资或追加投资；二是由企业根据经营需求对外举债，由债权人提供资金。

4.2.1 资金筹集阶段需要设置的主要账户

1）“银行存款”账户

本账户是资产类账户，用来核算企业存入银行或其他金融机构的各种存款。本账户的借方登记银行存款的增加数；贷方登记银行存款的减少数；期末借方余额表示企业存放在银行或其他金融机构的各种存款。本账户按不同银行或金融机构设置明细分类账。

2）“实收资本”账户

本账户是所有者权益类账户，用来核算按照章程规定，企业接受投资者投入的实收资本，即企业在工商行政管理部门登记的注册资金。股份有限公司应将本账户改为“股本”。“实收资本”账户的贷方登记所有者按注册资本投入的资本总额；借方一般较少发生登记事项，除非发生减资或企业“关、停、并、转”时实收资本的减少。企业如无特殊情况，一般不能随意抽减资本。期末贷方余额表示投资者投入企业的资本总额。本账户应按投资者设置明细分类账。

3）“资本公积”账户

本账户是所有者权益类账户，用来核算企业收到投资者的超出其在企业注册资本（或股本）中所占份额的投资以及直接计入所有者权益的利得和损失等。资本公积的主要用途在于转增资本，即在办理增资手续后可以用资本公积转增实收资本，按所有者原有投资比例增加投资者的实收资本。“资本公积”账户贷方登记从不同渠道取得的资本公积，借方登记用资本公积转增资本等资本公积的减少额，期末贷方余额表示企业资本公积的余额。本账户按“资本溢价（或股本溢价）”“其他资本公积”进行明细核算。

4）“短期借款”账户

本账户是负债类账户，用来核算企业为了满足生产经营活动对资金的临时需要而向银行或其他金融机构借入的期限在1年以下（含1年）的各种借款。本账户的贷方登记借入的各种短期借款；借方登记偿还的各种短期借款；期末贷方余额表示企业尚未偿还的各种短期借款。本账户按贷款人和贷款币种设置明细分类账。

5）“长期借款”账户

本账户是负债类账户，用来核算企业向银行或其他金融机构借入的期限在1年以上（不含1年）的各种借款。一般来说，企业举借长期借款，主要是为了添置固定资产、购置土地等长期耐用资产的需要。本账户的贷方登记长期借款的增加数，包括本金和各期计算出来的到期未支付的利息，借方登记长期借款的减少数，包括偿还的借款本金和利息。期末贷方余额表示尚未偿还的长期借款本息结余额。本账户按贷款单位和贷款种类分别“本金”“应计利息”“利息调整”等设置明细分类账。

6）“财务费用”账户

本账户是损益类账户，用来核算企业为筹集生产经营所需资金等而发生的筹资费用，包括利息支出（减利息收入）、汇兑损益以及相关的手续费、企业发生的现金折扣或收到的现金折扣等。本账户的借方登记本期发生的各项财务费用；贷方登记期末余额转入“本年利润”账户数；结转后无余额。本账户可按费用项目设置明细分类账。

7）“应付利息”账户

本账户是负债类账户，用来核算企业已经发生但尚未实际支付的利息费用。贷方登记预先按照一定标准提取的应由本期负担的利息费用，借方登记实际支付的利息费用。期末余额在贷方，表示已经预提但尚未支付的利息费用。

4.2.2　资金筹集阶段的主要经济业务核算

1）接受所有者投资的核算

接受所有者投资，包括货币和实物两种形式，它是所有者权益的主要来源和表现形式，是投资者拥有的根本权益，对企业的盈余分配和净资产处置权利起着直接影响作用。

【例4-1】甲企业收到投资人乙企业投入的资本200 000元，款项通过银行划转。

这笔经济业务的发生，一方面说明企业接受投资后银行存款增加，应记入“银行存款”账户的借方；另一方面说明甲企业接受投资后，实收资本增加，应记入“实收资本”账户的贷方。其会计分录如下：

借：银行存款　　200 000

　贷：实收资本——乙企业　　200 000

【例4-2】甲企业接受投资人丙企业投入的一块土地使用权作为投资，双方共同确认的价值为2 800 000元。

这笔经济业务的发生，一方面说明甲企业接受投资后无形资产增加，应记入“无形资产”账户的借方；另一方面说明丙企业对甲企业进行实物投资，应记入甲企业“实收资本”账户的贷方。其会计分录如下：

借：无形资产　　2 800 000

　贷：实收资本——丙企业　　2 800 000

【例4-3】甲企业收到投资人丁企业投入的资本200 000元，其中180 000元作为实收资本，另外20 000元作为资本公积，款项通过银行划转。

这笔经济业务既涉及接受投资又涉及超过法定份额资本。其中属于法定份额的部分作为实收资本处理，超过部分则作为资本公积处理。收到的银行存款作为资产的增加，应记入“银行存款”账户的借方，实收资本和资本公积的增加是所有者权益的增加，应分别记入“实收资本”和“资本公积”账户的贷方。其会计分录如下：

借：银行存款　　200 000

　贷：实收资本——丁企业　　180 000

　　　资本公积——资本溢价　　20 000

【例4-4】A公司委托证券公司代理发行普通股4 000 000股。每股面值1元，发行价为1.2元。证券公司按发行收入的3%收取手续费，直接从发行收入中扣除。

这是一笔发行股票筹集资金的业务。A公司收到的银行存款为证券公司扣除手续费用后的金额4 656 000元（4 000 000×1.2×（1−3%）），记入“银行存款”账户的借方。贷记“股本”账户的金额是股票的面值总额4 000 000元（4 000 000×1），“资本公积”账户贷方反映的是股票发行的溢价扣除证券公司收取的手续费后的金额656 000元（4 000 000×（1.2−1）−4 000 000×1.2×3%）。其会计分录如下：

借：银行存款　　4 656 000

　贷：股本　　4 000 000

　　　资本公积——股本溢价　　656 000

【例4-5】甲企业经过股东大会批准，将资本公积500 000元转增资本。

这是一项所有者权益内部转化的业务。该业务的发生一方面使企业的资本公积减少500 000元，应记入“资本公积”账户的借方；另一方面使甲企业的实收资本增加500 000元，应记入“实收资本”账户的贷方。其会计分录如下：

借：资本公积——资本溢价　　500 000

　贷：实收资本　　500 000

2）借入资金的核算

企业在生产经营过程中，由于周转资金不足，可以向银行或其他金融机构借款，以补充资本的不足。企业借入的款项，必须按贷款单位借款规定办理手续，支付利息，到期归还。

【例4-6】甲企业由于季节性储备材料需要，临时向银行借入50 000元，每月利息300元，期限为2个月，到期还本付息。

这笔经济业务的发生，一方面说明因需要购买材料而增加临时借款50 000元，应记入“短期借款”账户的贷方；另一方面说明银行存款增加，应记入“银行存款”账户的借方。其会计分录如下：

借：银行存款　　50 000

　贷：短期借款　　50 000

【例4-7】承【例4-6】，借款期每月月末，甲企业计提短期借款利息300元。

由于短期借款利息一般是按季度结算支付，按照权责发生制应按月确认为财务费用。这笔经济业务的发生，一方面使企业的财务费用增加，记入“财务费用”账户的借方；另一方面作为应付利息的增加，记入“应付利息”账户的贷方。每月月末的会计分录如下：

借：财务费用　　300

　贷：应付利息　　300

【例4-8】承【例4-6】、【例4-7】，短期借款到期，甲企业用银行存款归还50 000元本金和600元利息。

当甲企业用银行存款归还贷款本金时，一方面贷款的偿还应记入“短期借款”账户的借方；另一方面使银行存款减少，应记入“银行存款”账户的贷方。其会计分录如下：

借：短期借款　　50 000

　贷：银行存款　　50 000

归还利息时，由于企业已经预提了2个月利息，归还时应作为应付利息的减少，借记“应付利息”账户，同时贷记“银行存款”账户。其会计分录如下：

借：应付利息　　600

　贷：银行存款　　600

当然，上述还本付息的分录可以通过编制一笔复合分录完成：

借：短期借款　　50 000

　　应付利息　　600

　贷：银行存款　　50 600

【例4-9】2015年1月1日，乙公司因购买大型设备需要，向银行借款5 000 000元，年利率为8%，借款期为2年，借款合同规定到期一次还本付息，单利计息。

这笔经济业务的发生，一方面说明银行存款的增加，应记入“银行存款”账户的借方；另一方面说明乙公司因购建大型设备而增加长期借款5 000 000元，应记入“长期借款”账户的贷方。其会计分录如下：

借：银行存款　　5 000 000

　贷：长期借款　　5 000 000

【例4-10】承【例4-9】，借款期每年年末计提长期借款的利息。

乙公司为购买大型设备取得的长期借款，不涉及利息资本化的问题，因此，每年的利息应记入“财务费用”账户的借方，另外由于该借款是到期一次还本付息，在尚未还款之前形成企业的负债，因此，记入“长期借款”的贷方。每年的会计分录如下：

借：财务费用　　400 000

　贷：长期借款　　400 000

【例4-11】承【例4-9】、【例4-10】，2017年1月1日，乙公司偿还该笔借款的本金和利息。

这笔经济业务的发生，同时减少银行存款和长期借款，长期借款的减少是负债的减少，应记入“长期借款”账户的借方，银行存款的减少是资产的减少，应记入“银行存款”账户的贷方。其会计分录如下：

借：长期借款　　5 800 000

　贷：银行存款　　5 800 000

4.3　采购阶段的核算

采购阶段是工业企业经营过程的第一个阶段。在该阶段，主要经济业务是购买生产产品的机器设备，购买原材料、辅助材料，支付采购费用，计算存货的采购成本。采购阶段核算的主要任务是：核算与监督材料的买价和采购费用，确定采购成本，检查材料采购计划执行情况，核算与监督储备资金占用量，考核储备资金使用情况。

4.3.1　采购阶段需要设置的主要账户

1）“在途物资”账户

本账户是资产类账户，用来核算企业采用实际成本法进行材料物资日常核算时外购材料的买价和各种采购费用，据以计算确定购入材料的实际采购成本。本账户的借方登记购入材料、商品的实际成本；贷方登记验收入库的材料、商品的实际成本；期末借方余额表示尚未运达企业或者已经运达企业但尚未验收入库的在途材料的成本。本账户可按供应单位和物资品种设置明细分类账。

2）“原材料”账户

本账户是资产类账户，用来核算企业库存各种材料的收入、发出和结存情况，包括原料及主要材料、辅助材料、外购半成品、外购材料、修理用备件、包装材料、燃料等。本账户的借方登记企业购入应验收入库的各种材料的实际成本；贷方登记材料发出、减少的实际成本；期末借方余额表示库存材料的实际成本。本账户按照材料的保管地点、类别、品种、规格等设置明细分类账。

3）“应付账款”账户

本账户是负债类账户，用来核算企业因购置原材料、商品和接受劳务供应等经营活动而应付的款项。本账户的贷方登记应支付而未支付的款项；借方登记实际偿还的款项；期末贷方余额表示尚欠供应单位的款项。本账户应按债权人设置明细分类账。

4）“应付票据”账户

本账户是负债类账户，用来核算企业购买原材料、商品和接受劳务供应等开出并承兑的商业汇票，包括银行承兑汇票和商业承兑汇票。本账户贷方登记开出并承兑的商业汇票的数额；

借方登记支付到期商业汇票的数额；期末贷方余额表示企业尚未到期的商业汇票的票面金额。为了具体反映应付各供应单位的款项增减变动情况，本账户需按债权人设置明细分类账。

5）“预付账款”账户

本账户是资产类账户，用来核算企业按照合同规定预先向供应单位支付的款项增减变动及结余情况。本账户借方登记支付的预付款项，即预付款的增加，贷方登记收到供应单位提供的材料物资而应冲销的预付款，即预付款的减少。期末余额一般在借方，表示尚未结算的预付款的结余额。如果账户出现贷方余额，则表示企业尚未补付的款项。该账户应按照供应单位的名称设置明细账户，进行明细分类核算。当然，如果企业的预付款事项不多时，也可以不设置本账户，将预付的款项直接记入“应付账款”账户。

6）“固定资产”账户

本账户是资产类账户，用来核算企业拥有或控制的固定资产原价的增减变动及结余情况。该账户的借方登记固定资产原价的增加，贷方登记固定资产原价的减少，期末余额在借方，表示固定资产原价的结余额。本账户应按照固定资产的种类设置明细分类账。

7）“在建工程”账户

本账户是资产类账户，用来核算企业为进行固定资产基建、安装、技术改造以及大修理等工程而发生的全部支出，并据以计算确定各工程成本的账户。本账户的借方登记工程支出的增加，贷方登记结转完工工程的成本。期末余额在借方，表示未完工工程的成本。本账户应按工程内容，如建筑工程、安装工程、在安装设备等设置明细分类账。

8）“应交税费”账户

本账户是负债类账户，用来核算企业应缴纳的各种税费，包括增值税、消费税、城市维护建设税、所得税等。本账户的贷方登记按规定计算应交而未交税费的增加；借方登记实际缴纳的各项税费，包括支付的增值税进项税额等；期末账户贷方余额表示尚未缴纳的各项税费；如果期末账户余额在借方，则表示多交的税费。本账户可按应交的税费项目设置明细分类账。

4.3.2　采购阶段的主要经济业务核算

【例4-12】甲企业购买不需要安装的生产设备一台，价款30 000元，增值税税率为17%，计5 100元，包装运杂费等2 000元，全部款项均使用银行存款支付。

由于购买的是不需要安装的设备，购买完成之后就意味着达到了预定可使用状态，这笔业务的发生一方面说明企业固定资产的增加，按照取得成本和包装运杂费的合计额记入“固定资产”账户的借方，支付的增值税进项税额为5 100元，记入“应交税费”账户的借方，另一方面说明企业银行存款减少，记入“银行存款”账户的贷方。其会计分录如下：

借：固定资产	32 000	
应交税费——应交增值税（进项税额）	5 100	
贷：银行存款		37 100

【例4-13】甲企业购买需要安装的生产设备一台，价款30 000元，增值税税率为17%，计5 100元，支付的安装费用为2 000元，全部款项均使用银行存款支付。

由于购买的是需要安装的生产设备，因此，在购买过程中支付的货款和包装运杂费等费用形成在建工程的成本，在设备达到预定可使用状态前发生的支出先在“在建工程”账户中进行归集。这笔经济业务的发生，应按照取得成本和安装费用合计额记入“在建工程”账户的借方，支付的增值税进项税额为5 100元，记入“应交税费”账户的借方，另一方面企业支付银行存款，应记入“银行存款”账户的贷方。其会计分录如下：

借：在建工程　　32 000

　　应交税费——应交增值税（进项税额）　　5 100

　贷：银行存款　　37 100

【例4-14】承【例4-13】，上述设备安装完成，达到预定可使用状态，经验收合格办理竣工决算手续。

在建工程安装完成，交付使用，意味着固定资产的取得成本已经形成，于是就可以将该工程全部支出转入“固定资产”账户。这笔经济业务的发生，一方面使企业的固定资产增加32 000元，应借记“固定资产”账户；另一方面使在建工程的成本减少32 000元，应贷记“在建工程”账户。其会计分录如下：

借：固定资产　　32 000

　贷：在建工程　　32 000

【例4-15】甲企业向外地某单位购入甲材料4 000千克，每千克8元；乙材料2 000千克，每千克4元。共计40 000元。增值税税率为17%，增值税进项税额合计6 800元。材料已验收入库，货款以商业汇票付讫。

这笔经济业务的发生，一方面表明甲、乙两种材料的购入价是40 000元，应记入“在途物资”账户的借方，增值税进项税额6 800元记入“应交税费”账户的借方；另一方面货款以商业汇票支付，形成企业对供货单位的负债，应记入“应付票据”账户的贷方。其会计分录如下：

借：在途物资　　40 000

　　应交税费——应交增值税（进项税额）　　6 800

　贷：应付票据　　46 800

【例4-16】甲企业向外地某单位购入丙材料5 000千克，每千克10元，计50 000元。增值税税率为17%，增值税进项税为8 500元。货款以银行存款支付。

这笔经济业务的发生，一方面表明丙材料的购入价是50 000元，应记入“在途物资”账户的借方，增值税进项税额8 500元，应记入“应交税费”账户的借方；另一方面表明材料价款已用银行存款付清，应记入“银行存款”账户的贷方。其会计分录如下：

借：在途物资　　50 000

　　应交税费——应交增值税（进项税额）　　8 500

　贷：银行存款　　58 500

【例4-17】承【例4-16】，以银行存款支付甲、乙、丙三种材料运输费用1 760元，以现金支付装卸费440元。

这笔经济业务的发生，一方面表明因采购甲、乙、丙三种材料而发生的采购费用2 200元，应记入“在途物资”账户的借方；另一方面通过银行存款和现金支付采购费用，应分别记入“银行存款”和“库存现金”账户的贷方。其会计分录如下：

借：在途物资　　2 200

贷：银行存款　　1 760

　　库存现金　　440

【例4-18】承【例4-15】，商业汇票到期，以银行存款归还外地某单位材料款46 800元。

这笔经济业务的发生，一方面表明商业汇票到期付款，应记入“应付票据”账户的借方；另一方面表明银行存款减少，应记入“银行存款”账户的贷方。其会计分录如下：

借：应付票据　　46 800

　贷：银行存款　　46 800

【例4-19】月末甲企业结转三种材料实际采购总成本92 200元。

这笔经济业务表明，甲、乙、丙三种材料的采购过程已经完成，应从“在途物资”账户的贷方转入“原材料”账户的借方，并按照每种原材料的成本记入其明细账，以反映每种入库材料的实际成本。其会计分录如下（分录中的金额根据表4-5得出）：

借：原材料——甲材料　　32 800

　　　　　——乙材料　　8 400

　　　　　——丙材料　　51 000

　贷：在途物资　　92 200

4.3.3 物资采购成本的计算

物资采购成本的计算就是将采购阶段发生的物资买价和有关采购费用，按一定种类的材料进行归集和分配，确定该种物资的实际成本。物资采购成本的内容主要有：

（1）买价（供货单位的发票价格）。

（2）运杂费（包括运输费、装卸费、保险费、包装费、仓储费等）。

（3）运输途中的合理损耗。

（4）入库前的挑选整理费用（包括挑选整理过程中发生的工资支出和必要的损耗，扣除回收的下脚废料价值）。

（5）购入物资应负担的相关税金和其他费用。

在计算物资采购成本中，凡是能直接计入各种物资的直接费用，应直接计入各种物资的采购成本；不能直接计入的各种间接费用，应按一定标准在有关物资之间进行分配，分别计入各种物资的采购成本。分配标准一般按物资重量或买价的比例计算。下面根据前例说明物资采购成本的计算方法。

企业购进甲、乙、丙三种材料的各项支出，见表4-1。

表4-1　**物资采购成本支出表**　金额单位：元

材料名称	重量（千克）	单　价	买　价	运杂费
甲	4 000	8	32 000	2 200
乙	2 000	4	8 000	
丙	5 000	10	50 000	
合计	11 000	—	90 000	2 200

根据上列资料，材料的买价可以直接计入各种材料的采购成本。而运杂费为三种材料共同负担的间接费用，需要按一定标准，在三种材料之间进行分配，然后再分摊计入各种

材料的采购成本。

具体计算分配方法：

（1）按重量分摊共同运杂费。

$$每千克材料应负担的运杂费=\frac{2\,200}{4\,000+2\,000+5\,000}=0.20\ （元）$$

甲种材料应分摊的运杂费=0.20×4 000=800（元）

乙种材料应分摊的运杂费=0.20×2 000=400（元）

丙种材料应分摊的运杂费=0.20×5 000=1 000（元）

（2）登记甲、乙、丙材料的物资采购明细账，见表4-2、表4-3和表4-4。

表4-2 “在途物资”明细分类账

物资名称或类别：甲材料　　金额单位：元

年		凭证号码	摘要	借方金额			贷方金额	结余金额
月	日			买价	采购费用	合计		
			购入4 000千克，单价8元/千克	32 000		32 000		32 000
			分摊运杂费		800	800		32 800
			结转实际采购成本				32 800	—
			发生额和余额	32 000	800	32 800	32 800	—

表4-3 “在途物资”明细分类账

物资名称或类别：乙材料　　金额单位：元

年		凭证号码	摘要	借方金额			贷方金额	结余金额
月	日			买价	采购费用	合计		
			购入2 000千克，单价4元/千克	8 000		8 000		8 000
			分摊运杂费		400	400		8 400
			结转实际采购成本				8 400	—
			发生额和余额	8 000	400	8 400	8 400	—

表4-4 “在途物资”明细分类账

物资名称或类别：丙材料　　金额单位：元

年		凭证号码	摘要	借方金额			贷方金额	结余金额
月	日			买价	采购费用	合计		
			购入5 000千克，单价10元/千克	50 000		50 000		50 000
			分摊运杂费		1 000	1 000		51 000
			结转实际采购成本				51 000	—
			发生额和余额	50 000	1 000	51 000	51 000	—

（3）编制物资采购成本计算表，见表4-5。

表4-5　**物资采购成本计算表**　单位：元

成本项目	甲材料		乙材料		丙材料	
	总成本（4 000千克）	单位成本	总成本（2 000千克）	单位成本	总成本（5 000千克）	单位成本
买价	32 000	8.00	8 000	4.00	50 000	10.00
采购费用	800	0.20	400	0.20	1 000	0.20
物资采购成本	32 800	8.20	8 400	4.20	51 000	10.20

4.4　生产阶段的核算

生产阶段是工业企业资金循环的第二阶段，也是中心环节。在生产过程中，工人借助于劳动资料对劳动对象进行加工，制成劳动产品。因此，生产过程既是产品制造过程，又是物化劳动（劳动资料和劳动对象）和活劳动的消耗过程。

在生产过程中所发生的各种耗费，称为生产费用，主要包括：生产产品所消耗的原材料、辅助材料、燃料和动力，生产工人的工资及福利费，厂房和机器设备等固定资产的折旧费，以及管理和组织生产、为生产服务而发生的各种费用。这些生产费用，要按一定种类的产品进行归集和分配，以计算产品的生产成本。企业发生的与当期经营管理活动有关的各种费用，如销售费用、管理费用和财务费用，属于期间费用，不计入产品的生产成本，而计入当期损益。

为此，生产过程核算的主要任务是：核算与监督生产费用的发生和分配；计算产品成本，考核生产资金定额和成本计划的执行情况；反映生产过程中的问题，总结经验，促使企业不断降低生产成本，提高经济效益。

4.4.1　生产阶段需要设置的主要账户

1）“生产成本”账户

本账户是成本类账户，用来核算企业生产车间进行产品生产所发生的各项生产费用。本账户的借方登记应记入产品成本的各项费用，包括直接材料、直接人工和制造费用。其中：制造费用应先归集再分配转入该账户；贷方登记应结转的企业已经生产完成并已验收入库的产成品；期末借方余额表示企业尚未完工的在产品成本。本账户可按产品种类设置明细分类账。

2）“制造费用”账户

本账户是成本类账户，用来核算企业生产车间（部门）为生产产品和提供劳务而发生的各项间接费用。本账户的借方登记生产车间发生的管理人员薪酬、固定资产折旧、办公费、水电费、机物料消耗、季节性停工损失等费用；贷方登记期末分配计入有关产品对象的数额，分配后一般无余额。为了考核不同车间的经费开支情况，以及不同产品的制造费用分配标准和数额，本账户应按不同车间、部门和费用项目设置明细分类账。

3）“库存商品”账户

本账户是资产类账户，用来核算企业各种库存商品的实际成本，包括库存产成品、外购商品等。本账户的借方登记已经生产完工验收入库的各种产品的实际生产成本；贷方登记结转已经出售的各种产品的销售成本；期末借方余额表示企业库存商品的实际成本。为了具体反映库存商品的结余和增减变动情况，应按库存商品的种类、品种和规格等设置明细分类账。

4）“应付职工薪酬”账户

本账户是负债类账户，用来核算企业根据有关规定，应付给职工的各种薪酬，包括职工工资、奖金、津贴、福利费等。本账户的贷方登记应付给职工的各种薪酬；借方登记本月实际支付给职工的各种薪酬；月末如为贷方余额，表示本月应付职工薪酬大于实际支付职工薪酬的数额，即应付未付的职工薪酬。本账户可按“工资”“职工福利”“社会保险费”“住房公积金”等设置明细分类账。

5）“累计折旧”账户

本账户是资产类账户，它是固定资产的抵减账户，用来核算固定资产因磨损而减少的价值。它的贷方登记按期计提的固定资产累计折旧，即累计折旧的增加；借方登记处置固定资产时结转的累计折旧，即累计折旧的减少；期末贷方余额表示现有固定资产已提累计折旧额。“累计折旧”账户的贷方余额抵销“固定资产”账户的借方余额为现有固定资产的价值，即为固定资产的净值。

4.4.2 生产阶段的主要经济业务核算

在生产阶段发生的主要经济业务有：车间领用原材料投入生产；计算和分配职工薪酬；计提固定资产折旧；分配制造费用；产品完工后结转产品实际生产成本等。现按不同经济业务举例说明。

【例4-20】甲企业从仓库领用甲、乙、丙材料各一批，价值55 000元，用于生产A、B两种产品和其他一般耗用，见表4-6。

表4-6 **材料领用情况表**

项目	甲材料			乙材料			丙材料			合计
	数量（千克）	单价（元）	金额（元）	数量（千克）	单价（元）	金额（元）	数量（千克）	单价（元）	金额（元）	金额（元）
A产品领用	1 000	8.00	8 000	600	4.00	2 400	2 000	10.00	20 000	30 400
B产品领用	1 000	8.00	8 000	300	4.00	1 200	1 000	10.00	10 000	19 200
小计	2 000	8.00	16 000	900	4.00	3 600	3 000	10.00	30 000	49 600
车间一般耗用	500	8.00	4 000				100	10.00	1 000	5 000
管理部门领用				100	4.00	400				400
合计	2 500	8.00	20 000	1 000	4.00	4 000	3 100	10.00	31 000	55 000

需要注意的是，表4-6中甲、乙、丙材料的单价与表4-5中确认的单价并不相等。这是由于对于发出的存货有不同的计价方法，如先进先出法、加权平均法、个别计价法等。

不同的计价方法计算同一批发出存货的价值各不相同（具体计算方法将在《中级财务会计》教材中论述，本书暂不详述）。尤其是在存在期初存货的情况下，发出存货的单价往往与最新购入的存货单价不相等。表4-6中的单价假定采用先进先出法下期初结存存货的单价。

这笔经济业务的发生，一方面说明材料投入生产，增加了生产费用55 000元。其中：用于A、B产品49 600元，直接计入产品成本，应记入“生产成本”账户的借方；车间一般耗用材料5 000元属于间接费用，行政管理部门耗用材料400元属于期间费用，应分别记入“制造费用”和“管理费用”账户的借方；另一方面说明库存材料减少55 000元，应记入“原材料”账户的贷方。其会计分录如下：

借：生产成本——A产品	30 400	
——B产品	19 200	
制造费用	5 000	
管理费用	400	
贷：原材料——甲材料		20 000
——乙材料		4 000
——丙材料		31 000

【例4-21】甲企业结算本月应付职工工资24 000元，其中：制造A产品工人工资14 000元，制造B产品工人工资6 000元，车间管理人员工资1 600元，厂部管理人员工资2 400元。

这笔经济业务的发生，一方面说明工资费用增加了24 000元。其中：制造A、B产品的生产工人工资属于直接费用，应直接计入产品成本，记入“生产成本”账户的借方；车间管理人员工资属于间接费用，应记入“制造费用”账户的借方，厂部管理人员工资属于期间费用，记入“管理费用”账户的借方；另一方面说明本月份发生应付职工工资24 000元，应记入“应付职工薪酬”账户的贷方。其会计分录如下：

借：生产成本——A产品	14 000	
——B产品	6 000	
制造费用	1 600	
管理费用	2 400	
贷：应付职工薪酬		24 000

【例4-22】甲企业以银行存款24 000元发放职工工资。

这笔经济业务的发生，一方面说明银行存款减少24 000元，应记入“银行存款”账户的贷方；另一方面说明应付的工资也减少了24 000元，应记入“应付职工薪酬”账户的借方。其会计分录如下：

借：应付职工薪酬	24 000	
贷：银行存款		24 000

【例4-23】甲企业计算应付职工福利费3 360元，其中：

A产品生产工人　　1 960元

B产品生产工人　　840元

车间管理人员　　　　224元

厂部管理人员　　　　336元

职工福利费是用于职工医药卫生、集体福利、生活困难补助等方面的支出，属于职工薪酬范围，一方面要计入费用；另一方面形成一笔应付款项。因此，这笔经济业务要按照工资费用的归属分别记入“生产成本”“制造费用”“管理费用”等账户的借方和“应付职工薪酬”账户的贷方。其会计分录如下：

借：生产成本——A产品　　　　1 960

　　　　　　——B产品　　　　840

　　制造费用　　　　224

　　管理费用　　　　336

　贷：应付职工薪酬　　　　3 360

【例4-24】甲企业按照规定的固定资产折旧率，计提本月固定资产折旧16 276元，其中：车间固定资产折旧11 676元，行政管理部门固定资产折旧4 600元。

固定资产在使用过程中磨损的一部分价值，称为固定资产折旧，企业按月计算的折旧费用，应计入间接费用或期间费用。因此，这笔经济业务一方面要反映折旧费用增加，分别记入“制造费用”和“管理费用”账户的借方；另一方面要反映固定资产折旧的增加，记入“累计折旧”账户的贷方。其会计分录如下：

借：制造费用　　　　11 676

　　管理费用　　　　4 600

　贷：累计折旧　　　　16 276

【例4-25】甲企业以银行存款支付行政管理部门设备修理费1 964元。

这笔经济业务的发生，一方面要增加行政管理部门的管理费用，记入“管理费用”账户的借方；另一方面记入“银行存款”的账户贷方。其会计分录如下：

借：管理费用　　　　1 964

　贷：银行存款　　　　1 964

【例4-26】甲企业将本月发生的制造费用18 500元转入生产成本。

制造费用是产品生产成本的组成部分，月末将本月归集的各种间接生产费用从“制造费用”账户转入“生产成本”账户，以反映产品生产成本。“制造费用”账户本期借方归集的金额为18 500元（5 000+1 600+224+11 676）。这笔经济业务一方面要转销制造费用，记入“制造费用”账户的贷方；另一方面要增加产品生产成本，记入“生产成本”账户的借方。其会计分录如下：

借：生产成本　　　　18 500

　贷：制造费用　　　　18 500

【例4-27】甲企业本月A产品100台全部完工，并已验收入库，按实际生产成本59 310元转账。

这笔经济业务说明A产品已全部制造完成，并已验收入库。一方面表示产成品增加，记入“库存商品”账户的借方；另一方面表示产品生产完成应按实际成本转账，记入“生产成本”账户的贷方。其会计分录如下：

借：库存商品——A产品　　59 310

　贷：生产成本——A产品　　59 310

A产品的实际生产成本59 310元是根据A产品明细分类账户的记录计算确定的，具体见表4-7。另外，B产品尚未制造完工，因此，月末“生产成本——B产品”账户的借方余额31 590元为B产品的实际生产成本，具体见表4-8。

4.4.3 产品生产成本的计算

生产成本，又叫制造成本，是指企业在生产过程中为生产一定种类和数量的产品所发生的直接费用和间接费用的总和。产品制造成本的计算，就是按照生产的各种产品，归集和分配在生产过程中所发生的各种生产费用，并按成本项目计算各种产品的总成本和单位成本。

生产成本与费用二者之间既有区别也有联系。

二者的联系是：企业生产过程中发生的耗费、支出，按照一定的成本计算对象进行归集、分配形成产品的生产成本，产品经过销售，生产成本转化为销售成本，计入当期损益，成为当期费用。

二者的区别是：费用是相对于一定会计期间而言的，一般指一定会计期间的费用；而生产成本是相对于一定的成本计算对象而言的，如某种产品的生产成本、某批产品的生产成本等。一定期间的费用可能属于不同的产品种类，而一定种类的生产成本，可能由多个期间的费用构成。某一会计期间发生的费用，不一定全部计入当期的完工产品成本，因为期末可能有在产品；某一会计期间完工产品的成本，不一定全部是当期发生的费用，因为可能有期初在产品。

成本与费用的关系可表示为：

期初在产品成本+本期生产费用=本期完工产品成本+期末在产品成本

产品成本核算具有重要的意义：通过产品成本核算，计算出产品实际成本，可以作为生产耗费的补偿尺度，为产品价格的制定、确定企业盈利、成本预测提供依据，有利于企业财务状况和经营成果的考核；通过产品成本核算，可以反映和监督各项消耗定额及成本计划的执行情况，可与产品的计划成本、定额成本或标准成本等指标进行对比，控制生产过程中人力、物力和财力的耗费，提高经济效益；通过产品成本核算，可以反映和监督在产品占用资金的增减变动和结存情况等。

1）产品生产成本内容

（1）劳动资料耗费的费用，即厂房、建筑物、机器设备等固定资产折旧；

（2）劳动对象耗费的费用，即原材料、辅助材料、燃料；

（3）活劳动耗费的费用，即职工工资、福利费；

（4）其他费用支出，即其他为生产产品而发生的间接费用。

2）产品生产成本项目

为便于根据费用的用途考核费用定额或计划的执行情况，分析费用的发生是否合理，将构成产品成本的费用划分为成本项目，一般包括：直接材料、直接人工、制造费用等。

（1）直接材料

这是指企业生产过程中实际消耗的直接材料、辅助材料、设备配件、外购半成品、燃料、动力、包装物、低值易耗品以及其他直接材料和电力、蒸气等动力。

（2）直接人工

这是指企业直接从事产品生产人员的工资、福利费、奖金、津贴和补贴等。

（3）制造费用

这是指为生产产品和提供劳务而发生的各种间接费用，如车间、分厂管理人员、技术人员的工资及福利费，车间使用的固定资产折旧费和修理费、办公费、水电费、机物料消耗、劳动保护费，季节性停工损失、修理期间的停工损失等。

在计算产品生产成本时，应将生产过程中发生的各项生产费用，按产品的名称或类别分别进行归集和分配，以便分别计算各种产品的生产总成本和单位成本。在不同类型的企业里，因生产组织和工艺过程各有特点，可采用不同的产品成本计算方法。

从上述资料看出：直接材料49 600元和直接人工（生产工人工资及福利费）22 800元是直接成本项目费用，可直接计入各种产品的生产成本；而制造费用18 500元是A、B两种产品共同负担的间接费用，需按一定标准在A、B产品之间进行分配，然后再分别计入各种产品的生产成本。分配的标准一般有：生产工人工资、生产工人工时、机器工时、直接原材料成本、直接总成本。企业在选用某一种分配标准时，要慎重考虑各种间接费用的发生与该种分配标准有无直接关系，是否接近实际，以保证产品生产成本的计算相对正确。

3）具体分配计算方法

（1）按A、B产品的生产工人工资分摊共同负担的制造费用。

每元工资应负担的制造费用为：

$$\frac{18\,500}{14\,000+6\,000}=0.925\text{（元）}$$

A产品应分摊的制造费用=0.925×14 000=12 950（元）

B产品应分摊的制造费用=0.925×6 000=5 550（元）

（2）登记A、B产品生产明细分类账户，见表4-7、表4-8。

表4-7　　　　　　　　“生产成本”明细分类账

产品品种或类别：A产品

年		凭证号码	摘要	借方（成本项目）				贷方	借或贷	余额
月	日			直接材料	直接人工	制造费用	合计			
			生产领用材料	30 400			30 400		借	30 400
			分配工资及福利费		15 960		15 960		借	46 360
			分配制造费用			12 950	12 950		借	59 310
			结转完工产品成本					59 310	平	—
			本期发生额和余额	30 400	15 960	12 950	59 310		平	

表4-8　　　　　　　　　　　　　　　　“生产成本”明细分类账

产品品种或类别：B产品

年		凭证号码	摘要	借方（成本项目）				贷方	借或贷	余额
月	日			直接材料	直接人工	制造费用	合计			
			生产领用材料	19 200			19 200		借	19 200
			分配工资及福利费		6 840		6 840		借	26 040
			分配制造费用			5 550	5 550		借	31 590
			本期发生额和余额	19 200	6 840	5 550	31 590		借	31 590

（3）编制产品生产成本计算表，见表4-9。

表4-9　　　　　　　　　　　　　　　　产品生产成本计算表　　　　　　　　　　　　　　　　单位：元

成本项目	A产品	
	总成本（100台）	单位成本
直接材料	30 400	304.00
直接人工	15 960	159.60
制造费用	12 950	129.50
产品生产成本	59 310	593.10

【例4-28】产品成本核算举例。

胜远公司生产甲、乙两种产品，以产品品种为成本计算对象。2016年10月份生产车间发生的经济业务如下：

（1）基本生产车间领用材料40 000元，其中，直接用于甲产品生产的A材料10 800元，直接用于乙产品生产的B材料18 000元，甲、乙产品共同耗用的C材料10 000元（按甲、乙产品的定额消耗量比例进行分配，甲产品的定额消耗量为440千克，乙产品的定额消耗量为560千克），车间一般消耗1 200元。

（2）结算本月应付职工薪酬，基本生产车间的工人工资16 000元（按甲、乙产品耗用的生产工时比例分配，甲产品生产工时为300小时，乙产品生产工时为500小时），车间管理人员工资2 500元。

（3）基本生产车间计提固定资产折旧费1 000元。

（4）基本生产车间发生的其他支出为1 200元，通过银行办理转账结算。

（5）基本生产车间的制造费用按生产工时比例在甲、乙两种产品之间进行分配。

（6）甲产品各月在产品数量变化不大，生产费用在完工产品与在产品之间的分配，采用在产品按月初固定成本计价法。乙产品原材料在生产开始时一次投入，原材料费用按完工产品数量和月末在产品数量的比例进行分配，工资和制造费用采用约当产量比例法进行分配。

甲产品月初在产品成本为9 500元，其中，原材料费用4 000元，工资1 200元，制造费用4 300元；甲产品本月完工产品100件，月末在产品80件。

乙产品月初在产品成本为14 500元，其中，原材料费用6 000元，工资3 500元，制造费用5 000元。乙产品本月完工产品100件，月末在产品50件，在产品完工率为50%。

要求：（1）编制各项要素费用分配的会计分录。

（2）编制结转基本生产车间制造费用的会计分录。

（3）填列甲、乙产品成本明细账，计算甲、乙产品成本。

（4）编制结转入库产成品成本的会计分录。

解析：

（1）要素费用分配。

①材料费用分配。

C材料费用分配率=10 000÷（440+560）=10

甲产品应负担的原材料费用= 440×10＋10 800= 15 200（元）

乙产品应负担的原材料费用= 560×10＋18 000= 23 600（元）

借：生产成本——甲产品　　15 200
　　　　　　——乙产品　　23 600
　　制造费用　　1 200
　贷：原材料　　40 000

②工资费用分配。

工资费用分配率=16 000÷（300+500）=20

甲产品应负担的工资费用= 300×20= 6 000（元）

乙产品应负担的工资费用= 500×20= 10 000（元）

借：生产成本——甲产品　　6 000
　　　　　　——乙产品　　10 000
　　制造费用　　2 500
　贷：应付职工薪酬　　18 500

③计提固定资产折旧。

借：制造费用　　1 000
　贷：累计折旧　　1 000

④其他支出。

借：制造费用　　1 200
　贷：银行存款　　1 200

（2）制造费用分配。

制造费用合计= 1 200＋2 500＋1 000＋1 200= 5 900（元）

制造费用分配率=5 900÷（300+500）=7.375

甲产品的制造费用=300×7.375=2 212.5（元）

乙产品的制造费用=500×7.375=3 687.5（元）

借：生产成本——甲产品　　2 212.5
　　　　　　——乙产品　　3 687.5
　贷：制造费用　　5 900

（3）填列产品成本明细账，计算甲、乙产品成本，见表4-10、表4-11。

表4-10　　**产品成本明细账**　　单位：元

产品名称：甲　　2016年10月　　产品产量：100件

在产品产量：80件

项　目	原材料	工资	制造费用	合　计
月初在产品成本	4 000	1 200	4 300	9 500
本月生产费用	15 200	6 000	2 212.5	23 412.5
生产费用合计	19 200	7 200	6 512.5	32 912.5
完工产品成本	15 200	6 000	2 212.5	23 412.5
月末在产品成本	4 000	1 200	4 300	9 500

表4-11　　**产品成本明细账**　　单位：元

产品名称：乙　　2016年10月　　产品产量：100件

在产品约当产量：25件

项　目	原材料	工资	制造费用	合　计
月初在产品成本	6 000	3 500	5 000	14 500
本月生产费用	23 600	10 000	3 687.5	37 287.5
生产费用合计	29 600	13 500	8 687.5	51 787.5
分配率	197.3333	108	69.5	
完工产品成本	19 733.33	10 800	6 950	37 483.33
月末在产品成本	9866.67	2 700	1 737.5	14 304.17

原材料分配率=29 600÷（100+50）=197.3333

工资分配率=13 500÷（100+50×50%）=108

制造费用分配率=8 687.5÷（100+50×50%）=69.5

（4）结转入库产成品成本。

借：库存商品——甲产品　　23 412.5
　　　　　　——乙产品　　37 483.33
　贷：生产成本——甲产品　　23 412.5
　　　　　　　——乙产品　　37 483.33

4.5 销售阶段的核算

销售阶段是工业企业资金循环的第三阶段，也是企业再生产过程的最后一个阶段。在销售阶段，企业一方面按合同规定向购货单位提供产品，另一方面要与购货单位办理结算，收取货款，确认销售收入，计算商品的销售成本，支付各种销售费用。此外，企业还需按税法的规定计算缴纳税金，最后确定企业的营业利润或亏损。为此，销售过程的主要任务是：准确核算商品销售收入，核算与监督销售货款结算情况，准确计算销售税金及附加，确定销售业务成果。

4.5.1 销售阶段需要设置的主要账户

1）“主营业务收入”账户

本账户是损益类账户，用来核算企业销售产品、提供劳务等主营业务的收入。本账户的贷方登记已销售商品、提供劳务等的收入；借方登记发生销售退回和销售折让时应冲减的主营业务收入和期末转入“本年利润”账户的金额；结转后本账户无余额。本账户按主营业务商品类别设置明细分类账。

2）“主营业务成本”账户

本账户是损益类账户，用来核算企业确认销售产品、提供劳务等主营业务收入时应结转的成本。本账户的借方登记本期销售各种商品、提供劳务计算应结转的主营业务成本；贷方登记期末余额转入“本年利润”账户数；结转后应无余额。本账户也需要按主要业务商品类别设置明细分类账。

3）“其他业务收入”账户

本账户是损益类账户，用来核算企业确认除主营业务活动以外的其他经营活动实现的收入，如出租固定资产、出租无形资产、出租包装物和商品、销售材料等实现的收入。本账户的贷方登记本期各项其他业务收入的发生数；借方登记期末余额转入“本年利润”账户数；结转后应无余额。

4）“其他业务成本”账户

本账户是损益类账户，用来核算企业确认除主营业务活动以外的其他经营活动所发生的成本，如出租固定资产的折旧额、出租无形资产的摊销额、出租包装物的成本或摊销额、销售材料的成本等。本账户的借方登记本期各项其他业务成本的发生数；贷方登记期末余额转入“本年利润”账户数；结转后应无余额。

5）“税金及附加”账户

本账户是损益类账户，用来核算企业经营活动所发生的消费税、城市维护建设税、资源税和教育费附加等相关税费。本账户的借方登记按规定税率计算确认的与经营活动有关的各种税费；贷方登记期末余额转入“本年利润”账户数；结转后应无余额。需要注意的是增值税不通过本账户核算。

6）“销售费用”账户

本账户是损益类账户，用来核算企业在销售商品、提供劳务的过程中发生的各种费用，包括运输费、装卸费、包装费、保险费、展览费、广告费和为销售本企业产品而专设的销售机构的职工薪酬、业务费、折旧费等经营费用。本账户的借方登记月内发生的各种销售费用；贷方登记期末余额转入“本年利润”账户数；结转后应无余额。本账户可按费用项目设置明细分类账。

7）“应收账款”账户

本账户是资产类账户，用来核算企业因销售商品、提供劳务等经营活动应收取的款项。本账户的借方登记应向购货单位或接受劳务单位收取的账款；贷方登记收回应收账款的余额；期末借方余额表示企业尚未收回的应收账款。本账户应按债务人设置明细分类账。

8）“预收账款”账户

本账户是负债类账户，用来核算企业按照合同规定或交易双方的约定，而向购买单位或接受劳务的单位在未发出商品或提供劳务时预收的款项。本账户贷方反映企业预收货款的数额和对方补付货款的数额；借方反映企业偿付商品、劳务的数额及归还余款的数额；贷方余额表示企业尚未付出商品、劳务的预收款数额。如为借方余额则表示应收的款项金额。本账户按照购买单位或个人设置明细账户进行明细核算。如果企业预收款的事项不多时，也可以不设置本账户，而将预付的款项直接记入“应收账款”账户。

4.5.2　销售阶段的主要经济业务核算

在销售阶段发生的主要经济业务是：销售产品，办理结算，收回货款，支付费用，计算销售税金及附加。现按不同经济业务举例说明。

【例4-29】甲企业向乙公司出售A产品100台，每台售价921元，计92 100元。产品已发出，货款尚未收到，增值税税率为17%，计15 657元。

这笔经济业务的发生，一方面表明应收销货款及增值税107 757元（92 100+15 657），应记入“应收账款”账户的借方；另一方面表明销售产品收入92 100元及应交增值税15 657元，应分别记入“主营业务收入”和“应交税费”账户的贷方。其会计分录如下：

借：应收账款——乙公司	107 757	
贷：主营业务收入		92 100
应交税费——应交增值税（销项税额）		15 657

【例4-30】承【例4-29】，A产品为消费税的应税消费品，消费税税率为10%，按A产品销售收入计算的税金为9 210元。

这笔经济业务的发生，一方面表明增加税金支出9 210元，应记入“税金及附加”账户的借方；另一方面因税金尚未缴纳，应记入“应交税费”账户的贷方。其会计分录如下：

借：税金及附加	9 210	
贷：应交税费——应交消费税		9 210

【例4-31】甲企业以银行存款支付A产品包装费用148元。

这笔经济业务的发生，一方面表明销售费用增加148元，应记入“销售费用”账户的借方；另一方面表明银行存款减少148元，应记入“银行存款”账户的贷方。其会计分录如下：

借：销售费用	148	
贷：银行存款		148

【例4-32】甲企业计算应结转A产品100台的销售成本59 310元。

这笔经济业务的发生，一方面表明销售成本增加，应记入“主营业务成本”账户的借方；另一方面表明库存产品减少，应记入“库存商品”账户的贷方。其会计分录如下：

借：主营业务成本——A产品　　59 310

　贷：库存商品——A产品　　59 310

【例4-33】甲企业以现金支付销售部门业务费300元。

这笔经济业务的发生，一方面表明销售业务费增加，应记入“销售费用”账户的借方；另一方面表明现金减少，应记入“库存现金”账户的贷方。其会计分录如下：

借：销售费用　　300

　贷：库存现金　　300

【例4-34】甲企业出售材料一批，价值3 500元，增值税税率为17%，计595元。款已存入银行。

这笔经济业务属于商品销售以外的其他销售，按照规定，销售材料的收入属于其他业务收入。这笔经济业务的发生，一方面使企业银行存款增加4 095元（3 500+595），记入“银行存款”账户的借方，另一方面使企业的其他业务收入增加3 500元，增值税销项税额增加595元，应分别记入“其他业务收入”和“应交税费”账户的贷方。其会计分录如下：

借：银行存款　　4 095

　贷：其他业务收入　　3 500

　　　应交税费——应交增值税（销项税额）　　595

【例4-35】承【例4-33】，结转出售材料的实际成本3 000元。

这笔经济业务的发生，一方面表明销售材料实际成本增加，应记入“其他业务成本”账户的借方；另一方面表明库存材料减少，应记入“原材料”账户的贷方。其会计分录如下：

借：其他业务成本　　3 000

　贷：原材料　　3 000

4.6 财务成果形成与利润核算及分配阶段的核算

4.6.1 财务成果的含义

所谓财务成果是指企业在一定会计期间实现的最终经营成果，也就是企业实现的利润或亏损总额。利润是指企业在一定会计期间的经营成果。企业作为一个独立的经济实体，其经营活动的主要目的就是不断提高自身的盈利水平，增强企业的获利能力。一个企业获利与否，不仅关系到企业的稳定发展和职工生活水平的提高，也会影响到社会的积累与发展，所以企业必须采取一切措施，增收节支，增强企业的盈利，提高经济效益。

4.6.2 利润的构成

利润是一个综合指标，综合反映了企业经营过程中的所费与所得，因为对于利润的确认与计量，是以企业生产经营活动过程中实现的收入和发生的费用的确认与计量为基础，同时还包括通过投资活动取得的投资收益，以及与生产经营活动没有直接关系的营业外收支等。利润金额取决于收入和费用、直接计入当期利润的利得和损失金额的计量。如果企业一定时期实现的各项收入不能抵补费用和支出，就会发生亏损。利润具体又分为营业利润、利润总额和净利润三个层次。

1）营业利润

营业利润是企业利润的主要来源，用公式表示为：

营业利润=营业收入-营业成本-税金及附加-销售费用-管理费用-财务费用-资产减值损失+/-公允价值变动损益+/-投资收益（损失）

其中：营业收入=主营业务收入+其他业务收入

营业成本=主营业务成本+其他业务成本

上述公式中"资产减值损失"反映企业计提的各项资产减值准备所形成的损失。"公允价值变动损益"反映企业交易性金融资产、交易性金融负债，以及采用公允价值模式计量的投资性房地产、衍生工具、套期保值业务等公允价值变动形成的应计入当期损益的利得或损失。(对于这两个账户的运用将在《中级财务会计》教材涉及，本书不作探讨)

2）利润总额

企业在产品销售过程中取得的营业利润，还不能算是最终的利润，因为企业在经营活动中，由于种种原因，还会发生营业外收入和营业外支出，这些也是企业利润的组成部分。利润总额的计算公式如下：

利润总额=营业利润+营业外收入-营业外支出

3）净利润

净利润=利润总额-所得税费用

企业实现的利润，应按规定向国家缴纳所得税，即企业的所得税费用，余下部分为税后利润，即净利润。

4.6.3　利润核算阶段需要设置的主要账户

1）"营业外收入"账户

本账户是损益类账户，用来核算与企业正常的生产经营活动没有直接关系的各项收入，包括处置固定资产净收益、出售无形资产收益、非货币性资产交换收益、罚没收入、债务重组利得、政府补助、盘盈利得、捐赠利得等。营业外收入是企业的一种利得，不需要也不可能与有关费用进行配比，取得该部分利得对于企业而言没有付出代价，因此，在会计核算中应严格区分营业外收入和营业收入的界限。"营业外收入"账户的贷方登记企业发生的各项营业外收入；借方登记期末余额转入"本年利润"账户数；结转后本账户无余额。本账户按营业外收入项目设置明细分类账。

2）"营业外支出"账户

本账户是损益类账户，用来核算与企业正常生产经营活动没有直接关系的各项支出，包括固定资产盘亏支出、处置固定资产净损失、出售无形资产损失、非常损失、罚款支出、债务重组损失、公益性捐赠支出、非货币性资产交换损失等。营业外收入与营业外支出应当分别核算，不能以营业外支出直接冲减营业外收入，同样，也不能以营业外收入直接冲减营业外支出。"营业外支出"账户的借方登记企业发生的各项营业外支出；贷方登记期末余额转入"本年利润"账户数；结转后本账户无余额。本账户可按营业外支出设置明细分类账。

3）“管理费用”账户

本账户是损益类账户，用来核算企业为组织和管理经营活动而发生的管理费用，包括企业在筹建期间发生的开办费、董事会和行政管理部门在企业经营管理中发生的或者应由企业统一负担的公司经费（包括行政管理部门职工工资和福利费、物料消耗、低值易耗品摊销、办公费和差旅费等）、工会经费、董事会会费、聘请中介机构费、咨询费（含顾问费）、诉讼费、业务招待费、房产税、车船税、土地使用税、印花税、技术转让费、矿产资源补偿费、研究费、排污费等。本账户的借方登记本期发生的各项管理费用；贷方登记期末余额转入“本年利润”账户数；结转后无余额。本账户可按费用项目设置明细分类账。

4）“投资收益”账户

本账户是损益类账户，用来核算企业对外投资获得的收益或发生的损失及结转情况。本账户的贷方登记实现的投资收益和期末转入“本年利润”账户的投资净损失，借方登记发生的投资损失和期末转入“本年利润”账户的投资净收益。经过结转之后该账户期末没有余额。本账户按投资项目设置明细分类账。

5）“所得税费用”账户

本账户是损益类账户，用来核算企业确认应从本期利润中扣除的所得税费用。本账户的借方登记本期按税法规定的应纳税所得额计算确定的当期应交所得税；贷方登记期末余额转入“本年利润”账户数；结转后本账户无余额。

6）“本年利润”账户

本账户是所有者权益类账户，用来核算企业在当期实现的净利润或发生的净亏损。本账户的贷方登记由“主营业务收入”、“其他业务收入”、“投资收益”（贷方余额）、“营业外收入”等账户转入的余额；借方登记由“主营业务成本”、“其他业务成本”、“税金及附加”、“销售费用”、“管理费用”、“财务费用”、“投资收益”（借方余额）、“营业外支出”、“所得税费用”等账户转入的余额；期末，企业应将本期的收入和支出相抵后结出累计余额，贷方余额表示当期的净利润，借方余额表示当期的净亏损。年度终了，应将本年实现的净利润全部转入“利润分配”账户的贷方（如为净亏损作相反分录）。年度结转后本账户无余额。

4.6.4 利润核算阶段的主要经济业务核算

【例4-36】甲企业收到某单位的违约罚没收入150元，存入银行。

罚没收入属于企业的营业外收入。这项经济业务的发生，一方面使得银行存款增加150元，应记入“银行存款”账户的借方，另一方面使得营业外收入增加150元，应记入“营业外收入”账户的贷方。其会计分录如下：

借：银行存款　　150

　贷：营业外收入　　150

【例4-37】甲企业以银行存款支付交通违章罚款450元。

交通违章罚款属于营业外支出。这笔经济业务表明企业营业外支出增加450元，应记入“营业外支出”账户的借方，支付的银行存款应记入“银行存款”账户的贷方。其会计分录如下：

借：营业外支出　　450

　贷：银行存款　　450

【例4-38】甲企业对长期股权投资采用成本法核算。被投资单位分配现金股利，甲企业按照持股比例取得股利4 000元，存入银行。

这项经济业务的发生，一方面使企业的银行存款增加4 000元，应记入“银行存款”账户的借方，另一方面，甲企业因为投资活动获得股利，增加投资收益4 000元，应记入“投资收益”账户的贷方。其会计分录如下：

借：银行存款　　4 000

　贷：投资收益　　4 000

【例4-39】甲企业以银行存款购买行政管理部门的办公用品1 600元。

这笔经济业务的发生，一方面使银行存款减少1 600元，应记入“银行存款”账户的贷方，另一方面行政管理部门的费用属于管理费用，应记入“管理费用”账户的借方。其会计分录如下：

借：管理费用　　1 600

　贷：银行存款　　1 600

【例4-40】甲企业以银行存款1 000元支付业务招待费。

业务招待费属于管理费用，这笔经济业务的发生，一方面要增加企业的管理费用，应记入“管理费用”账户的借方，另一方面使银行存款减少，应记入“银行存款”账户的贷方。其会计分录如下：

借：管理费用　　1 000

　贷：银行存款　　1 000

【例4-41】甲企业以银行存款支付应由本月行政管理部门负担的书报杂志订阅费200元。

书报杂志订阅费属于办公费用。这笔经济业务的发生，一方面使管理费用增加了200元，应记入“管理费用”账户的借方，另一方面银行存款减少，应记入“银行存款”账户的贷方。其会计分录如下：

借：管理费用　　200

　贷：银行存款　　200

【例4-42】承前例，甲企业按利润总额计算应交所得税，所得税税率为25%。

$$\text{营业利润}=\text{营业收入}-\text{营业成本}-\text{税金及附加}-\text{销售费用}-\text{管理费用}-\text{财务费用}-\text{资产减值损失}+/-\text{公允价值变动损益}+/-\text{投资收益（损失）}$$

$$=(92\,100+3\,500)-(59\,310+3\,000)-9\,210-448-12\,500-600+4\,000$$

$$=14\,532\text{（元）}$$

$$\text{利润总额}=\text{营业利润}+\text{营业外收入}-\text{营业外支出}$$

$$=14\,532+150-450=14\,232\text{（元）}$$

按利润总额计算，应交所得税3 558元（14 232×25%）。这笔经济业务一方面表明所得税增加2 558元，应记入“所得税费用”账户的借方，另一方面表明应交所得税增加3 558元，应记入“应交税费”账户的贷方。其会计分录如下：

借：所得税费用　　3 558

　贷：应交税费——应交所得税　　3 558

【例4-43】承前例，甲企业将本期各损益账户的余额转入“本年利润”账户。

会计期末，企业未结转各损益类账户之前，本期实现的各项收入以及与之相配比的成本费用是分别反映在各损益类账户的，为了核算本期经营成果，需要编制结账分录，结清各损益类账户。这笔经济业务的发生，一方面使得公司的有关损益类账户记录的各种收入减少了，另一方面使得公司的利润增加了。因此，应借记“主营业务收入”“其他业务收入”“营业外收入”等期末余额在贷方的损益类账户，贷记“本年利润”账户。同时，企业还需要将记录在各损益类账户中的费用转销，费用的发生会使企业的利润减少，因此，应借记“本年利润”账户，贷记“主营业务成本”“其他业务成本”“税金及附加”“销售费用”等期末余额在借方的各损益类账户。其会计分录如下：

借：主营业务收入　　92 100

　　其他业务收入　　3 500

　　营业外收入　　150

　　投资收益　　4 000

　贷：本年利润　　99 750

借：本年利润　　89 076

　贷：主营业务成本　　59 310

　　　其他业务成本　　3 000

　　　税金及附加　　9 210

　　　销售费用　　448

　　　管理费用　　12 500

　　　财务费用　　600

　　　营业外支出　　450

　　　所得税费用　　3 558

此时，“本年利润”账户贷方余额为10 674元（99 750−89 076），即本期企业实现的净利润。需要注意的是，按照我国会计制度的规定，企业一般应当按月计算利润，按月核算利润有困难的，经批准，也可以按季或按年核算利润。企业计算确定本期利润总额、净利润和本年累计利润总额、累计净利润的具体方法有“账结法”和“表结法”两种。其中“账结法”就是在每个会计期末（一般指月末）将各损益类账户记录的金额全部转入“本年利润”账户，通过“本年利润”账户借、贷方的记录结算出本期损益总额和本年累计损益额。“表结法”则是在每个会计期末（月末）各损益类账户不进行转账处理，而是通过编制利润表进行利润的结算，根据损益类账户的本期发生额、本年累计数额填报利润表，在利润表中直接计算确定利润总额、净利润等。年终再将各损益类账户全年累计发生额通过编制结账分录转入“本年利润”账户。

4.6.5　利润分配概述

投资者投入企业的资金，作为实收资本或股本，参与企业的生产经营活动。企业在生产经营活动过程中取得了各种收入、补偿了各项耗费之后形成了盈利，并按国家规定缴纳所得税之后，形成了企业的净利润，对于该部分净利润按照《公司法》等有关法律法规的规定，需要按下列顺序进行分配：

1）弥补以前年度亏损

企业如果有以前年度未弥补的亏损，应先用当年利润弥补亏损。

2）提取法定盈余公积

法定盈余公积金应按照本年实现净利润的一定比例提取，《公司法》规定公司制企业按净利润的10%提取，其他企业可以根据需要确定提取比例，但不得低于10%。法定盈余公积金主要用于弥补亏损、转增资本等，当累计额超过企业注册资本50%以上时，可不再提取。

3）提取任意盈余公积

任意盈余公积一般按照股东大会决议提取，企业自行决定提取比例，主要用来偿还债务、控制本期股利的分派、发展生产等。

4）向投资者分配利润或股利

企业实现的净利润在扣除上述项目后，再加上年初未分配利润和其他转入数（公积金弥补的亏损等）就形成了可供投资者分配的利润，用公式表示为：

$$\begin{matrix}\text{可供投资者}\\\text{分配的利润}\end{matrix}=\text{净利润}-\begin{matrix}\text{弥补以前}\\\text{年度的亏损}\end{matrix}-\begin{matrix}\text{提取的法定}\\\text{盈余公积}\end{matrix}-\begin{matrix}\text{提取的任意}\\\text{盈余公积}\end{matrix}+\begin{matrix}\text{以前年度}\\\text{未分配利润}\end{matrix}+\begin{matrix}\text{公积金}\\\text{转入数}\end{matrix}$$

可供投资者分配的利润，应按下列顺序进行分配：

（1）支付优先股股利。2013年12月9日，我国证监会通过了《优先股试点管理办法》。优先股是指依照《公司法》，在一般规定的普通种类股份之外，另行规定的其他种类股份，其股份持有人优先于普通股股东分配公司利润和剩余财产，但参与公司决策管理等权利受到限制。企业取得利润时，一般应分派股利，分派股利的顺序是先支付优先股股利，后支付普通股股利。

（2）支付普通股股利。企业按照利润分配方案分配给普通股股东的现金股利，如果是非股份制企业则为分配给投资者的利润。

（3）转作资本（或股本）的普通股股利，是指企业按照利润分配方案，以分配股票股利的形式转作的资本（或股本）。

企业的可供投资者分配利润经过上述分配后，形成了企业的未分配利润。未分配利润是企业留待以后年度进行分配的利润，它是所有者权益的一个重要组成部分。未分配利润和盈余公积构成了企业的留存收益。

4.6.6　利润分配阶段需要设置的账户

1）“利润分配”账户

本账户是所有者权益类账户，用来核算企业利润的分配（或亏损的弥补）和历年分配（或弥补）后的余额。本账户的借方登记提取的盈余公积、应付现金股利和利润，转作股本的股利，以及由“本年利润”账户转入的本年累计亏损数，贷方登记盈余公积弥补的亏损数以及年末由“本年利润”账户转入的本年累计的净利润数。其贷方余额表示企业的未分配利润，借方余额表示未弥补亏损。本账户应按“提取法定盈余公积”“提取任意盈余公积”“应付现金股利或利润”“盈余公积补亏”“转作股本的股利”“未分配利润”等分配项目设置明细分类账。

2）“盈余公积”账户

本账户是所有者权益类账户，用来核算企业从税后利润中提取的盈余公积，包括法定盈余公积、任意盈余公积的增减变动及结余情况。本账户的贷方登记提取的盈余公积数，即盈余公积的增加数，借方登记用以弥补企业亏损或转增资本数，即盈余公积的减少数，期末贷方余额表示盈余公积结余数。本账户要按提取的不同用途设置明细分类账，如“法定盈余公积”“任意盈余公积”等。

3）“应付股利”账户

本账户是负债类账户，用来核算企业经董事会、股东大会或类似机构审议确定分配支付的现金股利或利润。本账户的贷方登记应付给投资者的股利或利润数，借方登记实际支付的股利或利润数，期末贷方余额表示企业应付未付的股利或利润数。本账户可按投资者设置明细分类账。

4.6.7 利润分配阶段的主要经济业务核算

【例4-44】承【例4-43】甲企业结转本期的净利润10 674元。

这笔业务的发生，一方面使企业记录在“本年利润”账户的贷方余额结清，因此，应借记“本年利润”账户，同时使企业的可供分配的利润增加10 674元，因此，应贷记“利润分配”账户。其会计分录如下：

借：本年利润	10 674	
贷：利润分配——未分配利润		10 674

【例4-45】甲企业按净利润的10%提取法定盈余公积。

由于甲企业本期的净利润为10 674元，因此，应提取的盈余公积的数额为1 067.4元。提取盈余公积业务的发生，一方面使得分配出去的利润项目增加1 067.4元，应借记“利润分配”账户，另一方面使得公司的盈余公积增加了1 067.4元，应贷记“盈余公积”的账户。其会计分录如下：

借：利润分配——提取法定盈余公积	1 067.4	
贷：盈余公积		1 067.4

【例4-46】甲企业经股东大会决议，从税后利润中分配给投资者现金股利4 000元。

这笔经济业务的发生，一方面现金股利是从利润中支付的，属于利润分配项目，应记入“利润分配”账户的借方，另一方面说明应付投资者的股利增加，应记入“应付股利”账户的贷方。其会计分录如下：

借：利润分配——应付现金股利	4 000	
贷：应付股利		4 000

【例4-47】承【例4-46】，向投资者支付现金股利4 000元。

这笔经济业务的发生，一方面说明应付投资者的现金股利已经偿还，减少的负债应记入“应付股利”账户的借方，另一方面应付股利是以银行存款支付的，应记入“银行存款”账户的贷方。其会计分录如下：

借：应付股利	4 000	
贷：银行存款		4 000

【例4-48】甲企业同时分配了股票股利3 000元。

股票股利与现金股利是不同的，股票股利需要经过股东大会批准利润分配方案并办理了增资手续后，才能进行相应的会计处理。通过发放股票股利这种形式进行的利润分配，实质上使得企业的未分配利润减少，即所有者权益减少，因此，应记入“利润分配”账户的借方，同时在分配时，应按面值记入“实收资本”账户的贷方（如有超面值的部分应增加资本公积）。其会计分录如下：

借：利润分配——转作股本的股利　　3 000

　贷：实收资本　　3 000

【例4-49】甲企业以前年度累计未弥补的亏损为1 000元，已经超过了用税前利润弥补的期限。经股东大会决议，用盈余公积全部弥补。

企业发生的亏损，可以用实现的利润弥补，也可以用累积的盈余公积弥补。用盈余公积弥补时，相当于增加可供分配的利润。这项经济业务的发生，一方面使得企业的盈余公积减少1 000元，因此，应记入“盈余公积”账户的借方，另一方面使得企业可供分配利润增加1 000元，应记入“利润分配”账户的贷方。其会计分录如下：

借：盈余公积　　1 000

　贷：利润分配——盈余公积补亏　　1 000

【例4-50】期末，甲企业结清利润分配账户中除“未分配利润”之外的其他明细账户。

通过上述会计处理，“利润分配”账户所属的明细账户的记录如下：“提取法定盈余公积”借方1 067.4元，“应付现金股利”借方4 000元，“转作股本的股利”借方3 000元，“盈余公积补亏”贷方1 000元。结清时，要将各明细账户从相反的方向转入“利润分配——未分配利润”中。其会计分录为：

借：利润分配——盈余公积补亏　　1 000

　　　　　　——未分配利润　　7 067.4

　贷：利润分配——提取法定盈余公积　　1 067.4

　　　　　　　——应付现金股利　　4 000

　　　　　　　——转作股本的股利　　3 000

结转完成后，“利润分配”账户只有“未分配利润”有期末余额，其他明细账户都无余额。结合【例4-44】分录的金额，期末，甲企业的未分配利润为3 606.6元（10 674-7 067.4）。

章末习题

一、思考题

1.企业的主要经济业务有哪些？

2.什么是财务成果？反映企业财务成果的主要指标有哪些？

3.企业如何结转收入和费用？

4.进行利润分配时应如何进行会计处理？

5.通过本章的学习，你认为企业主要经济业务核算的重点和难点有哪些？

二、业务处理题

1.甲企业在筹集资金阶段，发生下列经济业务：

（1）收到光明厂的投资100 000元，存入银行。

（2）收到宏光公司以专利技术向本公司的投资，评估的公允价为50 000元。

（3）向建设银行借入1年期借款100 000元，存入银行。

（4）向工商银行借入2年期借款200 000元，存入银行。

（5）三立公司以一栋新建厂房向本公司投资，价值1 000 000元。

要求：进行相关的会计处理。

2.甲企业在采购阶段发生下列经济业务：

（1）购买A材料3 500千克，单价8元/千克，增值税进项税额4 760元，款项未付。

（2）用银行存款1 750元支付上述材料的运杂费。

（3）购入B材料120吨，单价420元/吨，进项税额8 568元，款项通过银行存款支付。

（4）购入A材料1 800千克，单价8元/千克，C材料1 500千克，单价5元/千克。款项均已通过银行付清，另外供应单位代垫运杂费3 300元。（按重量分配）

（5）用银行存款10 000元预付材料款。

（6）以前月份预付款的D材料本月到货，价款72 000元，增值税为12 240元。

（7）本月购入的A、B、C、D材料均已验收入库，结转其成本。

要求：进行相关的会计处理。

3.甲企业在2016年10月发生下列销售业务：

（1）销售产品18台，每台2 000元，增值税税率为17%，价税款尚未收到。

（2）销售产品总价款126 000元，增值税销项税额为21 420元，收到存入银行。

（3）用银行存款1 500元支付销售产品的广告费。

（4）预收某公司订货款20 000元存入银行。

（5）企业销售产品价款为478 000元，增值税销项税额为81 260元，收到一张已承兑的商业汇票。

（6）结转本月已销产品成本350 000元。

（7）本月销售产品的城市维护建设税为1 600元。

要求：进行相关的会计处理。

三、案例讨论

会计小张刚刚参加工作，对利润的计算方法虽然在学校里学习过，但有些遗忘，为了巩固学习过的知识，他根据工作单位的收入和费用资料，对有关利润指标进行了计算。

主营业务收入	2 400 000元	其他业务收入	60 000元
主营业务成本	1 250 000元	其他业务成本	50 000元
投资收益	60 000元	营业外支出	40 000元
销售费用	60 000元	管理费用	120 000元
财务费用	9 000元		

小张所在的企业适用的所得税税率为25%。

根据以上资料，小张进行了如下计算：

（1）营业利润=2 400 000+60 000−1 250 000−50 000=1 160 000（元）

（2）利润总额=1 160 000+60 000−60 000−120 000−9 000−40 000=991 000（元）

（3）所得税=991 000×25%=247 750（元）

（4）净利润=991 000−247 750=743 250（元）

讨论题：

（1）小张的计算过程存在哪些问题？

（2）如果让你来计算该企业的净利润，你会怎么做？

（3）试说明前几个步骤的计算错误为什么不影响利润总额和净利润的计算。

第5章/ 账户分类

本章知识结构图

【学习目标】了解账户分类的意义、原则、种类；掌握账户按经济内容分类下各种账户的核算内容、结构；掌握账户按用途与结构分类下各种账户的用途、核算内容、结构。

引导案例

这是一个编者亲自经历的案例。有一年年末，大概是12月30日，一个村办企业的会计吕某打电话说，平不了账，自己查了好几天也没查出来，再查不出来就过不了年了，希望编者帮他查查。当时编者在一个乡镇政府经管站工作，这个会计冒雪骑自行车十几公里，带着一大摞账簿来到编者办公室。编者一查，发现"利润分配"账户一个余额没有合计到所有者权益中去，编者把这个数加进去自然就平了。吕会计问，"利润分配"为什么要加进去？

其实吕会计是新学会计的，对账户的性质理解不到位。要熟练应用会计账户，了解账户按不同的标志进行分类是十分必要的。

5.1 账户分类的意义、原则和标志

5.1.1 账户分类的意义

账户分类就是根据各个账户的共性和特性，对账户按不同的标准进行的归类，使众多账户条理化和系统化，形成一个完整的账户体系，以掌握各类账户在提供会计信息方面的规律性。通过前面的内容，我们已经了解了账户的意义、结构及一些账户的用法。为了正确地设置和运用账户，还需要进一步从理论上认识不同账户的用途、具体结构和核算内容，了解每个账户在整个账户体系中的地位和具体作用，从中掌握账户在提供核算指标方面的规律性。

具体地讲，科学的账户分类主要有以下意义：

（1）科学的账户分类，便于设置完整的账户体系。有利于从理论上加深对账户的全面认识，正确认识各种账户在整个账户体系中的作用以及账户体系的设置和运用在整个会计核算体系中的作用。

（2）科学的账户分类，有利于了解在整个账户体系中不同账户之间的特性和共性，熟悉各种账户在实务中具体运用的规律性，有利于提高账户的运用技能，从而掌握设置和运

用账户这一会计核算的专门方法。

(3) 科学的账户分类，便于根据不同的账户设计会计账簿的不同格式，掌握各种账户在提供核算指标方面的规律性。

(4) 科学的账户分类，便于会计报表的编制。通过账户的分类，我们能够正确认识各个会计要素的经济内容，有利于对数据根据报表信息的要求来分类，形成报表所需要揭示的系统化的财务信息，从而为报表的使用者服务。

5.1.2 账户分类的原则

账户分类的原则有以下四项：

1）既要符合会计对象的特点，又要满足经济管理的要求

在对账户进行分类时，不仅要考虑会计对象的特点，把性质、作用相同的账户划分为一类，而且要根据经济管理的实际要求，把反映同一方面信息的账户分为同一类。这样的账户体系才能既符合会计对象的特点，又能满足经济管理要求。

2）必须清晰、明了地反映出不同账户所具有的共性和特性

只有这样才能通过账户分类使各种账户主次分明，关系明了，才能清楚地体现各个账户在账户体系中所处的地位、作用以及各个账户的经济内容、用途和结构，使各个账户在实际工作中得到更好的运用，从而达到账户分类的目的。

3）要有利于加工处理会计信息，有利于编制会计报表

会计的目标是向财务报表的使用者提供决策有用的信息。因此，通过账户分类形成的信息，经过加工处理，要能准确可靠地反映单位的账务状况、经营成果、现金流量，要有利于财务报表的编制。

4）要做到完整性和互斥性相结合

这一原则要求依据某一个标志进行账户的分类，要能够涵盖会计对象所涉及的全部账户，每一个账户必须有其所属的类别。同时，各个类别的账户又要有明确的界限，不能相互交叉、相互混淆。

5.1.3 账户分类的标志

账户可以依据不同的标志进行分类，从不同的角度对账户有全面、深入的认识。账户分类的标志主要有以下几种：

(1) 按账户反映和监督的经济内容进行分类；

(2) 按账户的用途和结构进行分类；

(3) 按账户与会计报表的关系进行分类；

(4) 按账户统驭与被统驭的关系进行分类。

5.2 账户按经济内容分类

账户的经济内容就是账户所反映和监督的会计对象的具体内容，就是会计要素，即资产、负债、所有者权益、收入、费用和利润。但是为满足经营管理和会计信息使用者的需要，账户按其反映和监督的经济内容进行分类与会计要素的分类不完全一样，主要体现在：在进行账户分类时，因为企业在一定会计期间实现的利润属于所有者权益，所以把利

润归入所有者权益类；同时对于生产产品的工业企业，必须计算、考核产品成本，因此，专门设置一类成本计算账户；企业在一定期间内所取得的收入、收益以及所发生的应直接从当期收入中扣除的各项费用，最终都要在计算当期损益时体现，因此，将核算损益的账户单独归为损益类。账户按经济内容可分为资产类账户、负债类账户、所有者权益类账户、成本类账户和损益类账户。账户按经济内容分类是最基本的分类。

5.2.1 资产类账户

资产类账户是核算各类资产的增减变动及结存情况的账户。

资产类账户具有以下特征：具有为预期的未来经济利益做贡献的特征；具有为该企业获得利益并限制其他人取得这项利益的特征；具有掌握和控制该经济资源组织经营活动的特征。

资产类账户反映的内容，既有货币的，又有非货币的；既有有形的，也有无形的。资产类账户按照反映资产流动性的快慢分为流动资产类账户和非流动资产类账户。

流动资产类账户反映可以在1年或超过1年的一个营业周期内变化或耗用的资产，例如，库存现金、银行存款、短期投资、应收账款、原材料、库存商品等。

非流动资产类账户反映不能在1年或者超过1年的一个营业周期内变现或者耗用的资产，例如，持有至到期投资、长期股权投资、工程物资、投资性房地产、固定资产、在建工程、无形资产、可供出售金融资产等。

5.2.2 负债类账户

负债类账户反映的是企业由过去的交易或事项形成的，并预期在偿付债务时会导致经济利益流出企业的现时义务。

负债类账户具有以下特征：体现了对其经济主体按时偿付债务的责任或义务；表明清偿债务会导致企业未来经济利益的流出；表明债务的履行客观存在或正在发生。

负债类账户按照反映流动性强弱的不同分为流动负债类账户和非流动负债类账户。

流动负债类账户反映的是企业将在1年或在超过1年的一个营业周期内偿还的债务，例如，短期借款、应付账款、应付票据、应付职工薪酬、应交税费等。

非流动负债类账户反映的是偿还期在1年或超过1年的一个营业周期以上的负债，例如，长期借款、应付债券、长期应付款等。

5.2.3 所有者权益类账户

所有者权益类账户是用来反映企业所有者权益的增减变动及结存情况的账户。

所有者权益类账户根据来源和构成的不同可以分为投入资本类所有者权益账户和资本积累类所有者权益账户。

投入资本类所有者权益账户主要有：实收资本、资本公积等。

资本积累类所有者权益账户主要有：盈余公积、本年利润、利润分配等。

5.2.4 成本类账户

成本类账户是用来对生产经营过程中发生的费用进行归集，并计算成本的账户。

成本类账户根据是否需要分配分为直接计入类成本账户和分配计入类成本账户。

直接计入类成本账户主要有：生产成本（包括基本生产成本、辅助生产成本）等。

分配计入类成本账户主要有：制造费用等。

5.2.5　损益类账户

损益类账户反映的是某一会计期间的一切经营活动和非经营活动的所有损益内容，既包括生产经营中已经实现的各项收入、已耗费的需要在本期配比的各项成本、费用，又包括其他方面的业务收支和本期发生的营业外收支等。

损益类账户分为收入类账户和费用类账户。

收入类账户反映企业在销售商品、提供劳务及让渡资产使用权等日常活动中所形成的经济利益的总流入。

费用类账户反映企业为销售商品、提供劳务及日常活动所发生的经济利益的总流出。

5.3　账户按用途和结构分类

账户的用途和结构是账户分类的一个主要标志。账户按用途和结构分类的实质是按账户在会计核算中所起的作用和账户在使用中能够反映的经济指标进行的分类。账户的用途是指账户所起的作用，就是设置、运用账户的目的以及通过账户记录所能提供的财务信息。账户的结构是指账户所能记录的增加、减少和结余的三部分以及它们各自反映的经济内容。

通过账户按用途和结构分类，将在用途和结构上相互联系，并具有共性的账户加以归类，对于正确认识和掌握账户的使用规律，科学、合理地运用账户有着重要的意义。

账户按用途和结构一般可以分为盘存账户、资本账户、债权账户、负债账户、跨期摊提账户、计价对比账户、调整账户、集合分配账户、成本计算账户、集合汇转账户和财务成果账户等11类。

5.3.1　盘存账户

盘存账户是用来核算和监督各项财产物资和货币资金增减变动及结余情况的账户，主要指可以通过实物盘点进行核算和监督的资产类账户。例如，库存现金、银行存款、原材料、库存商品、固定资产等。

盘存账户的期初余额在借方，本期增加发生额在借方，本期减少发生额在贷方，期末余额在借方。盘存账户的结构如下：

借方　　　　**盘存账户**	贷方
期初余额：期初各项财产物资或货币资产结存数 发生额：本期各项财产物资或货币资产的增加数	发生额：本期各项财产物资或货币资产的减少数
期末余额：期末各项财产物资或货币资产结存数	

盘存账户的特点是：

（1）盘存账户都能通过实地盘点（财产物资，库存现金）和核对账面数额（银行存款）来检查与实际结存是否相符。

（2）盘存账户（除货币账户外），都可以通过设置明细账，提供实物数量和金额两种指标。

“生产成本”账户若有期末余额，也是盘存账户，否则是成本计算账户

5.3.2 资本账户

资本账户是指用来核算和监督企业从外部取得的或内部形成的资本金的增减变动情况以及其实有数的账户。资本账户主要有：实收资本（或股本）、资本公积、盈余公积、利润分配等。资本账户期初余额在贷方，本期增加发生额在贷方，本期减少发生额在借方，期末余额在贷方。资本账户的结构如下：

借方　　　　　　　　　　　　　　**资本账户**　　　　　　　　　　　　　　贷方

借方	贷方
发生额：本期投资或积累的减少额	期初余额：期初投资或积累的实有额 发生额：本期投资或积累的增加额
	期末余额：期末投资或积累的实有额

资本账户的特点是：

（1）生产经营期间，反映外部投资的账户一般有贷方余额，反映企业内部形成的资本积累的账户可能没有贷方余额。但资本账户不会出现借方余额。

（2）资本账户反映的是投资人对企业净资产的所有权，因此，无论是总分类核算还是明细分类核算，都只需要货币计量。

5.3.3 债权账户

债权账户也叫债权结算账户，是核算和监督企业与其债务单位和个人在经济往来中发生的各种应收款项的账户。债权账户主要有：应收账款、应收票据、预付账款、其他应收款等。债权账户的期初余额在借方，本期增加发生额在借方，本期减少发生额在贷方，期末余额在借方。债权账户的结构如下：

借方　　　　　　　　　　　　　　**债权账户**　　　　　　　　　　　　　　贷方

借方	贷方
期初余额：期初尚未收回的应收款项或尚未结算的预付款项的实有额 发生额：本期应收款项或预付款项的增加额	发生额：本期应收款项或预付款项的减少额
期末余额：期末尚未收回的应收款项或尚未结算的预付款项的实有额	

债权账户的特点是：

（1）由于债权人需要定期与债务单位或个人核对账目来保证核算资料的正确性。因此，债权账户要按债务单位或个人设置明细分类账进行明细分类核算。

（2）对于债权账户，无论是总分类核算还是明细分类核算，都只需提供货币信息。

（3）债权账户的期末余额一般在借方，表示债权的实有额，但该类账户有时也可能出现贷方余额，此时，账户就有了负债账户的性质。

5.3.4 负债账户

负债账户也叫债务结算账户，是用来核算和监督企业与债权单位或个人在经济往来中发生的各种应付款项的账户。负债账户主要有：应付账款、应付票据、预收账款、其他应付款、应交税费等。负债账户的期初余额在贷方，本期增加发生额在贷方，本期减少发生额在借方，期末余额在贷方。负债账户的结构如下：

借方　　　　　　负债账户	贷方
发生额：本期偿还的债务额	期初余额：期初结欠的借入款项或尚未结算的应付款项和预收款项的实有额 发生额：本期借入款项、应付款项或预收款项的增加额
	期末余额：期末结欠的借入款项或尚未结算的应付款项和预收款项的实有额

负债账户的特点是：

（1）由于债务人需要定期与债权单位或个人核对账目来保证核算资料的正确性，因此，负债账户要按债权单位或个人设置明细分类账进行明细分类核算。

（2）对于负债账户，无论是总分类核算还是明细分类核算，都只需提供货币信息。

（3）负债账户的期末余额一般在贷方，表示债务的实有额，但该类账户有时也可能出现借方余额，此时，账户就有了债权账户的性质。

需要说明的是，如果某些经常与企业发生业务往来的单位或个人既是企业的债权人，同时又是企业的债务人，就要在同一个债权账户或负债账户中核算应收、应付该单位款项的增减变动及结余情况，以便于集中核算和监督企业与这些单位所发生的债权、债务的往来结算。这样的账户叫做债权债务账户或混合结算账户，例如，“其他往来”“内部往来”等账户。债权债务账户的结构是：期初余额可能在借方（债权大于债务的差额），也可能在贷方（债务大于债权的差额）；借方登记债权的增加和负债的减少；贷方登记负债的增加和债权的减少；期末余额在借方，表示债权额大于债务额，期末余额在贷方，表示债务额大于债权额。

5.3.5　跨期摊提账户

跨期摊提账户是指用来核算和监督应由若干个会计期间共同负担而又在某个会计期间一次支付费用的账户。

跨期摊提账户的设置，依据的是权责发生制、持续经营的会计原则。跨期摊提账户的设置和运用，便于分清计入成本计算对象的期间界限，正确计算成本和利润，有助于评价各个会计期间的经营业绩和经营责任。

跨期摊提账户核算的费用有两种情况：一是有些费用先一次支付，然后根据其受益期在当期和以后若干期逐步计入生产成本或期间费用，这是待摊费用。例如，一次性支付的一年的报纸杂志订阅费。二是有些费用先逐步发生，但根据结算办法的要求在若干期后才一次性支付，这属于预提费用。例如银行借款的利息，如果按季支付，要先按月预提计入费用，每个季度实际支付一次。

“长期待摊费用”是典型的跨期摊提账户。

长期待摊费用账户的结构同盘存类账户，账户的期初余额在借方，本期增加发生额在借方，本期减少发生额在贷方，期末余额在借方。其账户的结构如下：

借方	长期待摊费用　　　　　　　　贷方
期初余额：期初已支付而尚未摊配的待摊费用额 发生额：本期待摊费用的支付额	发生额：本期待摊费用的摊配额
期末余额：期末已支付而尚未摊配的待摊费用额	

5.3.6 计价对比账户

计价对比账户是指对某项经济业务，按两种不同的计价进行核算对比，据以确定其业务成果的账户。

典型的计价对比账户有“本年利润”“固定资产清理”“待处理财产损益”等账户。例如，“本年利润”账户，借方登记各项费用和成本，贷方登记各项收入，将收入与费用、成本进行对比，就可确定本期的经营成果。

如果材料按计划成本计价，“材料采购”账户也是计价对比账户，其借方登记采购材料的实际成本，贷方登记验收入库材料的计划成本，实际成本与计划成本进行比较，就可以确定材料成本差异。

计价对比账户的结构如下：

借方	计价对比账户　　　　　　　　贷方
发生额： ①某一经营过程所完成的同一经济业务的第一种计价 ②两种计价方法贷差由此转入有关账户的贷方	发生额： ①某一经营过程所完成的同一经济业务的第二种计价 ②两种计价方法的借差由此转入有关账户的借方
期末一般无余额	

计价对比账户的特点是：

（1）借方用一种计价记录某经济业务，贷方用另一种计价记录该项经济业务，期末将两种计价进行对比，据以确定成果，其差额在相反的方向转出。

（2）该类账户只提供金额核算指标。

5.3.7 调整账户

调整账户是用于调整被调整账户的余额，以得到被调整账户的实际余额的账户。

在实际核算中，对于一些具体项目，有时需要用两种不同的数据来记录和反映，为此需要相应地设置两个账户：一个账户核算和监督这些具体项目的原始指标，另一个账户则用来核算和监督原始指标的调整指标，将原始指标和调整指标相加或减，就可得到实有指标。在会计核算中，核算和监督原始指标的账户叫做被调整账户，核算和监督调整指标的账户叫做调整账户。调整账户既是为了满足经济管理和会计控制的需要，又符合会计谨慎性的原则。

调整账户按其调整方式不同，可分为备抵账户、附加账户和备抵附加账户三类。

1）备抵账户

备抵账户又称抵减账户，是用来抵减被调整账户的余额，以求得被调整账户实际余额的账户。备抵账户调整方式可用以下公式表示：

被调整账户余额–备抵账户余额=被调整账户实际余额

备抵账户按被调整账户的性质，可分为资产备抵调整账户和权益备抵调整账户。

（1）资产备抵调整账户

资产备抵调整账户是用来抵减某一资产类账户（被调整账户）的余额，以求得该资产类账户实际余额的账户。这类账户的特点是被调整账户为资产类账户。例如，“累计折旧”“坏账准备”“存货跌价准备”等账户是资产备抵调整账户，相应的被调整账户是“固定资产”“应收账款”“存货”等账户。

资产备抵调整账户与被调整账户的抵减方式可表示如下：

借方　**被调整账户**　贷方

余额：某项经济业务的原始数据	

借方　**资产备抵调整账户**　贷方

	余额：某项经济业务的抵减数额

（2）权益备抵调整账户

权益备抵调整账户是用来抵减某一权益类账户（被调整账户）的余额，以确定该权益类账户实际余额的账户。此类账户的被调整账户是权益类账户。例如，“利润分配”是权益类备抵调整账户，相应的被调整的账户是“本年利润”账户。

权益备抵调整账户与被调整账户的抵减方式，可表示如下：

借方　**被调整账户**　贷方

	余额：某项经济业务的原始数据

借方　**权益备抵调整账户**　贷方

余额：某项经济业务的抵减数额	

备抵调整账户的结构特点是：备抵账户的余额与被调整账户的余额方向相反。

【例5–1】固定资产账户的期末借方余额是600 000元，累计折旧账户期末贷方余额是150 000元，则：

固定资产的净值=600 000–150 000=450 000（元）

借方　**固定资产**　贷方

期末余额　600 000	

累计折旧

借方	贷方
	期末余额　150 000

2）附加账户

附加账户也叫增加账户，是用来增加被调整账户的余额，以求得被调整账户实际余额的账户。附加账户对被调整账户的调整方式可用以下公式表示：

被调整账户余额+附加账户余额=被调整账户实际余额

附加调整账户与被调整账户的附加方式，可表示如下：

被调整账户

借方	贷方
余额：某项经济业务的原始数据	

附加调整账户

借方	贷方
余额：某项经济业务的附加数额	

附加账户的结构特点是：附加账户与被调整账户的余额在同一方向。

【例5-2】“持有至到期投资——投资成本”账户的期末借方余额为800 000元，“持有至到期投资——应计利息”账户的期末借方余额为20 000元，假设没有折溢价，则：

“持有至到期投资”账户的期末实际余额=800 000+20 000=820 000（元）

被调整账户记录如下：

持有至到期投资——投资成本

借方	贷方
期末余额：　800 000	

调整账户记录如下：

持有至到期投资——应计利息

借方	贷方
期末余额：　20 000	

3）备抵附加账户

备抵附加账户是指既可用来抵减，又可用来附加被调整账户的余额，以求得被调整账户实际余额的账户。

备抵附加账户的结构特点是：具有抵减账户与附加账户的双重功能，是双重性质的账户。但是不能对被调整账户同时起两种作用，只能起附加作用或者是抵减作用。备抵附加账户主要有“材料成本差异”“产品成本差异”等账户。

【例5-3】某企业原材料按计划成本核算，乙材料的计划单价是100元/千克，本月采购乙材料100千克，实际单价是105元/千克。

被调整账户记录如下：

原材料——乙材料

借方	贷方
本期发生额　10 000	

调整账户记录如下：

材料成本差异

借方	贷方
本期发生额　500	

以上“材料成本差异”是超支额，与“原材料”方向相同，是附加作用，因此，

乙材料的实际采购成本=10 000+500=10 500（元）

假设上例中实际单价是95元/千克。

被调整账户记录如下：

原材料——乙材料

借方	贷方
本期发生额　10 000	

调整账户记录如下：

材料成本差异

借方	贷方
	本期发生额　500

以上“材料成本差异”是节约额，与“原材料”方向相反，是抵减作用，因此，

乙材料的实际采购成本=10 000−500=9 500（元）

综上所述，调整账户的特点是：此类账户应与被调整账户结合起来，才能提供管理上所需要的某些特定指标，调整账户不能脱离被调整账户而独立存在；调整账户对被调整账户的调整方式是相加还是相减，主要取决于两者的余额是否在同一方向，若在同一方向，则是相加调整方式，若在相反方向，则是相减调整方式。

5.3.8　集合分配账户

集合分配账户是指用来归集和分配经济组织经营过程中某个时期所发生的相关费用的账户。具体地讲，这类账户是用来归集生产经营过程中发生的不便于直接计入成本或不能直接冲抵收入的、需要集中后才能按一定的标准分配到各个成本计算对象中的间接费用。通过集合分配账户可以核算和监督该时期费用预算的执行情况和费用的分配情况，同时将一定时期所归集的费用一次分配，可以简化摊配手续。比如“制造费用”账户就是典型的集合分配账户。

集合分配账户的借方归集费用的发生额，贷方记录费用的结转额；期末，当归集的成本费用按一定标准全部分配给各受益对象后，该账户应无余额。

集合分配账户的结构如下：

借方　　　　集合分配账户　　　　贷方

借方	贷方
发生额：归集生产经营过程中某一时期发生的某种费用额	发生额：分配到各受益对象中的费用
期末：一般无余额	

集合分配账户的特点是：

（1）费用经过分配结转后，期末一般无余额。

（2）该类账户一般要将费用划分为具体的项目进行明细分类核算，以便详细考核费用的发生情况。

（3）该类账户反映的是生产经营过程中耗费的综合性信息，因此，只需要提供货币信息。

5.3.9　成本计算账户

成本计算账户是用来核算和监督企业在生产经营过程中某一阶段所发生的全部费用，并据以确定该过程中各成本计算对象实际总成本和单位成本的账户，例如，“生产成本”“在途物资”等账户。

成本计算账户的借方反映某阶段发生的应计入某成本计算对象的全部费用，贷方反映已完成该阶段的生产经营活动转出的该成本计算对象的实际成本，余额在借方，反映尚未结束的经营过程某一阶段的该成本计算对象的实际成本。

成本计算账户的结构如下：

借方　　　　成本计算账户　　　　贷方

借方	贷方
期初余额：期初尚未结束经营过程某一阶段的某成本计算对象的实际成本 发生额：归集经营过程中某一阶段发生的应计入该成本计算对象的全部费用	发生额：结转已结束该阶段的成本计算对象的实际成本
期末余额：期末尚未结束经营过程某一阶段的成本计算对象的实际成本	

成本计算账户的特点是：

（1）该类账户的期初余额，表示尚未结束的经营过程某一阶段的成本计算对象的实际成本，因此，又具有盘存账户的特点。

（2）该类账户按成本项目归集不同的费用，有助于加强企业的成本管理。

（3）该类账户的明细分类账既有货币计量，又有实物或劳动计量，因此，既能总括地反映全部的消耗，提供综合性的成本资料，又能反映物资或劳动的实际耗费。

5.3.10　集合汇转账户

集合汇转账户是用来汇集企业在某一期间从事经营活动或其他活动的某种收入或支出，并如期结转该收入或支出的账户。集合汇转账户按其性质和经济内容，可分为收入集合汇转账户和费用集合汇转账户。

1）收入集合汇转账户

收入集合汇转账户是用来汇集和结转企业在某一期间从事经营活动或其他活动的某种收入的账户。属于该类账户的主要有“主营业务收入”“其他业务收入”“投资收益”“营业外收入”等。收入集合汇转账户的贷方登记收入的增加额，借方登记结转至“本年利润”账户的金额，期末结转后无余额。

收入集合汇转账户的结构如下：

借方　　收入集合汇转账户	贷方
发生额：期末转入“本年利润”账户的金额	发生额：本期发生并确认的收入金额
	期末无余额

收入集合汇转账户的特点是：

（1）该类账户的贷方登记收入的增加，借方登记收入的减少或结转数，收入结转后期末无余额。

（2）该类账户一般按商品或业务的种类等分项目设置明细账，因此，便于考核、分析收入的形成。

（3）该类账户进行明细分类核算时，除了用货币计量，也兼用实物计量。

2）费用集合汇转账户

费用集合汇转账户是用来汇集和结转企业在某一期间从事经营活动或其他活动的某种费用或支出的账户。属于该类账户的主要有“管理费用”“财务费用”“销售费用”“主营业务成本”“税金及附加”“其他业务成本”“营业外支出”“所得税费用”等。费用集合汇转账户的借方登记费用（支出）的增加额，贷方登记结转至“本年利润”账户的数额，期末结转后无余额。

费用集合汇转账户的结构如下：

借方　　费用集合汇转账户	贷方
发生额：本期发生并确认的费用支出金额	发生额：期末转入“本年利润”账户的金额
期末无余额	

费用集合汇转账户的特点是：

（1）该类账户的借方登记费用的增加额，贷方登记费用的结转数，费用结转后期末无余额。

（2）该类账户一般分项目设置明细账，因此，便于分析、考核费用的发生情况。

（3）该类账户反映的是耗费情况的综合性信息，因此，只需提供货币信息。

5.3.11　财务成果账户

财务成果账户是用来核算和监督企业在一定时期财务成果的形成，并确定最终成果的账户。由于一定时期内形成或确认的收入和该时期发生的各种费用支出都需要通过财务成果账户进行对比、计算，以确定以货币表现的最终的经营成果，因此，财务成果账户是各收入和费用账户的联结纽带。这类账户主要有“本年利润”账户。

财务成果账户的贷方登记各项经营活动的收入，借方登记各项经营活动的费用和损失，余额在贷方表示贷方大于借方即收入大于费用的差额，余额在借方表示借方大于贷方即费用大于收入的差额，从而反映出该时期经营活动的最终成果——利润或亏损。

财务成果账户的结构如下：

借方	财务成果账户 贷方
期初余额：截至本月初累计发生的亏损额 发生额：本期末汇总转入的各项费用支出	期初余额：截至本月初累计实现的利润额 发生额：本期末汇总转入的各项收入
期末余额：期末累积发生的亏损	期末余额：期末累计实现的净利润

财务成果账户的特点是：

（1）年内各期期末均有余额，贷方余额表示净利润，借方余额表示亏损。年终，需要将本年收入和支出相抵的差额即本年实现的净利润或亏损全部转入“利润分配”账户，因此，该账户年末无余额。

（2）该类账户无论总分类核算还是明细分类核算，只提供货币信息。

以上介绍了账户按经济内容的分类和按用途结构的分类，这是两种主要的分类方法。账户按经济内容分类是基本的分类方法，是按用途结构分类的基础；而账户按用途结构分类是按经济内容分类的进一步细化。两种分类方法相互补充。账户按其经济内容的分类是为满足经营管理和会计信息使用者的需要，账户按用途和结构分类则是按账户在会计核算中所起的作用和账户在使用中能够反映的经济指标进行的分类，也就是对具有相同核算特点的会计科目的分类。账户按经济内容分类与按用途和结构分类的联系见表5-1。

表5-1 **两种账户分类的联系**

按经济内容 按用途结构	资产账户	负债账户	所有者权益账户	成本账户	损益账户
盘存账户	库存现金 银行存款 原材料 库存商品 固定资产等				
资本账户			实收资本 资本公积 盈余公积 利润分配		
债权账户	应收账款 应收票据 其他应收款 预付账款等				
负债账户		应付账款 应付票据 短期借款 长期借款 应付职工薪酬 应交税费 应付股利等			

续表

按经济内容 按用途结构	资产账户	负债账户	所有者权益账户	成本账户	损益账户
跨期摊提账户	长期待摊费用				
计价对比账户	材料采购 固定资产清理 待处理财产损益		本年利润		
调整账户	累计折旧 坏账准备 材料成本差异等		利润分配		
集合分配账户				制造费用	
成本计算账户	在途物资			生产成本	
集合汇转账户					主营业务收入 其他业务收入 投资收益 营业外收入 管理费用 财务费用 销售费用 主营业务成本 税金及附加 其他业务成本 营业外支出 所得税费用等
财务成果账户			本年利润		

5.4　账户的其他分类

账户按经济内容和用途、结构进行的分类，是账户的两种主要分类。除此之外，账户还可以按统驭与被统驭的关系、按其与会计报表的关系、按会计主体等标志进行分类。

5.4.1　账户按统驭与被统驭关系分类

账户按统驭与被统驭的关系，可以分为总分类账户和明细分类账户。

总分类账户是指对会计要素的具体内容进行总括分类的账户。总分类账户根据总分类科目开设，又称“总账账户”、“一级账户”或“统驭账户”。总分类账户在账户体系中对其所属的明细分类账户起到综合与控制的作用，即统驭的作用。总分类账户所提供的是各种资产、负债、所有者权益以及费用、收入和利润的综合资料，能够全面、概括地反映和监督各个单位的资金运动，是编制会计报表的主要依据。总分类账户的核算采取货币形式，提供货币指标。例如，“原材料”是总分类账户，它提供的是企业所有材料的增减变化及结存情况的货币指标。

明细分类账户是在总分类账户的基础上，对其所属的总分类账户进行补充说明并提供详细的数据资料的账户，依据明细科目开设，也称为被统驭账户。明细分类账户所提供的是各种资产、负债、所有者权益以及费用、收入、利润的具体详细的资料，其体系是分散的，是否设置、设置多少明细账取决于管理的实际需要。明细分类账户既提供价值信息，也提供实物量和其他数据方面的信息。例如：在“原材料”总分类账下，根据需要可设置“甲材料”“乙材料”等明细账，详细反映企业每一种材料的增减变动和结余情况，既提供每一种材料的货币指标，也提供实物量指标。

总分类账户与其所属的明细分类账户是密切相关的，总分类账户对所属明细分类账户起着综合、控制和统驭的作用；明细分类账户则对其应属的总分类账户起着补充说明的作用。在记录经济业务时，要同向、等额、同期、同据地分别计入总分类账户与其所属的明细分类账户。

5.4.2 账户按其与会计报表的关系分类

账户按其与会计报表的关系可分为资产负债表账户和利润表账户两类。这种分类是以会计要素的分类为基础，把反映资产、负债和所有者权益的账户归为一类，称为资产负债表账户。资产负债表账户反映的是企业在某一时点的财务状况，期末一般有余额，以具体反映企业财务状况的某一方面，只要企业持续经营下去，该类账户就会存在，因此，又叫“实账户”，它的期末余额是编制资产负债表的资料来源。把反映收入、费用和利润的账户归为一类，称为利润表账户。利润表账户反映的是企业在一定期间的经营成果。由于利润表账户的作用仅在于反映当期经营成果形成和所有者权益增长的原因，期终结算后没有余额，所以又叫“虚账户”，这类账户为编制利润表提供资料来源。

5.4.3 账户按会计主体分类

前面讲的账户的四种分类都是针对一个会计主体来说的，不涉及其他会计主体，而有些经济业务涉及其他的会计主体但也需要本企业进行记录，例如，租入固定资产、代为加工的物资、代为保管的物资等，这些物资只是暂时留存在本企业，不属于本企业的资产，不能列入本会计主体的资产负债表。因此，账户按会计主体又可以分为表内账户和表外账户，这样才有助于划清会计对象的空间范围。

章末习题

一、思考题

1.账户分类的意义是什么?

2.账户分类的标志主要有哪几种?

3.账户按经济内容分为哪几种？理解每种账户的核算内容、设置意义及结构。

4.账户按用途和结构分为哪几种？理解每种账户的核算内容、设置意义及结构。

二、业务处理题

1.甲公司“固定资产”账户的期末余额为1 500 000元，“累计折旧”账户期末余额为300 000元。

要求：

（1）计算固定资产净值。

（2）说明固定资产账户与累计折旧账户之间的关系。

2.甲公司原材料按照计划成本核算。“原材料”账户期末余额为80 000元。假设：

（1）“材料成本差异”账户为借方余额1 000元。

（2）“材料成本差异”账户为贷方余额1 000元。

要求：分别上述两种情况计算该公司期末原材料的实际成本，并说明上述两个账户之间的关系。

3.将下列账户分别按经济内容和用途结构进行分类：

固定资产、利润分配、累计折旧、预提费用、材料成本差异、原材料、应交税费、应付账款、银行存款、生产成本、制造费用、长期待摊费用、实收资本、财务费用、应收账款、管理费用、主营业务收入、应收票据、在途物资、材料采购、本年利润、短期借款、营业外收入、所得税费用。

三、案例讨论

在学习了账户分类之后，李兵和同学王珊、张萌、徐达、田野、孟鸽对账户有如下理解：

（1）李兵认为附加调整账户与被调整账户反映的经济内容一致，备抵调整账户与被调整账户反应的经济内容不一致。

（2）王珊认为备抵调整账户与被调整账户方向相反，因此，性质不同，例如，“固定资产”是资产类的账户，而它的调整账户“累计折旧”是负债类的账户。

（3）张萌认为账户按用途和结构分类的实质是按账户在会计核算中所起的作用和账户在使用中能够反映的经济指标进行的分类。

（4）徐达认为账户按经济内容的分类与会计要素的分类完全一致。

（5）田野认为，盘存类账户都属于资产类账户，资产类账户也都是盘存账户；资本类账户都是所有者权益类账户，所有者权益账户也都是资本类账户。

（6）孟鸽认为计价对比账户是指对某项经济业务，按两种不同的计价进行核算对比，据以确定其业务成果的账户。

讨论题：

请对上述同学的看法进行分析讨论，对于不正确的予以纠正。

第6章/ 会计凭证

本章知识结构图

【学习目标】理解会计凭证的作用；熟悉原始凭证的概念和种类；掌握原始凭证的填制和审核；掌握记账凭证的概念、种类、填制和审核；了解会计凭证的传递和保管。

引导案例

小王是企业财务部门刚来的一名会计，2016年11月碰到以下问题，不知该如何处理：采购部门业务员李某向财务科借款2 000元，填写了借款单。在采购过程中，向乙公司购货一批，取得盖有乙公司财务专用章的增值税专用发票一张，但发票记载的货物型号有错误。另外，在其购买一批自用物品时，示意营业员开具办公用品发票到财务科报销。李某公出的火车票遗失，无法取得证明。

点评：此案例中的借款单、增值税专用发票和火车票都属于本章要讲的原始凭证，只有经审核无误的原始凭证才能编制记账凭证。原始凭证出现错误（内容或金额方面有误），应退回原单位更正或重开；对于遗失的原始凭证，经办人写出书面证明并签名，经领导批准后，可以作为原始凭证。对于不合理的原始凭证，会计人员不予接受。

6.1 会计凭证概述

会计凭证，简称凭证，是记录经济业务、明确经济责任的书面证明，是用来登记账簿的依据。

会计主体办理任何一项经济业务，都必须办理凭证手续，由执行和完成该项经济业务的有关人员取得或填制会计凭证，记录经济业务的发生日期、具体内容以及数量和金额，并在凭证上签名或盖章，明确经济责任。会计人员进行会计核算时，要将审核无误的会计凭证作为记账的依据。因此，填制和审核凭证，是会计核算的专门方法之一，同时也是整个会计核算工作的起点和基础。

会计凭证具有以下几方面的作用：

（1）会计凭证是提供原始资料、传导经济信息的重要载体。企业发生的各项经济业务，都必须填制或取得会计凭证，会计凭证是记录经济活动的最原始资料，是经济信息的载体。通过会计凭证的加工、整理和传递，可以直接取得和传递经济信息。

（2）会计凭证是登记账簿的依据。任何单位每发生一项经济业务，如现金的收付、商品的销售与采购以及往来款项的结算等，都必须通过填制会计凭证来如实记录经济业务的内容、数量和金额，审核无误后，才能登记入账。如果没有合法的凭证作依据，任何经济业务都不能登记到账簿中。因此，做好会计凭证的填制和审核工作，是保证会计账簿资料真实性、正确性的重要条件。

（3）会计凭证是明确经济责任制的手段。由于会计凭证记录了每项经济业务的内容，并由相关部门和经办人员签章，要求他们对经济活动的真实性、正确性、合法性负责。这样，会促使他们严格按照有关政策、法令、制度、计划或预算办事，从而加强了经济管理的岗位责任制，强化了内部控制。

（4）会计凭证是实行会计监督的条件。会计凭证详细地记录和反映了经济业务发生或完成的具体情况，为会计分析和审查提供可靠依据，通过会计凭证的审核，可以查明各项经济业务是否符合法规、制度的规定，是否同单位预算相一致，有无违反财经纪律、贪污挪用等行为，以确保经济业务合法、合理和有效性，从而更好地发挥会计的监督职能。

会计凭证按照填制程序和用途不同，分为原始凭证和记账凭证两大类。

6.2　原始凭证

6.2.1　原始凭证及其种类

原始凭证，又称原始单据，是在经济业务发生或完成时取得或填制的，载明经济业务具体内容和完成情况的书面证明。它是会计核算的原始资料和主要依据。

1）原始凭证按照来源不同分类

原始凭证按照来源不同，可分为外来原始凭证和自制原始凭证两种。

外来原始凭证，是指在经济业务发生时，从其他单位或个人取得的原始凭证。例如，购货时从供货单位取得的增值税专用发票（见表6-1），在开户银行办理存款的收支业务时由银行开具的收款通知单（见表6-2），以及职工出差取得的火车票、飞机票等都属于外来原始凭证。

表6-1　　**山东省增值税专用发票**

3700081650　　NO：××××××××

发票联

开票日期：2016年11月10日

购货单位	名称： 纳税人识别号： 地址、电话： 开户行及账号：				密码区		
货物或应税劳务、服务名称 水泥 合计	规格型号	单位 袋	数量 100	单价 100	金额 10 000	税率 17%	税额 1 700
价税合计（大写）⊗壹万壹仟柒佰元整					（小写）￥11 700.00		
销货单位	名称： 纳税人识别号： 地址、电话： 开户行及账号：			备注			

第一联：记账联　销货方记账凭证

收款人：　　复核：　　开票人：　　销货单位：（章）

表6–2　　　　**中国工商银行进账单（收账通知）**

<table>
<tr><td rowspan="3">出票人</td><td>全　称</td><td></td><td rowspan="3">收款人</td><td colspan="3">全　称</td><td colspan="7"></td></tr>
<tr><td>账　号</td><td></td><td colspan="3">账　号</td><td colspan="7"></td></tr>
<tr><td>开户银行</td><td></td><td colspan="3">开户银行</td><td colspan="7"></td></tr>
<tr><td rowspan="2">金额</td><td colspan="3" rowspan="2">人民币（大写）：</td><td>千</td><td>百</td><td>十</td><td>万</td><td>千</td><td>百</td><td>十</td><td>元</td><td>角</td><td>分</td></tr>
<tr><td></td><td></td><td></td><td></td><td></td><td></td><td></td><td></td><td></td><td></td></tr>
<tr><td>票据种类</td><td></td><td>票据张数</td><td></td><td colspan="10" rowspan="3">收款人开户行盖章</td></tr>
<tr><td>转账支票</td><td colspan="3"></td></tr>
<tr><td colspan="4">复核：　　　　记账：</td></tr>
</table>

此联是收款人开户银行交给收款人的收账通知

自制原始凭证，是由本单位经办业务的部门和人员在执行或完成某项经济业务时所填制的凭证。例如，产品入库时填制的产品入库单（见表6–3），领用材料时填制的领料单（见表6–4），以及差旅费报销单（见表6–5）等。

表6–3　　　　**产品入库单**

No.

年　月　日　　　　仓库：

产品名称	规格	单位	数量	单价	金额	备注
合计						

验收：　　　　仓库保管员：　　　　记账员：　　　　制单：

表6–4　　　　**领料单**

领料单位：　　　　凭证编号：

用途：　　　　年　月　日　　　　发料仓库：

材料类别	材料编号	名称	规格	计量单位	请领		单价	金额
					请领	实领		
合计								

发料人：　　　　领料人：　　　　领料单位负责人：　　　　记账：

表6-5　　差旅费报销单

<table>
<tr><td colspan="2">工作部门</td><td colspan="2"></td><td colspan="3">出差人姓名</td><td colspan="3"></td><td colspan="2">职别</td><td colspan="2"></td><td colspan="2">出差事由</td><td colspan="2"></td></tr>
<tr><td colspan="10">出差日期、地点</td><td colspan="2">车船费</td><td colspan="2">住宿费</td><td colspan="2">其他</td><td colspan="2">补助费</td></tr>
<tr><td colspan="5">起</td><td colspan="5">止</td><td rowspan="2">单据</td><td rowspan="2">金额</td><td rowspan="2">单据</td><td rowspan="2">金额</td><td rowspan="2">单据</td><td rowspan="2">金额</td><td rowspan="2">项目</td><td rowspan="2">金额</td></tr>
<tr><td>月</td><td>日</td><td>时</td><td>车次</td><td>地点</td><td>月</td><td>日</td><td>时</td><td>车次</td><td>地点</td></tr>
<tr><td></td><td></td><td></td><td></td><td></td><td></td><td></td><td></td><td></td><td></td><td></td><td></td><td></td><td></td><td></td><td></td><td></td><td></td></tr>
<tr><td></td><td></td><td></td><td></td><td></td><td></td><td></td><td></td><td></td><td></td><td></td><td></td><td></td><td></td><td></td><td></td><td></td><td></td></tr>
<tr><td></td><td></td><td></td><td></td><td></td><td></td><td></td><td></td><td></td><td></td><td></td><td></td><td></td><td></td><td></td><td></td><td></td><td></td></tr>
<tr><td></td><td></td><td></td><td></td><td></td><td></td><td></td><td></td><td></td><td></td><td></td><td></td><td></td><td></td><td></td><td></td><td></td><td></td></tr>
<tr><td colspan="5">报销总金额（大写）</td><td colspan="9"></td><td colspan="2">小写</td><td colspan="2"></td></tr>
<tr><td colspan="3">单位负责人</td><td colspan="2"></td><td colspan="3">财务审核</td><td colspan="2"></td><td colspan="2">出纳</td><td colspan="2"></td><td colspan="2">经手人</td><td colspan="2"></td></tr>
</table>

2）原始凭证按照填制手续和方法不同分类

原始凭证按照填制手续和方法不同，可分为一次凭证、累计凭证和汇总原始凭证三种。

一次凭证，是指只记载一项经济业务或同时记载若干项同类经济业务，填制手续一次完成的原始凭证。例如，由企业内部领用材料部门填制的“领料单”，企业在销售商品时开给购买方的“增值税专用发票”，以及材料或商品办理入库手续时填写的“入库单”等，都属于一次凭证。一次凭证只能反映一笔业务的内容，使用方便灵活，但在一定会计期间同类交易或事项发生较多时，需要填制的一次原始凭证数量也较多，给会计核算带来不便。

累计凭证，是指连续记载一定时期内不断重复发生的同类经济业务，填制手续是在一张凭证上多次进行才能完成的原始凭证。例如，限额领料单（见表6-6）就属于累计凭证。在使用“限额领料单”办理领用材料业务时，一般是由材料供应部门在月初规定本月内使用某种材料的领用额度，用料部门每次领料及退料，都要由经办人员在限额领料单上逐笔记录并签章，并结算出限额余额。月末，累计求出全月领用材料的总额，作为记账的依据。使用这种凭证，既可以做到对领用材料的事前控制，又简化了凭证的填制手续。

汇总原始凭证，又称原始凭证汇总表，是根据许多同类经济业务的原始凭证定期加以汇总而重新编制的原始凭证。例如，月末根据月份内所有领料单汇总编制的领料单汇总表，亦称发出材料汇总表（见表6-7），就是汇总原始凭证。汇总原始凭证可以简化编制记账凭证的手续，但它本身不具备法律效力。

表 6-6　　　　**限额领料单**

领料部门：　　　　　　　　　　　　　　　　　　凭证编号：

用途：　　　　　　　　　　　　　　　　　　　　发料仓库：

材料编号	材料类别	材料名称	规格	计量单位	单价	领料限额	全月实领	
							数量	金额
日期	请领		实发					
	数量	领料单位负责人	数量	单价	金额	发料人	领料人	限额结余

生产计划部门负责人：　　　　　　　　　　　　仓库负责人：

表 6-7　　　　**发出材料汇总表**

年　月　日　　　　　　　　　　　　　　　　单位：元

应借科目	领料部门	原料及主要材料	辅助材料	燃料	合计
生产成本	一车间				
	二车间				
	小计				
制造费用	一车间				
	二车间				
	小计				
管理费用	管理部门				
合计					

会计主管：　　　　记账：　　　　稽核：　　　　制单：

6.2.2　原始凭证的基本内容

经济业务的内容是多种多样的，原始凭证的名称、格式和内容也各不相同，但是每一种原始凭证都必须具备一些基本内容，才能够真实、客观地记录和反映经济业务的发生和完成情况，明确有关单位、部门及人员的经济责任。这些基本内容主要包括以下几个方面：（1）原始凭证的名称；（2）填制凭证的日期及编号；（3）接受凭证的单位名称；（4）经济业务的内容，包括经济业务的数量、单价和金额等；（5）填制凭证单位的名称；（6）经办人员的签名或盖章。

6.2.3 原始凭证的填制

自制原始凭证的填制有三种形式，一是根据实际发生或完成的经济业务，由经办人员直接填列，如“入库单”“领料单”；二是根据已经入账的有关经济业务，由会计人员利用账簿资料进行加工整理填列，如月末编制的制造费用分配表；三是根据若干张反映同类经济业务的原始凭证定期汇总填列汇总原始凭证。

外来原始凭证，虽然是由其他单位或个人填制，但它同自制原始凭证一样，也必须具备为证明经济业务完成情况和明确经济责任所需的内容。

尽管各类原始凭证的填制方法不同，但就原始凭证反映经济业务、明确经济责任而言，原始凭证填制的一般要求是相同的。具体有以下几方面：

1）记录真实

这是填制原始凭证最基本，也是最重要的要求。必须根据实际情况填列，确保原始凭证所反映的经济业务真实可靠。不得伪造、变造原始凭证，不得弄虚作假。

从外单位取得的原始凭证如有遗失，应当取得原开出单位盖有公章的证明，并注明原来凭证的号码、金额和内容等，由经办单位会计机构负责人、会计主管人员和单位领导人批准后，才能代作原始凭证。如果确实无法取得证明的，如火车、轮船、飞机票等凭证，由当事人写出详细情况，由经办单位会计机构负责人、会计主管人员和单位领导人批准后，代作原始凭证。

2）手续完备

原始凭证的填制手续，必须符合内部控制的要求。凡填有大写和小写金额的原始凭证，大写与小写金额必须相符。购买实物的原始凭证，必须有验收证明。支付款项的原始凭证，必须有收款单位和收款人的收款证明。一式几联的原始凭证，应当注明各联的用途，只能以一联作为报销凭证。一式几联的发票和收据，必须用双面复写纸（发票和收据本身具备复写纸功能的除外）套写，并连续编号。作废时应当加盖“作废”戳记，连同存根一起保存，不得撕毁。发生销货退回的，除填制退货发票外，还必须有退货验收证明；退款时，必须取得对方的收款收据或者汇款银行的凭证，不得以退货发票代替收据。职工公出借款凭据，必须附在记账凭证之后。收回借款时，应当另开收据或者退还借据副本，不得退还原借款收据。经上级有关部门批准的经济业务，应当将批准文件作为原始凭证附件，如果批准文件需要单独归档的，应当在凭证上注明批准机关名称、日期和文件字号。

3）内容齐全

凭证中的内容都要填写齐全，不得漏填或省略不填。如果项目填写不全，则不能作为经济业务的合法证明，也不能作为有效的会计凭证。为了明确经济责任，原始凭证必须由经办部门和人员签章。从外单位取得的原始凭证，必须盖有填制单位的公章；从个人取得的原始凭证，必须有填制人员的签名或者盖章。自制原始凭证必须有经办单位领导人或者其指定的人员签名或者盖章。对外开出的原始凭证，必须加盖本单位公章。

4）书写规范

原始凭证上的数字和文字等应按规定的要求填写，字迹清楚。书写的文字应使用规范化的简化字，阿拉伯数字应一个一个地写，不得连笔写。合计的小写金额前应加注币值符号，如“¥”等。币值符号与阿拉伯金额数字之间不得留有空白；凡阿拉伯数字前写有人民币符号“¥”的，数字后面不再写“元”字。所有以元为单位的阿拉伯数字，除表示单价等情况外，一律填写到角分。无角分的，角位和分位可写“00”或符号“–”；有角无分的，分位应写“0”，不得用符号“–”代替。

阿拉伯数字金额中间有“0”时，汉字大写金额要写“零”字，如¥101.50，汉字大写金额应写成：人民币壹佰零壹圆伍角整。阿拉伯数字金额中间连续有几个“0”时，汉字大写金额中可以只写一个“零”字，如¥1004.56，汉字大写金额应写成：人民币壹仟零肆圆伍角陆分。阿拉伯数字金额元位是“0”或数字中间连续有几个“0”，元位也是“0”，但角位不是“0”时，汉字大写金额可只写一个“零”字，也可不写“零”字，如¥1 320.56，汉字大写金额应写成：人民币壹仟叁佰贰拾圆零伍角陆分，或人民币壹仟叁佰贰拾圆伍角陆分。

汉字大写金额，一律用正楷字或行书字书写，如壹、贰、叁、肆、伍、陆、柒、捌、玖、拾、佰、仟、万。

原始凭证不得随意涂改、刮擦、挖补，若填写错误，应采用规定方法予以更正。对于重要的原始凭证，如支票以及各种结算凭证，一律不得涂改。对于预先印有编号的各种凭证，在填写出现错误后，要加盖“作废”戳记，并单独保管。

5）填制及时

原始凭证应在经济业务发生或完成时及时填制，并按规定的程序和手续传递至有关业务部门和会计部门，以便及时办理后续业务，并进行审核和记账。

6.2.4 原始凭证的审核

1）原始凭证审核的内容

为了正确地反映和监督各项经济业务，确保会计资料真实、正确和合法，必须对原始凭证进行严格认真的审核。审核内容主要包括以下两个方面：

（1）审核原始凭证的合法性、合规性、合理性。

审核原始凭证反映的经济业务是否符合现行财政、税收、经济、金融等有关的法令规定，是否符合现行财务会计制度。审核原始凭证所记录经济业务是否符合企业生产经营活动的需要，是否符合规定的开支标准，是否符合有关的计划和预算等。

（2）审核原始凭证的完整性、准确性。

首先，审核原始凭证是否具备作为合法凭证所必须的基本内容，所有项目是否填写齐全，有关单位和人员是否已签字盖章；其次，要审核凭证中所列数字的计算是否正确，大、小写金额是否相符，数字和文字是否清晰等。

2）原始凭证审核结果的处理

原始凭证的审核是一项十分重要而又严肃的工作，经审核的原始凭证应根据不同情况处理：

（1）对于完全符合要求的原始凭证，应及时据以编制记账凭证入账。

（2）对于真实、合法、合理但内容不够完整、填写有错误的原始凭证，应退回给有关经办人员，由其负责将有关凭证补充完整、更正错误或重开后，再办理正式会计手续。

（3）对于不真实、不合法的原始凭证，会计机构和会计人员有权不予接受，并向单位负责人报告。

6.3 记账凭证

6.3.1 记账凭证及其种类

记账凭证是会计人员根据审核无误的原始凭证进行归类、整理，按照会计准则和复式记账原理确定会计分录的凭证。它是登记账簿的直接依据。由于原始凭证种类繁多、格式不一，不便于在原始凭证上编制会计分录，据以登记账簿，所以有必要将各种原始凭证反映的经济内容加以归类整理，编制成记账凭证。从原始凭证到记账凭证是经济信息转换成会计信息的过程，是会计的初始确认过程。

记账凭证可以按照不同的标准分类。

1）记账凭证按照其反映的经济业务是否与货币资金有关分类

记账凭证按照其反映的经济业务是否与货币资金有关，可以分为收款凭证、付款凭证和转账凭证。

（1）收款凭证

收款凭证是用来反映货币资金收入业务的记账凭证。它是根据现金或银行存款收入业务的有关原始凭证填制的，如借款、收到销货款存入银行等。收款凭证的借方科目“库存现金”或“银行存款”通常放在凭证的左上角，表内列示贷方科目。其格式见表6-8。

表6-8　**收款凭证**

借方科目：　　　　　　　　年　月　日　　　　　　　　收字第　号

摘要	贷方科目		金额	记账
	一级科目	明细科目		
合计				

附件　张

会计主管：　　记账：　　出纳：　　复核：　　制单：

（2）付款凭证

付款凭证是用来反映货币资金支出业务的记账凭证。它是根据现金或银行存款支付业务的有关原始凭证填制的，如用现金发放职工工资、以银行存款支付购货款等。付款凭证的贷方科目“库存现金”或“银行存款”通常放在凭证的左上角，表内列示借方科目。其格式见表6-9。

表 6-9

付款凭证

贷方科目：　　　　　　　　　年　月　日　　　　　　　　付字第　号

摘要	借方科目		金额	记账
	一级科目	明细科目		

附件　张

会计主管：　　　记账：　　　出纳：　　　复核：　　　制单：

（3）转账凭证

转账凭证是用来反映与货币资金收付无关的经济业务的记账凭证。它是根据非货币资金业务（转账业务）的原始凭证填制的，如仓库领用原材料、产成品验收入库等。转账凭证的表头不设置科目，其经济业务所涉及的科目都在表内列示。其格式见表 6-10。

表 6-10

转账凭证

年　月　日　　　　　　　　转字第　号

摘要	一级科目	明细科目	借方金额	贷方金额	记账
合计					

附件　张

会计主管：　　　记账：　　　审核：　　　制单：

2）记账凭证按照用途不同分类

记账凭证按照用途不同，可以分为专用记账凭证和通用原始凭证。

（1）专用记账凭证是专门记录某一类经济业务的记账凭证，如收款凭证、付款凭证和转账凭证就属于专用记账凭证。

（2）通用记账凭证是指不分经济业务的类型，统一使用相同格式的记账凭证。其格式见表 6-11。

表6-11

记账凭证

2016年11月4日　　　　第　　号

摘要	一级科目	明细科目	借方金额	贷方金额	记账
生产领用材料	生产成本		42 000		
	原材料	甲材料		42 000	
合计			42 000	42 000	

附件　张

会计主管：　　记账：　　审核：　　制单：

3）记账凭证按填制方式的不同分类

记账凭证按填制方式的不同，可分为复式记账凭证和单式记账凭证。

（1）复式记账凭证是指在一张凭证上完整地列出每笔会计分录所涉及的全部科目。上述专用记账凭证和通用记账凭证均为复式记账凭证。在复式记账凭证上能完整地反映每笔经济业务的全貌，而且填写方便，附件集中，便于凭证的分析和审核。

（2）单式记账凭证是在一张记账凭证上只填列每笔会计分录的一个会计科目，其对应科目只做参考，不据以入账。填列借方科目的称为借项记账凭证，填列贷方科目的称为贷项记账凭证。在借贷记账法下，每笔会计分录至少要填制两张单式记账凭证，用编号将其联系起来，以便查对。单式记账凭证的格式见表6-12、表6-13。

表6-12

借项记账凭证

2016年5月31日　　　　凭证编号：记字14号

摘要	一级科目	明细科目	账 页	金 额
生产用料	生产成本			60 000
对应一级科目：原材料	合 计			¥60 000

会计主管：　　记账：　　复核：　　出纳：　　制单：

表6-13

贷项记账凭证

2016年5月31日　　　　凭证编号：记字14号

摘要	一级科目	明细科目	账 页	金 额
生产用料	原材料	甲材料		60 000
对应一级科目：生产成本	合 计			¥60 000

会计主管：　　记账：　　复核：　　出纳：　　制单：

设置单式记账凭证，一是每张凭证只汇总一次，可以减少差错，二是有利于实行会计部门内部的岗位责任制，即每个岗位人员都应对与其有关的账户负责，防止差错和舞弊。但是，一张凭证不能反映一笔经济业务的全貌，而且凭证张数多，不易保管，填制凭证的工作量较大，故实务中使用的单位较少。

4）记账凭证按是否汇总分类

记账凭证按是否汇总，可分为单一记账凭证、汇总记账凭证和科目汇总表。

（1）单一记账凭证，是指在一张凭证上只包含一项交易或事项内容的记账凭证。上述的专用记账凭证和通用记账凭证，均为单一记账凭证。

（2）汇总记账凭证，是指根据一定时期内同类的单一记账凭证定期加以汇总而重新编制的记账凭证。其目的是为了简化总分类账的登记手续。

汇总记账凭证又可进一步分为汇总收款凭证、汇总付款凭证和汇总转账凭证。汇总收款凭证是根据收款凭证分别按“库存现金”和“银行存款”账户的借方设置，并按对应的贷方账户汇总。汇总付款凭证是根据付款凭证分别按“库存现金”和“银行存款”账户的贷方设置，并按对应的借方账户汇总。汇总转账凭证是根据转账凭证按账户的贷方设置，并按对应的借方账户归类汇总。汇总记账凭证的格式见表6-14、表6-15、表6-16。

表6-14　　**汇总收款凭证**

借方科目：　　　　年　月　　　　第　号

贷方科目	金额				记账	
	（1）	（2）	（3）	合计	借方	贷方
合计						

附注：（1）自____日至____日　　收款凭证共计____张

（2）自____日至____日　　收款凭证共计____张

（3）自____日至____日　　收款凭证共计____张

表6-15　　**汇总付款凭证**

贷方科目：　　　　年　月　　　　第　号

借方科目	金额				记账	
	（1）	（2）	（3）	合计	借方	贷方
合计						

附注：（1）自____日至____日　　付款凭证共计____张

（2）自____日至____日　　付款凭证共计____张

（3）自____日至____日　　付款凭证共计____张

表6-16

汇总转账凭证

贷方科目：　　　　　　　　年　月　　　　　　　　第　号

借方科目	金　额				记　账	
	(1)	(2)	(3)	合计	借方	贷方
合 计						

附注：(1) 自____日至____日　　　转账凭证共计____张

(2) 自____日至____日　　　转账凭证共计____张

(3) 自____日至____日　　　转账凭证共计____张

(3) 科目汇总表，也称为记账凭证汇总表，是指根据一定时期内所有的记账凭证定期加以汇总而重新编制的记账凭证。科目汇总表的一般格式见表6-17。

表6-17

科目汇总表

年　月

账户名称	总账页数	本期发生额		记账凭证起讫号数
		借方	贷方	
合计				

6.3.2　记账凭证的基本内容

记账凭证作为会计分录的载体，其主要作用在于对审核无误的原始凭证进行归类整理，为登记账簿提供直接依据。因此，为了满足会计核算的需要，记账凭证应当具备以下基本内容：(1) 记账凭证的名称；(2) 填制凭证的日期和凭证编号；(3) 经济业务的内容摘要；(4) 经济业务所涉及的会计科目、记账方向和金额；(5) 所附原始凭证的张数；(6) 填制凭证人员、稽核人员、记账人员、会计主管人员的签名或盖章。

6.3.3　记账凭证的填制

1）记账凭证的填制要求

记账凭证的正确与否，直接关系到会计账簿的真实性和正确性。各种记账凭证的填制，按照《会计基础工作规范》的规定，应注意以下几点：

（1）摘要简明。记账凭证上的摘要应用简明扼要的语言，概括出经济业务的主要内容。为了满足登记明细分类账的需要，对不同性质的账户，其摘要的填写应有所区别。例如，反映原材料等实物资产的账户，摘要中应注明品种、数量、单价；反映库存现金、银行存款的账户，摘要中应注明收付款凭证和结算凭证的号码，以及款项增减变动的原因、收付款单位名称等。

（2）科目运用准确。必须按国家统一会计制度的规定填写会计科目，不得任意简化或改动；同时，二级和明细科目也要填列齐全。

（3）连续编号。采用通用记账凭证，可按全部经济业务发生的先后顺序编号，每月从第1号编起；采用专用记账凭证，可按凭证类别分别编号，每月从收字第1号、付字第1号、转字第1号编起。若一笔经济业务需填制多张记账凭证，可采用分数编号法。例如，某笔经济业务需要编制2张记账凭证，凭证的顺序号为49时，这两张凭证的编号应分别为转自49 1/2、49 2/2。

（4）附件齐全。记账凭证所附的原始凭证必须完整无缺，并在凭证上注明所附原始凭证的张数，以便核对摘要及所编会计分录是否正确无误。对于同一张原始凭证需填制2张记账凭证的（如采用单式记账凭证格式），应在未附原始凭证的记账凭证上注明“原始凭证×张，附于第×号凭证之后”，以便日后查阅。如果一张原始凭证所列的支出需要由两个以上的单位共同负担时，应当由保存该原始凭证的单位开给其他应负担单位原始凭证分割单。对于结账和更正错误的记账凭证，可以不附原始凭证。

（5）内容完整。记账凭证应该包括的内容都要具备。应该注意的是，以自制的原始凭证或者原始凭证汇总表代替记账凭证使用的，也必须具备记账凭证所应有的内容。

2）记账凭证的填制方法

（1）收款凭证的填制

收款凭证根据现金和银行存款收款业务的原始凭证填制。凡是涉及增加现金或者银行存款账户的金额的，都必须填制收款凭证。

收款凭证左上方的“借方科目”，应填写“库存现金”或“银行存款”；右上方应填写凭证编号。收款凭证的编号一般按“现收×号”和“银收×号”分类，业务量少的单位也可不分“现收”与“银收”，而按收款业务发生的先后顺序统一编号，如“收字×号”。“摘要”栏内填写经济业务的内容梗概，“贷方科目”栏内填写与“库存现金”或“银行存款”科目相对应的总账（一级）科目及其所属明细（二级）科目，“金额”栏内填写实际收到的现金或银行存款数额，“记账”栏应注明记入账簿的页数，或划“√”，表示该项金额已经记账，避免重记或漏记（见表6-18）。

（2）付款凭证的填制

付款凭证根据现金和银行存款付款业务的原始凭证填制。凡是涉及减少现金或者银行存款账户的金额的，都必须填制付款凭证。

付款凭证的填制方法和要求与收款凭证基本相同，不同的只是在付款凭证的左上方应填列贷方科目，因为现金和银行存款的减少应记账户的贷方；付款凭证的对应科目为“借方科目”，需填写与库存现金或银行存款支出业务有关的总账（一级）科目和明细（二级）科目。

表6-18　　收款凭证

借方科目：银行存款　　2016年11月3日　　银收字第1号

摘要	贷方科目		金额	记账
	一级科目	明细科目		
收到投资者的投资款	实收资本		100 000	
合计			100 000	

附件　张

会计主管：　记账：　出纳：　复核：　制单：

对于只涉及“库存现金”与“银行存款”这两个账户的业务，例如，从银行提取现金，只编制银行付款凭证，不再填制收款凭证，以免重复记账（见表6-19）。

表6-19　　付款凭证

贷方科目：银行存款　　2016年11月8日　　银付字第5号

摘要	借方科目		金额	记账
	一级科目	明细科目		
采购材料	原材料	甲材料	200 000	
	应交税费	应交增值税	34 000	
合计			234 000	

附件　张

会计主管：　记账：　出纳：　复核：　制单：

（3）转账凭证的填制

转账凭证根据不涉及现金和银行存款收付的转账业务的原始凭证填制。凡是不涉及现金和银行存款增加或减少的业务，都必须填制转账凭证。

转账业务没有固定的账户对应关系，因此，在转账凭证中，要按“借方科目”和“贷方科目”分别填列有关总账（一级）科目和明细（二级）科目。借方科目的金额与贷方科目的金额都在同一行的“金额”栏内填列（见表6-20）。

表6-20　　转账凭证

2016年11月15日　　转字第10号

摘要	一级科目	明细科目	借方金额	贷方金额	记账
生产用料	生产成本	A产品	420 000		
	原材料	甲材料		420 000	
合计			420 000	420 000	

附件　张

会计主管：　记账：　审核：　制单：

（4）汇总记账凭证的填制、科目汇总表的填制

见账务处理程序一章。

6.3.4 记账凭证的审核

为了保证会计信息的质量，在记账之前应由有关稽核人员对记账凭证进行严格的审核。审核的内容主要有以下几方面：

（1）内容是否真实。审核记账凭证是否附有原始凭证，记账凭证的内容与所附原始凭证的内容是否相符，金额是否一致。

（2）会计分录是否正确。审核记账凭证上的应借、应贷会计科目是否正确，二级或明细科目是否齐全；账户对应关系是否清晰；金额计算是否正确。

（3）项目是否齐全。审核记账凭证各项目的填写是否齐全，如日期、凭证编号、所附原始凭证张数及有关人员签章等。

在审核中，若发现记账凭证填制有错误，应查明原因，重新编制正确的记账凭证。只有经审核无误的记账凭证，才能据以登记账簿。

6.4 会计凭证的传递和保管

6.4.1 会计凭证的传递

会计凭证的传递，是指会计凭证从取得填制时至归档保管的过程中，在单位内部有关部门和人员之间的传送程序。

正确合理地组织会计凭证的传递，对于及时处理和登记经济业务，协调单位内部各部门、各环节的工作，加强经营管理的岗位责任制，实行会计监督，具有重要作用。例如，对材料收入业务的凭证传递，应明确规定：材料运达企业后，需多长时间验收入库，由谁负责填制收料单，又由谁在何时将收料单送交会计及其他有关部门；会计部门由谁负责审核收料单，由谁在何时编制记账凭证和登记账簿，又由谁负责整理、保管凭证等。这样，既可以把材料收入业务从验收入库到登记入账的全部工作在本单位内部进行分工，同时也便于考核经办业务的有关部门和人员是否按照规定的会计手续办事。

会计凭证的传递主要包括凭证的传递路线、传递时间和传递手续三个方面。

各单位应根据经济业务的特点、机构设置、人员分工情况，以及经营管理上的需要，明确规定会计凭证的联次及流程。既要使会计凭证经过必要的环节进行审核和处理，又要避免会计凭证在不必要的环节停留，从而保证会计凭证沿着最简捷、最合理的路线传递。

会计凭证的传递时间是指各种凭证在各经办部门、环节所停留的最长时间。它应考虑各部门和有关人员，在正常情况下办理经济业务所需时间来合理确定。明确会计凭证的传递时间，能防止拖延处理和积压凭证，保证会计工作的正常秩序，提高工作效率。所有会计凭证的传递和处理，都应在报告期内完成。否则，将会影响会计核算的及时性。

会计凭证的传递手续是指在凭证传递过程中的衔接手续，应该做到既完备严密，又简便易行。凭证的收发、交接都应按一定的手续制度办理，以保证会计凭证的安全和完整。

6.4.2 会计凭证的保管

会计凭证的保管，是指会计凭证在登账后的整理、装订和归档存查工作。会计凭证是

各项经济活动的历史记录，是重要的经济档案。为了便于随时查阅利用，各种会计凭证在办理好各项业务手续，并据以记账后，应由会计部门加以整理、归档，并送交档案部门妥善保管。

1）会计凭证的归类整理

会计部门在记账以后，应定期（一般为每月）将会计凭证加以归类整理，即记账凭证应当连同所附的原始凭证或者原始凭证汇总表，按照记账凭证的编号顺序，折叠整齐，加具封面、封底，装订成册，并在装订线上加贴封签，以防散失和任意拆装。在封面上要注明单位名称、年度、月份和起讫日期、凭证种类、起讫号码，由装订人在装订线封签处签名或者盖章，然后入档保管。

对于数量过多的原始凭证，可以单独装订保管，在封面上注明记账凭证日期、编号、种类，同时在记账凭证上注明“附件另订”和原始凭证名称及编号。各种经济合同、存出保证金收据以及涉外文件等重要原始凭证，应当另编目录，单独登记保管，并在有关的记账凭证和原始凭证上相互注明日期和编号。

2）会计凭证的归档保管

每年的会计凭证都应由会计部门按照归档的要求，负责整理立卷或装订成册。当年的会计凭证，在会计年度终了后，可暂由会计部门保管1年，期满后，原则上应由会计部门编造清册移交本单位档案部门保管。档案部门接收的会计凭证，原则上应保持原卷册的封装，个别需要拆封重新整理的，档案机构应当同会计机构和经办人员共同拆封整理，以明确责任。

3）会计凭证的借阅

会计凭证原则上不得借出，如有特殊需要，须报请批准，但不得拆散原卷册。《会计基础工作规范》第五十五条规定：原始凭证不得外借，其他单位如因特殊原因需要使用原始凭证时，经本单位会计机构负责人、会计主管人员批准，可以复制。向外单位提供原始凭证复印件时，应当在专设的登记簿上登记，并由提供人员和收取人员共同签名或者盖章。

4）会计凭证的销毁

会计凭证的保管期限，一般为15年。保管期满，任何人都不得随意销毁会计凭证。按规定销毁会计凭证时，必须开列清单，报经批准后，由档案部门与会计管理机构共同派员监销。监销人在会计档案销毁前，应当按照会计档案销毁清册所列内容进行清点核对；在会计档案销毁后，应当在会计档案销毁清册上签名或盖章。

章末习题

一、思考题

1.举例说明原始凭证的分类。

2.原始凭证在填制和审核时应注意哪些事项？

3.为什么要编制记账凭证？它与原始凭证有何不同？

4.记账凭证在填制和审核时应注意哪些事项？

5.在组织会计凭证传递时应注意哪些问题？

二、业务处理题

1.收集身边的原始凭证，指出这些原始凭证的基本要素，并说明所收集的原始凭证的填制是否符合填制要求。

2.说明与下列经济业务相关的原始凭证。

（1）用转账支票购买原材料，材料已验收入库。

（2）用现金购买办公用品。

（3）预借差旅费。

（4）生产产品领用材料一批。

（5）销售商品，收到转账支票，存入银行。

3.甲有限公司2016年11月份发生如下经济业务：

（1）11月2日，收到投资者追加投入的货币资金200 000元，已存入银行。

（2）11月5日，以银行存款购入材料一批，增值税专用发票注明的价款为40 000元，增值税额为6 800元。材料已验收入库。

（3）11月10日，领用材料一批12 000元，用于产品生产。

（4）11月15日，从银行提取现金10 000元。

（5）11月17日，企业管理人员张飞暂借差旅费3 000元，出纳以现金支付。

（6）11月18日，用银行存款35 000元偿还所欠乙公司的货款。

（7）11月20日，用现金1 000元购买办公用品。

（8）11月22日，借入短期借款80 000元，存入银行。

（9）11月28日，企业管理人员张飞出差回来报销费用共计2 600元，余额交回现金。

（10）11月30日，计提本月固定资产折旧费，其中生产用设备折旧10 000元，管理用固定资产折旧6 000元。

要求：编制上述交易或事项的专用记账凭证（按现收、银收、现付、银付、转字进行编号）。

三、案例讨论

王某在2016年6月，投资创办了云裳服装公司，主要经营各种服装的批发及零售业务。6月1日，王某在工商银行开立了公司基本存款账户，并存入500 000元作为注册资本。由于王某不懂会计，他将所有的发票等单据收集保存起来，汇总本月的业务资料如下：

（1）公司在成立初期进行内部装修及购买必要的设施发生支出100 000元，均通过银行支付（本月应提折旧5 000元）。

（2）公司分两次购入服装，每批增值税专用发票注明的价款是180 000元，增值税税额30 600元。其中，第一批的款项已支付，第二批的款项尚未支付。

（3）零售服装取得收入100 000元，增值税税额17 000元，款项已收到存入银行。（该批服装的成本是70 000元）

（4）批发服装取得收入200 000元，增值税税额34 000元，款项尚未收到。（该批服装的成本是168 000元）

（5）通过银行支付本月的房屋租金10 000元。

（6）从银行提取现金30 000元，25 000元用作王某个人的生活费，其余备零星开支。

（7）本月发生电话费800元、水电费2 000元，以现金支付。

（8）6月份员工的薪酬为20 000元，7月中旬支付。

到月底，王某发现银行存款只剩下266 400元，库存现金2 200元，另欠供应商货款210 600元。他开始怀疑自己的经营能力。

讨论题：

（1）编制本月经济业务的会计分录。

（2）计算云裳服装公司的盈亏是多少？

（3）如果公司是盈利的，王某投入的存款为什么减少了？

第7章/
会计账簿

本章知识结构图

【学习目标】熟悉会计账簿的作用和账簿的登记规则；了解账簿的设置原则、账簿的更换和保管；掌握账簿的概念和分类、各类账簿的格式和登记方法、平行登记的原理、错账的更正、对账的内容、结账的内容和方法。

引导案例

李明应聘一家会计师事务所的实习生，跟随万老师从事代理记账工作。一天，万老师问他会不会建账，李明摇了摇头，心想，在学校学了4年的会计，全是理论，老师讲了很多账簿的知识，但现在都忘了。万老师鼓励他，建账不像想象的那么难，做几遍就会了。万老师列了个清单，要求李明购买下列会计用品：库存现金日记账1本、银行存款日记账1本、数量金额式明细账2本、借方多栏式明细账1本、贷方多栏式明细账1本、借贷多栏式明细账1本、三栏式明细账1本、总分类账1本。李明买回上述账簿后，产生了下列的疑惑，你能帮他解答吗？

（1）为什么日记账和总账是订本式的，而明细账是活页式的？

（2）既然已经登记库存现金、银行存款日记账，就不用在总账中登记“库存现金”和“银行存款”账户了。

（3）不同格式的明细账应该登记哪些账户？

7.1 账簿的概念、作用与种类

7.1.1 账簿的概念和作用

1）会计账簿的概念

经济业务发生后，会取得或填制会计凭证，但由于会计凭证的数量多，比较分散；一张凭证一般只反映一项经济业务。为了把分散在会计凭证中的大量核算资料加以集中、归类反映，就必须设置和登记账簿。会计账簿简称账簿，是由一定格式和相互联系的账页所组成的，以审核无误的会计凭证为依据，序时、系统、连续、分类地记录和反映各项经济业务的簿籍。各单位应当按照国家统一会计制度的规定和会计业务的需要设置会计账簿。

账簿与账户之间，既有区别又有联系。账户是在账簿中按照规定的会计科目开设的户头，用来反映某一会计科目所要核算的经济内容。而账簿是按照账户归类反映各项经济业务，可以提供总括与详细的核算指标。

2）会计账簿的作用

设置和登记账簿是会计核算的专门方法之一。科学地设置账簿和正确地登记账簿，在会计核算中具有重要的意义。

（1）会计账簿是对凭证资料的系统总结

如前所述，账簿克服了凭证的缺陷。只有通过账簿的设置与登记，才能把记账凭证中所提供的大量、分散的核算资料，归类集中到各种账簿中，提供总括指标和详细指标，并进行序时记录和反映。因此，通过账簿的设置与登记，可以系统地反映各项会计信息的具体情况。

（2）会计账簿为编制会计报表提供依据

企业定期编制的资产负债表、利润表、现金流量表等会计报表的各项数据均来源于账簿的记录。所以，账簿的设置和登记是否准确、真实、齐全，直接影响到财务报告的质量。

（3）会计账簿是考核企业经营情况的重要依据

通过登记账簿，可以发现整个经济活动的运行情况，完整地反映企业的财务状况、经营成果和现金流量等信息，评价企业的总体运营情况，可以监督和促进各企业遵纪守法、依法经营。

7.1.2　账簿的种类

账簿的种类多，不同的账簿，其用途、格式、内容和登记方法各不相同。账簿可以按照不同的标准分类，分类的方法主要有以下两种。

1）按照用途分类

账簿按照用途分类，可以分为序时账簿、分类账簿和备查账簿

（1）序时账簿

序时账簿，又称日记账，是按照经济业务发生时间的先后顺序逐日、逐笔进行连续登记的账簿。序时账簿按其记录经济业务的内容不同可分为普通日记账和特种日记账。

普通日记账用来逐日、逐笔登记全部经济业务，其实质是把会计分录按照经济业务发生的先后顺序记入日记账中，以此作为连续登记分类账的依据，所以又称为分录日记账。

特种日记账是对某些重要的特定种类的经济业务按其发生时间的先后顺序逐日、逐笔登记的账簿。例如，为了加强货币资金的管理，单设库存现金日记账和银行存款日记账，就是专为提供库存现金和银行存款收付情况的详细资料而设置的特种日记账。在会计实务中，除了库存现金和银行存款以外，其他项目一般不再设置特种日记账进行登记。

（2）分类账簿

分类账簿，又称分类账，是对全部经济业务进行分类登记的账簿。分类账按其所反映经济业务详细程度的不同，可分为总分类账和明细分类账。

总分类账簿，简称总账，是根据总分类账户开设的，用以分类记录全部经济业务，提供总括的核算资料。明细分类账簿，简称明细账，是根据明细分类账户开设的，详细记录某一类经济业务，提供比较详细核算资料的账簿。

(3) 备查账簿

备查账簿，又称辅助账簿，是指对某些未能在序时账和分类账中记载或记载不全的事项进行补充登记的账簿。如应收应付票据备查簿、经营租入固定资产登记簿、受托加工物资登记簿等。备查账簿的设置应视实际需要而定，并非一定要设置，而且没有固定格式。

2）按照形式分类

账簿按照形式不同分为订本式账簿、活页式账簿和卡片式账簿。

(1) 订本式账簿

订本式账簿，简称订本账，是在启用之前就把若干具有专门格式的账页顺序编号、装订成册的账簿。这种账簿的优点是能够防止账页散失和被非法抽换，保证账簿记录的安全与完整。由于账页序号和账页总数已经固定，不能增减，因此，在使用时，必须为每一账户预留账页。预留过多，账页浪费；预留过少，则账页不够，影响账户连续登记。另外，在同一时间里，只能由一人负责登记，不便于分工和计算机记账。订本式账簿主要适用于总分类账和库存现金日记账、银行存款日记账。

(2) 活页式账簿

活页式账簿，简称活页账，是把若干张具有专门格式、零散的账页，散装在活页夹内的账簿。采用活页式账簿，账页不固定地夹放在一起，可根据业务的需要随时加入、抽出或移动账页，这样可以适当避免浪费，使用起来灵活，而且可以分工记账。但活页式账簿的账页容易散失和被抽换。活页式账簿主要适用于各种明细账。

(3) 卡片式账簿

卡片式账簿，简称卡片账，是由若干张分散的、存放在卡片箱中的、具有专门格式的硬制卡片组成的账簿。它的实质是活页账。卡片账主要适用于内容比较复杂且变化不大的财产明细账的登记，如固定资产明细账常采用卡片账。

7.2 账簿的设置与登记

7.2.1 账簿的设置原则与基本内容

1）账簿的设置原则

各企业应根据自身经济业务的特点及经营管理的要求，设置相应的账簿体系。设置账簿应当遵循下列原则：

(1) 账簿的设置要能保证系统、全面地反映和监督经济业务，满足经济管理的需要，为经济管理提供总括的核算资料和明细核算资料。

(2) 账簿的设置要保证组织严密，各账簿之间既要有明确的分工，又要有密切的联系，尽量节约人力、物力。

(3) 账簿的格式应简便适用。

2）账簿的基本内容

各种账簿所记录的经济业务不同，账簿的格式有多种多样，但所有账簿应具备以下基本内容：

(1) 封面主要标明账簿的名称和记账单位的名称。

（2）扉页主要标明账簿的启用和交接情况。

账簿使用及经管人员一览表见表7-1。

表7-1 **账簿使用及经管人员一览表**

<table>
<tr><td>单位名称</td><td colspan="4"></td><td colspan="2">公章</td></tr>
<tr><td>账簿名称</td><td colspan="4"></td><td colspan="2" rowspan="4"></td></tr>
<tr><td>账簿编号</td><td colspan="4"></td></tr>
<tr><td>账簿页数</td><td colspan="4">本账簿共计　页</td></tr>
<tr><td>启用起讫日期</td><td colspan="4">年　月　日至　年　月　日</td></tr>
<tr><td rowspan="2">责任者</td><td colspan="2">主管</td><td>会计</td><td>记账</td><td>审核</td><td></td></tr>
<tr><td colspan="2"></td><td></td><td></td><td></td><td></td></tr>
<tr><td rowspan="5">经管人员
姓名及交接
日期</td><td>经管人姓名</td><td>经管日期</td><td>经管人签章</td><td>交出日期</td><td>监交人姓名</td><td>监交人签章</td></tr>
<tr><td></td><td></td><td></td><td></td><td></td><td></td></tr>
<tr><td></td><td></td><td></td><td></td><td></td><td></td></tr>
<tr><td></td><td></td><td></td><td></td><td></td><td></td></tr>
<tr><td></td><td></td><td></td><td></td><td></td><td></td></tr>
<tr><td>备注</td><td colspan="6"></td></tr>
</table>

（3）账页，账页的基本内容包括：账户的名称（一级科目、二级或明细科目）；记账日期；凭证的种类和号数栏；摘要栏；金额栏；总页次和分户页次。

7.2.2 日记账的格式与登记

1）普通日记账的格式与登记

普通日记账是用来逐日序时登记一个单位全部经济业务的账簿。一般只设置借方和贷方两个金额栏，用来登记各项经济业务所确定的账户名称和金额，这种格式又称为两栏式日记账，或分录簿。其格式见表7-2。

表7-2 **普通日记账**

2016年		凭证编号	摘要	会计科目	借方金额	贷方金额	过账
月	日						
5	6		购入材料，价税款未付	在途物资	100 000		
				应交税费	17 000		
				应付账款		117 000	

普通日记账的登记方法如下：日期栏和凭证编号栏，按照经济业务发生时间的先后顺序逐项登记；摘要栏，写经济业务的简要说明；会计科目栏；记入应借记和应贷记账户的名称；借方金额栏和贷方金额栏填列发生额；过账栏；根据普通日记账登记总账后，在过账栏划“√”。

2）特种日记账的格式与登记

特种日记账是专门用来登记某一类经济业务的日记账。常用的特种日记账主要有库存现金日记账和银行存款日记账。

（1）库存现金日记账

库存现金日记账，是用来核算和监督库存现金每日收入、支出和结存情况的序时账簿，通过库存现金日记账可以全面、连续地了解和掌握单位每日库存现金的收支动态和库存余额，为日常分析、检查单位的库存现金收支活动提供资料。库存现金日记账必须采用订本式账簿，其账页格式主要有三栏式和多栏式两种。

三栏式库存现金日记账，通常设置收入、支出、结余或借方、贷方、余额三个主要栏目，用来登记库存现金的增减变动及结果。三栏式库存现金日记账的格式见表7-3。

表7-3　**库存现金日记账（三栏式）**

2016年		凭证		摘要	对方科目	收入	支出	结余
月	日	种类	编号					
9	1			月初余额				1 000
	5			从银行提取现金	银行存款	3 000		4 000
	6			支付办公费	管理费用		600	3 400

为了更清晰地反映账户之间的对应关系，了解库存现金变化的来龙去脉，库存现金日记账也可以在“收入”“支出”栏下分别按照对方科目设专栏进行登记，形成多栏式库存现金日记账。多栏式库存现金日记账的格式见表7-4。

表7-4　**库存现金日记账（多栏式）**

年		凭证		摘要	借方（对应贷方科目）					贷方（对应借方科目）					余额
月	日	字	号					合计	过账				合计	过账	

库存现金日记账由出纳人员根据审核无误的库存现金收款凭证、库存现金付款凭证和银行存款付款凭证，按照业务发生时间的先后顺序，逐日、逐笔顺序进行登记。其登记方法如下：

①“日期”栏，登记库存现金收付业务发生的实际日期。

②“凭证字号”栏，根据库存现金收款凭证（对于从银行提取现金业务，应根据银行存款付款凭证）登记收入金额，根据库存现金付款凭证登记支出金额。

③“摘要”栏，登记经济业务的简要说明。

④“对方科目”栏，登记库存现金收入或支出的对应账户名称，一般根据记账凭证中的对方科目填写。

⑤“收入及付出”栏，登记库存现金的收入金额和付出金额，每日终了，应计算当日的库存现金收入及库存现金付出的合计数。

⑥“余额”栏，在登记每笔库存现金收入或库存现金支出金额后，应逐笔结出库存现金余额，每日终了，应结出当日库存现金余额。

（2）银行存款日记账

银行存款日记账，是记录和反映银行存款收付业务的一种特种日记账，其账本形式必须采用订本式，账页格式一般采用三栏式，也可采用多栏式。若一个企业开设有若干银行存款账号，应分别按银行账号设日记账登记，这样便于与银行核对，也有利于银行存款的管理。银行存款收、付业务的结算方式有多种，为了反映具体的结算方式，需要在三栏式库存现金日记账的基础上增设栏目，即在银行存款日记账中增设“结算凭证”栏。三栏式银行存款日记账的格式见表7-5。

表7-5　**银行存款日记账（三栏式）**

2016年		凭证		摘要	结算凭证		对方科目	收入	付出	结余
月	日	种类	号数		种类	号数				
9	1			期初余额						600 000
	2	银付		提取现金	现金支票		库存现金		5 000	595 000
	5	银收		销售商品	转账支票		主营业务收入等	35 100		630 100

银行存款日记账由出纳人员根据审核无误的银行存款收款凭证、银行存款付款凭证和库存现金付款凭证，按照业务发生时间的先后顺序，逐日逐笔顺序进行登记。其登记方法与库存现金日记账基本相同。

7.2.3 分类账簿的格式与登记

1）总分类账的格式与登记

总分类账是按照账户分类登记全部经济业务的账簿。在总分类账中，应按照会计科目的编码顺序分设账户，并为每个账户预留账页。由于总分类账能够全面、总括地反映经济活动情况，并为编制会计报表提供资料，因而任何单位都要设置总分类账。

总分类账一般采用借方、贷方、余额三栏式的订本账。三栏式总分类账的格式见表7-6。

表7-6　**总账（三栏式）**

会计科目：原材料

2016年		凭证		摘要	借方	贷方	借或贷	余额
月	日	种类	编号					
9	1			期初余额			借	300 000
				材料验收入库	117 000		借	417 000
				领用材料		5 000	借	412 000

除了三栏式外，还有多栏式的总分类账，即把所有的总账科目合并设在一张账页上。这种格式的总分类账兼有序时账和分类账的作用，又称为日记总账。多栏式总分类账的格式见表7-7。

表7-7　**总账（多栏式）**

2016年		凭证		摘要	发生额	库存现金		银行存款		……	
月	日	种类	号数			借方	贷方	借方	贷方		

总分类账的登记依据和方法，主要取决于会计核算组织程序。它可以根据记账凭证逐笔登记，也可以记账凭证汇总进行登记，还可以根据多栏式日记账在月末汇总登记。

2）明细分类账的格式与登记

明细分类账是登记某类经济业务详细情况的账簿。它是按照二级或明细科目开设的，用来分类、连续地反映企业资产、负债、所有者权益、收入、费用、利润等详细信息，作为总分类的必要补充。明细分类账一般采用活页式账簿，也有的采用卡片式账簿（如固定资产明细账）。主要格式有以下四种：

（1）三栏式明细分类账

三栏式明细分类账的格式和三栏式总分类账的格式相同，即账页只设借方、贷方、余额三个金额栏，用来登记只需反映金额的经济业务。这种格式适用于那些只需要进行金额核算而不需要进行数量核算的债权、债务结算账户，如“应收账款”“应付账款”“短期借款”等科目的明细核算。三栏式明细分类账的格式见表7-8。

表7-8　**应付账款明细账（三栏式）**

二级科目或明细科目：应付账款

年		凭证		摘要	借方	贷方	借或贷	余额
月	日	种类	编号					

（2）数量金额式明细分类账

数量金额式明细分类账在借方（收入）、贷方（付出）和余额（结存）栏内，分别设有数量、单价和金额三个栏次。这种账页格式适用于既要进行金额核算，又要进行实物数量核算的各种财产物资科目，如“原材料”“库存商品”等科目的明细核算。数量金额式明细分类账的格式见表7-9。

表7-9　**原材料明细账（数量金额式）**

材料名称：

编号：　规格：　计量单位：

储存定额：　最高储量：　最低储量：

年		凭证		摘要	借方			贷方			余额		
月	日	字	号		数量	单价	金额	数量	单价	金额	数量	单价	金额

（3）多栏式明细分类账

多栏式明细分类账，是根据经济业务的特点和经营管理的需要，在一张账页内按有关明细科目或项目分设若干专栏，用于登记明细项目多、借贷方向单一且无需数量核算的收入、费用、成本、利润等业务的账簿，如“生产成本”“制造费用”“管理费用”“主营业务收入”“本年利润”等明细账。按照登记经济业务内容的不同又分为“借方多栏式”，如“生产成本明细账”（见表7-10）、“制造费用明细账”等；“贷方多栏式”，如“主营业务收入明细账”（见表7-11）等；“借方、贷方多栏式”，如“本年利润明细账”“应交增值税明细账”（见表7-12）等。

表7-10　**生产成本明细账（借方多栏式）**

产品名称：　　　　　　　　　　　　　　　　　　　　　　　　　　　第　页

年		凭证		摘要	借方项目			
月	日	种类	号数		直接材料	直接人工	制造费用	合计

表7-11　**主营业务收入明细账（贷方多栏式）**

年		凭证		摘要	贷方			
月	日	种类	号数		A产品	B产品	C产品	……

表7-12　**应交增值税明细账（借贷多栏式）**

年		凭证		摘要	借方			贷方			借或贷	余额
月	日	种类	号数		进项税额	已交税金	合计	销项税额	进项税额转出	……		

（4）横线登记式明细分类账

横线登记式明细分类账也称平行式明细分类账。它的账页结构特点是：将前后密切相关的经济业务在同一横行内进行详细登记，以检查每笔经济业务完成及变动情况。该种账页一般用于“在途物资”“其他应收款”等明细的核算。横线登记式明细分类账的格式见表7-13。

表7-13　**其他应收款——备用金明细分类账（横线登记式）**

年		凭证		户名	摘要	借方金额	贷方（报销和收回）						备注
月	日	种类	号数				年		凭证		报销金额	收回金额	
							月	日	种类	号数			

各种明细分类账的登记方法，应根据单位业务量的大小、人员的多少以及经营管理的需要而定。通常应根据记账凭证并参考原始凭证或原始凭证汇总表进行登记，可以逐笔登记，也可以定期汇总登记。

3）总分类账与明细分类账的平行登记

（1）总分类账和明细分类账的关系

总分类账是按一级科目开设的，仅以货币计量单位进行登记，提供总括指标的账簿；明细分类账簿是按明细科目开设的，用于提供明细指标的账簿。总分类账户对其所属的明细分类账户起着统驭和控制的作用，可称为统驭账户；明细分类账对总分类账户起着补充和说明的作用，可称为从属账户。总分类账户与其所属的明细分类账户的核算对象相同，它们所提供的核算资料相互补充，因此，二者需采用平行登记的方法进行记录。

（2）平行登记的规则

平行登记，是指同一笔经济业务发生后，根据会计凭证，一方面要登记总分类账簿，另一方面要登记总分类账所属的明细分类账簿。

总分类账户与其所属的明细分类账户所反映的经济业务是相同的，登账时所依据的原始凭证也是相同的，二者分别以总括指标和详细指标的形式反映同一内容，因而总分类账和明细分类账的记录是一致的。

平行登记的要点如下：

①依据相同。总分类账和明细分类账的登记都是依据审核无误的会计凭证。

②期间相同。对于发生的同一笔经济业务，总分类账与所属的明细分类账必须在同一会计期间（如一个月）全部登记入账。这里的同期指的是同一会计期间，并非同一时刻，因为明细分类账一般根据审核无误的记账凭证在平时逐笔登记或定期登记，而总分类账因会计核算组织程序的不同，可能在平时逐笔登记，也可能定期汇总登记，但登记总分类账和明细分类账必须在同一会计期间内完成。

③方向相同。如果在总分类账户中登记的是借方，在其所属的明细分类账户中也应登记在借方；如果在总分类账户中登记的是贷方，在其所属的明细分类账户中也应登记在贷方。

④金额相等。同一笔经济业务在总分类账户中登记的金额应该等于记入所属的明细分

类账户的金额之和。

经过平行登记，总分类账户的明细分类账户之间应该有如下关系：

总分类账户的期初余额=所属明细分类账账户期初余额合计

总分类账户的期末余额=所属明细分类账账户期末余额合计

总分类账户的本期借方发生额=所属明细分类账账户本期借方发生额合计

总分类账户的本期贷方发生额=所属明细分类账账户本期贷方发生额合计

【例7-1】华联公司2016年11月1日应付账款的总分类账的余额为550 000元，其中，应付账款（甲公司）350 000元，应付账款（乙公司）200 000元。11月份发生如下经济业务：

（1）3日，通过银行支付甲公司的货款150 000元；

（2）6日，购买乙公司材料一批，增值税专用发票注明的价款300 000元，增值税进项税额51 000元，价款、税款尚未支付，材料已验收入库；

（3）11日，购买甲公司材料一批，增值税专用发票注明的价款为100 000元，增值税进项税额为17 000元，价款、税款尚未支付，材料已验收入库；

（4）21日，以银行存款支付乙公司的货款300 000元。

根据上述业务编制如下会计分录：

（1）借：应付账款——甲公司	150 000	
贷：银行存款		150 000
（2）借：原材料	300 000	
应交税费——应交增值税（进项税额）	51 000	
贷：应付账款——乙公司		351 000
（3）借：原材料	100 000	
应交税费——应交增值税（进项税额）	17 000	
贷：应付账款——甲公司		117 000
（4）借：应付账款——乙公司	300 000	
贷：银行存款		300 000

根据以上资料，登记“应付账款”总账和明细账（见表7-14、表7-15和表7-16）。其平行登记的过程如下：

表7-14 **应付账款总账**

科目：应付账款

2016年		凭证		摘要	借方	贷方	借或贷	余额
月	日	种类	编号					
11	1			期初余额			贷	550 000
	3			偿还货款	150 000		贷	400 000
	6			购机材料款未付		351 000	贷	751 000
	11			购进材料款未付		117 000	贷	868 000
	21			偿还货款	300 000		贷	568 000
	30			本月合计	450 000	468 000	贷	568 000

表7-15　应付账款明细账

二级科目：甲公司

2016年		凭证		摘要	借方	贷方	借或贷	余额
月	日	种类	编号					
11	1			期初余额			贷	350 000
	3			偿还货款	150 000		贷	200 000
	11			购进材料款未付		117 000	贷	317 000
	30			本月合计	150 000	117 000	贷	317 000

表7-16　应付账款明细账

二级科目：乙公司

2016年		凭证		摘要	借方	贷方	借或贷	余额
月	日	种类	编号					
11	1			期初余额			贷	200 000
	6			购进材料款未付		351 000	贷	551 000
	21			偿还货款	300 000		贷	251 000
	30			本月合计	300 000	351 000	贷	251 000

从以上应付账款总账账户以及明细分类账户平行登记的结果中可以看出，应付账款总分类账户的期初余额550 000元，本期借方发生额450 000元，贷方发生额468 000元，期末余额568 000元；分别与其所属的两个明细分类账户的期初余额之和（350 000+200 000）、本期借方发生额之和（150 000+300 000）、本期贷方发生额之和（117 000+351 000）和期末余额之和（317 000+251 000）相等。

在实务中，这项核对工作通常采用月末编制“明细分类账户本期发生额及余额表”的形式进行的（见表7-17）。

表7-17　应付账款明细分类账户本期发生及余额表

账户名称	期初余额		本期发生额		期末余额	
	借方	贷方	借方	贷方	借方	贷方
应付账款——甲公司		350 000	150 000	117 000		317 000
应付账款——乙公司		200 000	300 000	351 000		251 000
合计		550 000	450 000	468 000		568 000

7.3　账簿的登记规则与错账更正

7.3.1　账簿的启用与登记

1）账簿的启用

账簿是重要的会计档案。为了确保账簿记录的合规性和完整性，明确记账规则，应在账簿上记录以下信息。

（1）启用会计账簿时，应当在账簿封面上写明单位名称和账簿名称。

（2）填写账簿启用及经管人员一览表。在启用新会计账簿时，应填写扉页上的“账簿启用及经管人员一览表”，内容包括：启用日期、账簿页数、主管会计、记账人员和审核人员等项目，并加盖单位公章。在会计人员发生变更时，应当注明交接日期、接管人员或者监交人员姓名，并由交接双方人员签名或者盖章。

（3）填写账户目录。总账应按照会计科目的编号顺序填写科目名称及启用页码。在启用活页式明细分类账时，应按照所属会计科目填写科目名称和页码，在年度结账后，撤销空白页，按顺序编订页数。

（4）粘贴印花税票。印花税票应粘贴在账簿的右上角，并且划线注销。

2）账簿的登记

会计人员应根据审核无误的记账凭证登记会计账簿，并遵循《会计基础工作规范》的要求，严格按以下规定记账：

（1）登记会计账簿时，应当将会计凭证日期、编号、业务内容摘要、金额和其他有关资料逐项记入账内，做到数字准确、摘要清楚、登记及时。

（2）登记完毕后，要在记账凭证上签名或者盖章，并在记账凭证的“记账”栏做出“√”标记，表示已经记账。

（3）账簿中书写的文字和数字上面要留有适当空格，不要写满格；一般应占行距的二分之一。

（4）登记账簿要用蓝黑墨水或者碳素墨水书写，不得使用圆珠笔（银行的复写账簿除外）或者铅笔书写。

（5）下列情况，可以用红色墨水记账：

①按照红字冲账的记账凭证，冲销错误记录；

②在不设借贷等栏的多栏式账页中，登记减少数；

③在三栏式账户的余额栏前，如未印明余额方向的，在余额栏内登记负数余额；

④根据国家统一会计制度的规定可以用红字登记的其他会计记录。

（6）各种账簿按页次顺序连续登记，不得跳行、隔页。如果发生跳行、隔页，应当将空行、空页划线注销，或者注明“此行空白”“此页空白”字样，并由记账人员签名或者盖章。

（7）需要结出余额的账户，结出余额后，应当在“借或贷”等栏内写明“借”或者“贷”等字样。没有余额的账户，应当在“借或贷”等栏内写“平”字，并在余额栏内用“θ”表示。

（8）每一账页登记完毕结转下页时，应当结出本页合计数及余额，写在本页最后一行和下页第一行有关栏内，并在摘要栏内注明“过次页”和“承前页”字样；也可以将本页合计数及金额只写在下页第一行有关栏内，并在摘要栏内注明“承前页”字样。

7.3.2 错账的更正

1）错账的类型

引起错账的原因是多方面的，从记账凭证的填制和登记账簿两个环节考察，错账的类型主要有以下两种：一是记账凭证正确，但在登记账簿时发生错误。二是记账凭证错误，引发账簿登记错误。

2）错账的查找方法

错账的查找方法主要有：

（1）全面检查法

全面检查法是对一定时期的账目进行全面核对的检查方法，具体又分为顺查法和逆查法。

顺查法就是按照记账的顺序，从头至尾依次检查原始凭证、记账凭证、总账、明细账以及会计科目余额表等。

逆查法是按照与记账顺序相反的顺序，先检查科目余额表中数字的计算是否正确，再检查各账户的计算是否正确，然后核对各账簿与记账凭证是否相符，最后检查记账凭证与原始凭证是否一致。

（2）个别检查法

个别检查法是针对错账的数字进行检查的方法。这种方法适用于方向记反、数字错位和数字颠倒等造成的记账错误。个别检查法又分为差数法、除2法和除9法。

①差数法。差数法是按照错账的差数查找错账的方法。如记账时只登记了会计分录的借方或贷方，漏记了另一方，形成试算平衡表中借方合计与贷方合计不等。可检查是否发生过一笔金额为差数的业务，如果有，进一步检查是否只登记了一方，漏记了另一方。

②除2法。除2法是以差数除以2来查找错账的方法。当某个借方金额误记入贷方（或相反）时，出现错账的差数表现为错误的2倍，将此差数除以2，得出的商就是方向的金额。如应记入“原材料——甲材料”账户借方的4 000元误记入贷方，则该明细账户的期末余额合计将比其总分类账户期末余额小8 000元，被2除的商4 000元即为借贷方向相反的金额。

③除9法。除9法是指以差数除以9来查找错账的方法。适用于数字顺序错位和相邻数字颠倒两种情况。例如，把95 000错记成了9 500，两者的差额为85 500，85 500÷9=9 500，即可得错误的数字。又如将4 985错记为4 958，两者之差为27，27÷9=3，求得的商数为被颠倒的相邻两数之差。本例中，将85颠倒为58，5与8的差为3，因此，错账可能发生在相邻两数差为3的金额记录上。

3）错账的更正方法

发现错账之后，应根据产生错账的不同原因，采用不同的方法更正。

（1）划线更正法

划线更正法适用于结账前或结账时发现账簿记录中文字或金额有错误，而记账凭证没有错误的情况。

具体的更正方法是，先在错误的文字或数字上划一条红线，表示注销，划线时必须使原有字迹仍可辨认；然后将正确的文字或数字用蓝字写在划线处的上方，并由记账人员在更正处盖章，以明确责任，简称“一划二更三盖章”。

（2）红字更正法

红字更正法又称为红字冲销法，适用于以下两种情况：

一是记账以后，发现账簿记录的错误是因为记账凭证中的会计科目或记账方向有错误而引起的，应用红字更正法进行更正。更正的方法是：先用红字填制一张与原错误完全相同的记账凭证，在摘要栏注明“更正第×号凭证的错误”，并据以用红字登记入账，冲销原有的错误记录；然后再用蓝字填制一张正确的记账凭证，注明“订正×年×月×号凭证”，并据以登记入账。

【例7-2】华联公司生产部门领用一批材料4 300元作为车间的一般耗用，在填制记账凭证时误记入“生产成本”账户，并已登记入账。其错误的记账凭证为：

借：生产成本　　4 300

　贷：原材料　　4 300

更正上述错误，应首先用红字金额填制一张与原错误记账凭证相同的记账凭证，并据以登记入账。

借：生产成本　　（4 300）

　贷：原材料　　（4 300）

然后，用蓝字填制一张正确的记账凭证，并据以登记入账。

借：制造费用　　4 300

　贷：原材料　　4 300

二是记账以后，发现记账凭证和账簿记录金额大于应计的正确金额，而会计科目没有错误，应用红字更正法进行更正。更正的方法是：将多记的金额用红字填制一张与原错误记账凭证所记载的借贷方向以及应借、应贷会计科目相同的记账凭证，并据以登记入账，以冲销多记的金额。

【例7-3】华联公司借入短期借款200 000元，已存入在银行开立的账户。在填制收款凭证时，把金额200 000误写成2 000 000元，并以登记入账。其错误的收款凭证为：

借：银行存款　　2 000 000

　贷：短期借款　　2 000 000

更正上述错误，用红字金额填制一张借贷方科目名称和方向与原错误收款凭证相同，但金额为多记部分的凭证，并据以登记入账。

借：银行存款　　（1 800 000）

　贷：短期借款　　（1 800 000）

（3）补充登记法

补充登记法适用于记账后，发现记账凭证的应借、应贷的会计科目和记账方向都没有错误，只是所记金额小于应计的正确金额。

更正的方法是：将少记的金额填制一张记账凭证，在“摘要”栏中注明“补记×字第×号凭证少计数”，并据以登记入账，以补充原来登记少记的金额。

【例7-4】华联公司计算本月短期借款的利息100 000元。在填制转账凭证时，把金额100 000误写成10 000元，并以登记入账。其错误的转账凭证为：

借：财务费用　　10 000

　贷：应付利息　　10 000

更正上述错误，用蓝字金额填制一张借贷方科目名称和方向与原错误转账凭证相同，但金额为少记部分的凭证，并据以登记入账。

借：财务费用　　90 000

　贷：应付利息　　90 000

7.4　对账与结账

7.4.1　对账

会计人员在填制凭证、登记账簿等一系列工作中可能会出现差错，由于管理工作不善而带来的财产管理中的各种问题以及其他一些因素的影响，也可能会给账簿记录的真实性、正确性带来影响，有必要对账簿和账户所记录的有关数据加以检查和核对。

1）对账的含义

对账就是核对账目。一般是在会计期间（月份、季度、年度）终了时，检查和核对账证、账账、账实是否相符，以确保账簿记录正确的一项检查性工作。

2）对账的内容

对账的内容一般包括以下三方面：

（1）账证核对

账证核对是指将各种账簿记录与会计凭证（记账凭证及所附的原始凭证）进行核对。这种核对主要是在日常编制凭证和记账过程中进行的，月份终了，如果发现账账不符时，应溯本追源，进行账簿与会计凭证的检查核对，以确保账证相符。

（2）账账核对

账账核对是指各种账簿之间有关数字的核对，以保证账账相符，主要包括：

①总分类账户之间的核对。依据会计恒等式和记账规则，检查总分类账中各账户本期借方发生额合计数是否等于本期贷方发生额的合计数，所有账户的借方期末余额合计数是否等于贷方期末余额合计数，以检查总分类账户的登记是否正确。其核对方法是通过编制“总分类账户发生额及余额试算平衡表”来进行核对。

②总分类账户与所属的明细分类账户之间的核对。明细分类账各账户的发生额合计数、余额合计数与有关的总分类账的发生额、余额核对相符。

③库存现金日记账和银行存款日记账的期末余额与总分类账中相对应账户的期末余额核对相符。

④会计部门各种财产物资明细分类账的期末余额与财产物资保管部门、使用部门的有关财产物资明细账的期末余额核对相符。

（3）账实核对

账实核对是指将会计账簿记录和财产物资的实有数额进行核对。账实核对包括：库存现金日记账账面余额与库存现金实有数额相互核对；银行存款日记账账面余额与开户银行出具的银行对账单核对相符；各种材料物资明细账账面余额与材料物资实存数额核对相符；各种应收、应付款明细账账面余额与有关的债权、债务单位相互核对。账实核对，一般要结合财产清查进行。

7.4.2 结账

1）结账的定义

结账就是把一定时期内所发生的经济业务，在全部登记入账的基础上，结算出每个账户的本期发生额和期末余额，并将期末余额转入下期或下年新账。对资产、负债和所有者权益类等实账户可以在会计期末直接结账，而对于那些收入、费用类的虚账户，在结账前应按照权责发生制要求先进行调整，调整之后再结账。

通过结账，计算企业在会计期末的财务状况和该期间的经营成果，为编制会计报表提供必要的数据资料。

2）结账的步骤

（1）结账前，检查本期发生的经济业务是否全部登记入账

检查账簿记录的完整性和正确性，不能漏记、重记每一项经济业务，也不能有错误的记账分录。

（2）按权责发生制原则，调整有关账项，合理确定本期的收入和费用

该步骤具体包括应计收入、应计费用、预付费用、预收收入和估计项目的调整。

①应计收入。应计收入是指那些已在本期实现收入，但由于没有收到款项而尚未登记入账的收入。如应收的利息、应收的租金等。会计期末，需要将应计收入调整入账。

【例7-5】华联公司购买甲公司发行的债券，本月应计利息为3 000元，但月末尚未收到发行方支付的利息。

本月虽未实际收到利息款，但已具有向被投资方甲公司收款的权利，按照权责发生制原则的“应收”标准，应确认为本月的收入。

借：应收利息　　3 000

　贷：投资收益　　3 000

经过上述调整，将应计入本会计期间的收入确认为了本期收入，同时也对有关资产账户进行了调整。完整地反映了本期收入的实现情况，以及由于进行账项调整而导致的其他账户的变动情况。

②应计费用。应计费用是指那些已在本期发生，但由于尚未支付款项而没有登记入账的费用，如应付未付的借款利息、租用房屋但尚未支付的租金、应交未交的税金等。

【例7-6】华联公司从银行借入短期借款，利息采用在借款到期时一次性支付的方式，月末计算出本月应负担的短期借款利息12 000元。

在借款到期时一次性支付方式下，企业在本月不需要实际支付利息。但企业因使用借款而受益，就已经承担了支付利息费用的义务。所以，在月末，按照权责发生制原则，将利息费用确认为本月的费用。

借：财务费用　　12 000

　贷：应付利息　　12 000

经过上述调整，完整地反映了本期费用的发生情况，以及由于进行账项调整而导致的应付利息的增加情况。

③预收收入。预收收入是指那些企业已经收取有关款项，但未完成销售商品或提供劳务，需在期末按本期已完成的情况，确认本期已实现的收入。

【例7-7】华联公司本月向已预付款的乙公司发出商品一批，增值税专用发票注明的价款为500 000元，增值税销项税额为85 000元。

虽然华联公司是在以前会计期间预收了乙公司的货款，但由于本期实际向乙公司提供了产品，按权责发生制的原则，应确认为本月的收入。

借：预收账款　　585 000

　贷：主营业务收入　　500 000

　　应交税费——应交增值税（销项税额）　　85 000

④预付费用。预付费用是指企业的支出已经发生、能使若干个会计期间受益，为正确计算各会计期间的盈亏，将这些支出在其受益的会计期间进行分配，如经营租入固定资产的改良支出等。

【例7-8】华联公司2017年1月1日支付以经营租赁方式租入的固定资产的改良支出12 000元，剩余租赁期为2年。

支付时的会计分录：

借：长期待摊费用　　12 000

　贷：银行存款　　12 000

2017年1月31日，摊销长期待摊费用的会计分录：

借：管理费用　　500

　贷：长期待摊费用　　500

⑤估计项目。估计项目是指固定资产的折旧、无形资产的摊销，还有对各种资产计提的资产减值准备。

（3）编制结账分录

对于收入、费用类账户，期末要将其结转到“本年利润”账户。结平所有损益类账户。年末应将“本年利润”账户的余额结账到“利润分配”账户。

（4）计算发生额和余额

计算出资产类、负债类和所有者权益类账户的本期发生额和余额，并结转下期。

3）结账的方法

根据会计分期的不同，结账工作相应地在月末、季末、年末进行，所以，结账分为月结、季结和年结。

（1）月结

月结的做法是，在各账户本月最后一笔交易或事项的下面划一条通栏红线，在红线的下一行结出本月发生额和月末余额，在摘要栏注明“本月合计”或“本月发生额及余额”字样。然后在数字下面再划一条通栏红线，以表示本月账簿记录已经结束。紧接下一行，在日期栏填写下月的1日，在摘要栏注明“期初余额”，并在金额栏将上期期末余额转为本期的期初余额。

（2）季结

季度结账应在本季度最后一个月的月结数字的红线下边一行，把本季度3个月的借、贷双方月结数字汇总，并在摘要栏注明“本季合计”，同样在数字下端划一条红线，表示完成本季度的结账工作。

(3) 年结

年度结账时，应在本年12月月结或有季结的第4季度季结记录的下一行，结算出全年的发生额和余额，并在摘要栏注明“本年合计”或“本年发生额及余额”字样，在其下划通栏双红线，表示本年度账簿记录已经结束。

年度终了，要把各账户的余额结转到下一会计年度，并在摘要栏注明“结转下年”字样，在下一会计年度新建有关会计账簿的第一行余额栏内填写上年结转的余额，并在摘要栏注明“上年结转”字样。

7.5 账簿的更换与保管

7.5.1 账簿的更换

账簿的更换是指在会计年度终了时，将本年度的账簿更换为次年度的新账簿。

在每一会计年度结束，新一会计年度开始时，应按会计制度的规定，更换总分类账簿、日记账簿和大部分明细分类账簿。有些明细分类账账簿，如固定资产明细账，由于连续记录的要求，可以跨年度使用。各种备查账簿也可以连续使用。

更换账簿时，应将上年度各账户的余额直接计入新年度相应的账簿中，并在旧账簿中各账户年终余额的摘要栏内注明“结转下年”字样。同时，在新账簿中相关账户的第一行摘要栏内注明“上年结转”字样，在“借或贷”栏注明余额方向，并在余额栏内记入上年余额。

7.5.2 账簿的保管

会计账簿是会计工作的重要历史资料，也是重要的经济档案。在经济管理中具有重要作用。因此，每一个企业、单位都应按照国家有关规定，加强对会计账簿的管理，做好账簿的管理工作。

账簿的保管应该明确责任，保证账簿的安全和会计资料的完整，防止交接手续不清和可能发生的舞弊行为。在账簿交接保管时，应将账簿的页数、记账人员姓名、启用日期、交接日期等列表附在账簿的扉页上，并由相关人员签字盖章。账簿要定期（一般为年终）收集、审查核对、整理立卷、装订成册、专人保管，严防丢失和损坏。

账簿应按照规定期限保管。根据《会计档案管理办法》（2016）的规定：日记账、总账、明细账和其他辅助性账簿的保管年限为30年；固定资产卡片在固定资产报废清理后应继续保存5年。保管期满后，由财会部门和档案部门共同鉴定，报经批准后进行处理。

合并、撤销单位的会计账簿要根据不同情况，分别移交给并入单位、上级主管部门或主管部门指定其他单位接受保管，并由交接双方在移交清册上签名盖章。

账簿日常应由各自分管的记账人员专门保管，未经领导和会计负责人或有关人员批准，不许非经管人员翻阅、查看、摘抄和复制。会计账簿除非特殊需要或司法介入要求。一般不允许携带外出。

新会计年度对更换下来的旧账簿应进行整理、分类，对有些缺少手续的账簿，应补办必要的手续，然后装订成册，并编制目录，办理移交清册，按期归档保管。

章末习题

一、思考题

1.为什么要设置账簿？可不可以用会计凭证代替会计账簿？

2.账簿按用途分为哪几类？按外表形式分为哪几类？其优缺点是什么？

3.明细分类账有哪些格式？其各自的适用条件是什么？

4.什么是总账和明细分类账的平行登记？

5.更正错账有几种方法？各自适用于什么情况？

二、业务处理题

1.盛达公司2016年10月30日库存现金日记账的余额为2 400元，银行存款日记账的余额为263 000元，2016年11月1—10日发生以下经济业务：

（1）11月2日，开出现金支票从银行提取现金5 000元。

（2）11月2日，管理人员报销办公用品，以现金支付3 700元。

（3）11月5日，以银行存款支付广告费35 000元。

（4）11月6日，从银行取得3个月流动资金借款600 000元，已存入银行。

（5）11月7日，以银行存款采购材料一批，增值税专用发票注明的价款为200 000元，增值税税额为34 000元。材料尚未验收入库。

（6）11月8日，以现金支付上述材料的运输费用共计555元，其中运输费500元，增值税税额55元。

（7）11月8日，上述材料验收入库。

（8）11月9日，销售产品一批，增值税专用发票注明的价款为500 000元，增值税税额为85 000元。上述款项已收到存入银行。

（9）11月9日，以现金支付行政部门本月的水电费650元，报刊费850元。

（10）11月10日，通过银行转账方式发放10月份工资200 000元。

要求：

（1）根据上述经济业务，编制专用记账凭证。

（2）根据编制的记账凭证登记库存现金日记账和银行存款日记账。

2.盛达公司在2016年12月对账时，发现下列经济业务的记账有误。

（1）向银行提取现金5 300元，记账后，原记账凭证没有错误，账簿登记为3 500元。

（2）结转本月完工产品的成本59 000元，原编制的记账凭证的会计分录为：

借：库存商品　　95 000

　贷：生产成本　　95 000

并已登记入账。

（3）计提本月生产车间固定资产的折旧费31 000元，原编制的记账凭证的会计分录为：

借：管理费用　　31 000

　贷：累计折旧　　31 000

并已登记入账。

（4）结转本月的主营业务收入240 000元，原编制的记账凭证的会计分录为：

借：主营业务收入　　　　24 000

　贷：本年利润　　　　24 000

并已登记入账。

要求：说明采用的错账更正方法，并加以更正。

三、案例讨论

利群公司是一家小型的加工企业，自创办以来一直由会计师事务所代理记账。2017年1月，公司决定聘用李飞做会计工作。公司的基本情况如下：

（1）企业为一般纳税人，注册资本为100万元，2017年准备追加投资50万元。公司管理人员5人，生产人员30人。开户银行为工商银行，库存现金限额为5 000元。

（2）企业生产A、B两种产品。

（3）企业的购销活动，经常有往来账项。

（4）原材料、库存商品按照实际成本核算。

经理要求李飞在登记现金总账的同时也要负责出纳工作，办理完交接手续后的库存现金日记账见表7-18。

表7-18　　**库存现金日记账**

2017年		凭证		摘要	对方科目	收入	付出	结余
月	日	种类	编号					
1	1			月初余额				5 000
	3			销售收入	主营业务收入等	9 360		14 360
	4			报销差旅费	管理费用		5 000	9 360
	6			销售收入	主营业务收入等	5 850		15 210
	7			付广告费	销售费用		4 000	11 210

公司财务部门只登记原材料总账，不开设材料明细类账，以仓管人员记录的原材料明细账作为总账的补充。

讨论题：

（1）指出上述处理的不当之处；

（2）说明利群公司至少应开设哪些明细分类账，并说明其格式。

第8章/ 内部控制与财产清查

本章知识结构图

[学习目标] 理解财产清查的作用与意义；了解财产清查的方法与程序；掌握货币资金、存货以及往来款项等的清查方法与账务处理。

引导案例

辉煌公司财务负责人到公司开户银行查看自己的账户，结果发现1 000万元的存款消失不见了。经过调查发现，负责银行存款业务的工作人员张骞与银行的工作人员互相勾结，私自刻制公司的印章，先后在1年的时间内私提现金1 000万元。

思考：张骞与银行工作人员合作挪用公款累计1 000万元，为什么事隔这么久才被发现？这说明辉煌公司在管理上存在哪些问题？应该如何防范？

8.1 内部控制基本原理

8.1.1 内部控制的含义

学界对内部控制的界定各有看法，本书不再赘述，引用《企业内部控制基本规范》中对内部控制的定义，即内部控制是由企业董事会、监事会、经理层和全体员工实施的、旨在实现控制目标的过程。内部控制的目标是合理保证企业经营管理合法合规、资产安全、财务报告及相关信息真实完整，提高经营效率和效果，促进企业实现发展战略。

8.1.2 内部控制的原则

企业建立与实施内部控制，应当遵循下列原则：

1）全面性原则

内部控制应当贯穿决策、执行和监督全过程，覆盖企业及其所属单位的各种业务和事项。

2）重要性原则

内部控制应当在全面控制的基础上，关注重要业务事项和高风险领域。

3）制衡性原则

内部控制应当在治理结构、机构设置及权责分配、业务流程等方面形成相互制约、相互监督，同时兼顾运营效率。

4）适应性原则

内部控制应当与企业经营规模、业务范围、竞争状况和风险水平等相适应，并随着情况的变化及时加以调整。

5）成本效益原则

内部控制应当权衡实施成本与预期效益，以适当的成本实现有效控制。

8.1.3 内部控制的内容

为了加强和规范企业内部控制，提高企业经营管理水平和风险防范能力，促进企业可持续发展，财政部、证监会、审计署、银监会和保监会共同印发了《企业内部控制基本规范》，其中规范了企业建立与实施有效的内部控制应当包括下列要素：

（1）内部环境

内部环境是企业实施内部控制的基础，一般包括治理结构、机构设置及权责分配、内部审计、人力资源政策、企业文化等。

（2）风险评估

风险评估是企业及时识别、系统分析经营活动中与实现内部控制目标相关的风险，合理确定风险应对策略。

（3）控制活动

控制活动是企业根据风险评估结果，采用相应的控制措施，将风险控制在可承受度之内。

（4）信息与沟通

信息与沟通是企业及时、准确地收集、传递与内部控制相关的信息，确保信息在企业内部、企业与外部之间进行有效沟通。

（5）内部监督

内部监督是企业对内部控制建立与实施情况进行监督检查，评价内部控制的有效性，发现内部控制缺陷，应当及时加以改进。

1992年Treadway委员会发布的《内部控制—整体框架》（Internal Control-Integrated Framework）报告，即通称的COSO报告分成了四部分：第一部分是概括；第二部分是定义框架，完整定义内部控制，描述它的组成部分，为公司管理层、董事会和其他人员提供评价其内部控制系统的规则；第三部分是对外部团体的报告，是为报告编制报表中的内部控制的团体提供指南的补充文件；第四部分是评价工具，提供用以评价内部控制系统的有用材料。

后来，人们在风险管理实践中逐渐认识到风险对于一个企业的深远影响，必须结合风险问题实施内部控制。COSO委员会从2001年起开始进行这方面的研究，在2003年7月完成了《企业风险管理框架》（草案）并公开向业界征求意见。2004年4月美国COSO委员会在《内部控制整体框架》的基础上，结合《萨班斯—奥克斯法案》（Sarbanes-Oxley Act）在报告方面的要求，同时吸收各方面风险管理研究成果，颁布了《企业风险管理框架》（Enterprise Risk Management Framework）。COSO风险管理框架把风险管理的要素分为八个：内部环境、目标制定、事件识别、风险评估、风险反应、控制活动、信息与沟通、监督。

2013年5月，COSO委员会发布了修订的《内部控制——整合框架》和相关的说明性文件。COSO委员会还发布了《评价内部控制系统和对外财务报告内部控制（ICEFR）有效性的说明性工具：方法和范例简编》，该说明性工具将会帮助使用者评估其内部控制系统是否符合更新版框架提出的要求。

8.2　内部控制在财务中的应用

内部控制作为管理的一种手段在企业的日常运转中时时刻刻在发生作用，其作用是潜移默化的，结合本书的内容下面主要介绍内部控制的基本原理在会计中的应用。

8.2.1　内部控制在现金业务中的应用

1）现金内部控制目标

库存现金内部控制的目标是保证库存现金的安全完整，同时保证预留的库存现金限额合理可靠，能够满足日常结算需求。

2）现金内部控制方法

（1）核定库存现金限额，并按限额控制库存现金。库存现金限额应由银行和企业共同根据企业一定时期内（一般为3天）实际需要支付的零星开支数额以及找零现金的需要量来确定。该限额一经确定，企业就必须按规定限额控制库存现金的数量，超过限额的部分必须在当日或次日上午送存银行。未经银行许可，企业不得擅自从自己的现金收入中坐支现金。库存现金若不足时，企业可签发现金支票从银行提款，以补足限额。

（2）出纳人员对库存现金必须做到日清月结，不以“白条”抵充库存现金，做到账款相符。出纳人员在每天营业终了后，盘点库存现金并填写盘点单，核对实际库存现金数与库存现金日记账。

（3）企业应组织相关人员对库存现金进行定期清查与不定期抽查，以确保现金的合理使用和安全完整。

8.2.2　内部控制在银行存款业务中的应用

1）银行存款内部控制目标

银行存款内部控制目标是保证银行存款的安全、完整，同时保证银行存款账户中的金额能够满足日常交易资金往来的需求。

2）银行存款内部控制方法

（1）职责分离。要保证不兼容业务的职责分离，比如出纳员负责办理存款、取款和登记银行存款日记账工作，但不得兼管收入、费用、债权债务等会计账簿的记录工作。

（2）加强票据的管理。明确各种票据的购买、保管、领用、背书转让、注销等环节的职责权限和程序，并专设登记簿进行记录，防止空白票据的遗失和被盗用。同时，严格银行预留印鉴的管理。财务专用章应由专人保管，个人名章必须由本人或其授权人员保管。严禁一人保管支付款项所需的全部印章。

（3）定期进行银行存款对账。应当指定专人定期核对银行账户，每月至少核对一次，编制银行存款余额调节表，使银行存款余额与银行对账单调节相符。如调节不符，应查明原因，及时处理。

8.2.3 内部控制在存货业务中的应用

1）存货内部控制目标

存款内部控制的目标包括账实相符（实际盘点数与账簿记录金额相符），计价合理，满足生产需要。

2）存货内部控制方法

（1）职责分离。要保证存货核算与管理环节中的不相容权限的分离，比如采购人员不能兼顾验收、保管职责等。

（2）采取合理的存货盘存制度。结合实地盘点制与永续盘存制的优缺点，选择合适的盘存制度管理存货。一般来讲，可以永续盘存制为主，实地盘点制为辅来进行存货的盘存管理，即平时使用永续盘存制进行存货的盘点与记录，期末使用实地盘点制进行账实差异的调整。

（3）制定合理的存货计价方法与管理制度。结合企业的行业特点、存货的特点制定合理的存货计价方法，并能长期连续使用，避免利润的人为调控。同时，要根据企业的具体情况制定合理的存货管理制度，用以保证存货的安全、完整性。

8.3 财产清查

一套设计完整的内部控制制度，运行是否有效，取决于实际执行过程及执行效率。在实际执行过程中，存在多种会干扰内部控制制度运行效率的因素，如管理层的违规或流于形式等，都容易导致内部控制制度失效。

为了解决内部控制制度失效问题，需要定期对内部控制制度执行情况进行检查，包括每年由注册会计师进行的外部检查和由公司内部相关部门等进行的内部检查。会计部门为编制财务报表而进行的定期财产清查，在一定程度上也能防止内部控制制度的失效问题。因此，为保证财务报表信息的完整、准确、可靠，除在日常的会计循环过程中进行严格执行各相关程序外，还需要定期进行财产清查，做到账实相符。

8.3.1 财产清查概述

1）财产清查的含义

财产清查也叫财产检查，是指通过对货币资金、往来款项和实物资产的盘点或核对，确定其实存数，用以查明账存数与实存数是否相符的一种会计核算的专门方法。

2）财产清查产生的原因与意义

企业的会计工作，都是要依据原始凭证或业务需求进行会计凭证的填制和审核，然后根据凭证进行账簿的登记。一般来说，这一过程能保证企业业务记录的正确性，也能真实反映企业各项财产的数量、金额，各项财产的账实也应该是一致的。但是，在实际工作过程中，由于种种原因，账簿记录会发生差错，各项财产的实际结存数也可能会发生差错，造成账存数与实存数不相符。

（1）造成账实不符的原因

造成账实不符的原因是多方面的，主要包括：

①在收发财产物资时，由于计量、检验不准确而发生品种、数量或质量上的差错；

②账务处理中出现漏记、重记、错记或计算上的错误；

③财产物资在运输、保管、收发过程中发生自然损耗；

④未达账项引起的账账、账实不符；

⑤由于管理不善、工作人员失职，以及不法分子的营私舞弊、贪污失职，造成财产损失、变质或短缺等；

⑥发生自然灾害和意外事故，导致财产物资毁损。

上述种种原因都会影响账实的一致性，导致账实不符。因此，运用财产清查的方法对各种财务物资进行定期或不定期的盘点和核对是非常有意义的。

（2）财产清查的意义

①保证账实相符，使会计资料真实可靠。通过财产清查，可以查明各项财产物资的实有数量，确定实有数量与账面数量之间的差异，查明原因和责任，以便采取有效措施，消除差异，改进工作，从而保证账实相符，提高会计资料的准确性。

②保护财产的安全和完整。通过财产清查，可以查明各项财产物资的保管情况是否良好，有无因管理不善，造成霉烂、变质、损失浪费，或者被非法挪用、贪污盗窃的情况，以便采取有效措施，改善管理，切实保障各项财产物资的安全完整。

③挖掘财产潜力，加速资金周转。通过财产清查，可以查明各项财产物资的结存和使用情况。如果发现企业有长期不用或存在使用限制的财产物资应及时加以处理，以充分发挥其功效；如果发现企业有呆滞积压的财务物资，也应及时分析原因，积极采取措施，改善经营管理效率。这样，企业就可以合理安排生产经营活动，充分利用各项财产物资，加速资金周转，提高资金使用效果。

④保证财经纪律和结算纪律的执行。通过对财产、物资、货币资金及往来款项的清查，可以查明有关业务人员是否遵守法规制度和相关的结算纪律，有没有存在贪污盗窃、挪用公款的情况，从而督促相关人员自觉遵循财经纪律和结算纪律。

3）财产清查的分类

根据清查的范围、实施的时间等方面的不同，财产清查可以进行不同的分类。

（1）按清查的范围分为全面清查和局部清查

①全面清查

全面清查是对全部财产进行的盘点与核对。全面清查范围大、内容多、时间长、参与人员多。全面清查通常在年终决算或合并等重大事项时进行，主要包括年终决算之前；单位撤销、合并或改变隶属关系前；中外合资、国内合资前；企业股份制改制前；开展全面的资产评估、清产核资前；单位主要领导调离工作前等。

②局部清查

局部清查也称为重点清查，是指根据需要对部分财产物资进行盘点与核对，主要是对货币资金、存货等流动性较大的财产的清查。局部清查范围小，内容少，参与人员少，但专业性较强。局部清查一般包括下列清查内容：现金每日清点一次；银行存款每月至少同银行核对一次；债权、债务每年至少核对一至两次；各项存货应有计划、有重点地抽查；贵重物品每月清查一次等。

（2）按清查的时间分为定期清查和不定期清查

①定期清查

定期清查是根据计划安排的时间对财产物资进行的清查。定期清查的对象不定，可以是全面清查，也可以是局部清查。清查的目的在于保证会计核算资料的真实正确，一般是在年末、季末或月末结账时进行。

②不定期清查

不定期清查是根据实际需要对财产物资进行的临时性清查。不定期清查一般是局部清查，如更换财产物资保管人员进行的有关财产物资的清查、发生意外灾害等非常损失进行的损失情况的清查、有关部门进行的临时性检查等。其目的在于查明情况，分清责任。

定期清查和不定期清查的范围应根据具体情况而定，上述定期清查、不定期清查，既可以是全面清查，也可以是局部清查；同理，全面清查、局部清查，既可以是定期清查，也可以是不定期清查。比如不定期清查也可以是全面清查，如单位撤销、合并或改变隶属关系前，企业股份制改制前，单位主要领导调离工作前等。

企业在编制年度财务会计报告前，应当全面清查财产、核实债务。各单位应定期将会计账簿记录与实物、款项实有数额及有关资料相互核对，保证会计账簿记录与实物及款项实有数额相符。清查时本着先清查数量、核对有关账簿记录等，后认定质量的原则进行。

（3）财产清查的内容

财产清查不仅包括实物的清点，而且也包括各种债权、债务等往来款项的查询核对。另外，财产清查范围不仅包括存放于本企业的各项财产物资，也包括属于但未存放于本企业的财产物资（也可以包括存放但不属于本企业的财产物资）。财产清查主要包括如下具体内容：

①存货的清查，包括各种材料、在产品、半成品、库存商品等的清查；

②固定资产的清查，包括房屋、建筑物、机器设备、工器具、运输工具等的清查；

③在建工程的清查，包括自营工程和出包工程的清查；

④对金融资产投资的清查，包括交易性金融资产、可供出售金融资产、持有至到期投资、长期股权投资等的清查；

⑤无形资产和其他资产的清查；

⑥应收、应付款项的清查，包括应收账款、其他应收款、应付账款和其他应付款等的清查。

（4）财产清查的程序

财产清查是一项复杂而又细致的工作，一般包括三个步骤：

①成立清查组

财产清查前成立清查组，负责财产清查的组织和管理。其主要职责是，实施清查以前，合理安排清查工作；清查过程中，进行监督、检查和指导；清查结束后，提出处理意见和建议。

②准备工作

准备工作由清查小组负责安排，主要包括：会计部门提供的完整、正确的会计记录，财产管理部门将各种手续办理齐全、将实物整理整齐，并准备有关的衡量器具及清查所需的登记表。

③进行清查

清查人员按清查组的计划和要求，进行清查。在清查财产物资时，应有财产物资的保管员在场，并登记盘点表；清查现金，应有出纳人员在场，并登记现金盘点报告表；清查银行存款，应将银行存款日记账和银行对账单进行核对，并记录"未达账项登记表"，必要时还可以到银行查证；清查债权债务，可通过询证、函证进行核实，并登记"结算款项核对登记表"。

8.3.2　财产清查的内容与方法

不同的财产物资，其清查方法也有所不同。对实物量的清查，常使用实地盘点法和技术推算法；对价值量的清查和核对，常使用账面价值法和查询核实法。实地盘点法是通过实地清点或用计量器具确定法，各项财产物资实物数量的方法。技术推算法是通过特写的技术方法对财产物资的实存数量进行测算的方法（如对油罐中的油量进行测算）。账面价值法是根据被清查财产的账面价值确定财产物资价值的方法。查询核实法是以账簿资料为依据，采用一定的查询方法，检查债权债务金额。

1）货币资金的清查

（1）库存现金的清查

库存现金清查的主要方法是通过实地盘点的方法确定库存现金的实存数，然后再与库存现金日记账的账面余额核对，用以查明账存与实存是否相符以及盈亏情况。

库存现金的收支业务次数繁多，且非常容易出现差错，需要将定期清查与不定期清查相结合。一是由出纳人员每日清点库存现金实有数，并与库存现金日记账的账面余额核对，这是出纳人员所做的经常性的现金清查工作。二是由清查小组对库存现金进行定期或不定期清查。

进行库存现金清查时，为了明确责任，出纳人员必须在场，库存现金由出纳人员经手盘点，清查人员从旁监督。在清查过程中不能用白条抵库，也就是不能用不具有法律效力的借条、收据等抵充库存现金。同时，清查人员还应认真审核库存现金收付凭证和有关账簿，检查账务处理是否合理合法、账簿记录有无错误，以确定账存数与实存数是否相符。

在库存现金盘点结束后，应根据盘点的结果及库存现金日记账核对的情况，直接填制"库存现金盘点报告表"，由盘点人员、出纳人员及相关负责人签名盖章，并据以调整库存现金日记账的账面记录。

需要注意的是，"库存现金盘点报告表"兼有"盘存单"和"实存账存对比表"的作用，是反映库存现金实有数和调整账簿记录的原始凭证，其一般格式见表8-1。

（2）银行存款的清查

银行存款的清查与库存现金的清查有所不同。库存现金的账存数记录主体与其实存数的记录主体是同一个会计主体，而银行存款的账存数记录主体是企业本身，而实存数的记录主体是银行，显而易见账存数与实存数的记录主体不是同一单位。因此，银行存款的清查要将企业记录的账存数，即银行存款日记账与银行记录的实存数，即银行存款对账单进行逐笔的核对，以查明银行存款的收入、支出与结存记录是否正确。

表 8-1

库存现金盘点报告表

年　　月　　日

单位名称：

实存金额	账存金额	盘亏情况		备注
		盘盈数	盘亏数	

处理意见

主管　　　　　　　　　　　　会计　　　　　　　　　　　　出纳

在实际工作中，存款单位的银行存款日记账的余额与对账单的余额往往不一致。其主要原因包括：一是由于存款单位与开户行双方或其中某一方记账有错误或是存在舞弊等；二是存在未达账项。所谓未达账项是指由于存款单位与银行之间对于同一项业务，由于取得凭证的时间不同，导致记账时间不一致，而发生的一方已取得结算凭证而登记入账，但另一方由于尚未取得结算凭证而尚未入账的款项。未达账项有以下四种：

①企业已收，银行未收。企业送存银行的款项，企业已作为存款增加入账，但银行尚未入账。

②企业已付，银行未付。企业开出支票或其他付款凭证，企业已作为存款减少入账，但银行尚未付款、未记账。

③银行已收，企业未收。银行代企业收进的款项，银行已作为企业存款的增加入账，但企业尚未收到通知，因而未入账。

④银行已付，企业未付。银行代企业支付的款项，银行已作为企业存款的减少入账，但企业尚未收到通知，因而未入账。

上述任何一种情况的发生都会导致企业与银行的账面余额不一致。因此，为了查明企业和银行关于银行存款日记账的记录是否正确，同时也为了及时地发现未达账项便于加强管理，企业必须定期将企业的银行存款日记账与银行的银行存款对账单进行逐笔核对。通过核对，如果发现企业的银行存款日记账有错账或漏账，应立即更正；如果发现银行记录的银行存款对账单有错账或漏账，应及时通知银行查明更正；如果发现存在未达账项，应根据核对后产生的未达账项情况编制“银行存款余额调节表”并验证其余额是否相符，见表 8-2。

表 8-2

银行存款余额调节表

企业名称：　　　　　　　　　　　　日期：

开户行及账号：　　　　　　　　　　　　　　　　　　　金额单位：

项目	金额	项目	金额
银行存款日记账余额		银行对账单余额	
加：银行已收、企业未收款		加：企业已收、银行未收款	
减：银行已付、企业未付款		减：企业已付、银行未付款	
调节后的存款余额		调节后的存款余额	

备注（注明被调节金额原因，月末调整账务说明）

制表：　　　　　　　　审核：

【例8-1】科达公司2016年12月31日核对银行存款日记账与银行对账单，12月31日的银行存款日记账余额为120 700元，银行的对账单余额为150 720元。经逐笔核对，发现二者不符的原因主要包括以下项目：

（1）公司委托银行收取兴隆公司货款16 400元，银行已收款入账，但公司尚未收到银行的收款通知。

（2）银行代扣了公司本月的利息费用11 200元，银行已入账，但公司尚未收到扣款通知。

（3）公司本月送存银行明达公司用于支付购货款的支票10 000元，但银行尚未入账。

（4）公司开出用于物资采购的商业汇票25 000元并已入账，但持票人尚未到银行结算，银行尚未入账。

（5）公司用银行存款支付销售费用11 000元，误记为10 000元。

（6）银行误将属于科达公司的收款10 000元记入了淮安公司账户。

（7）公司购买办公用品支付费用18 820元，银行漏记。

根据以上资料，科达公司可编制银行存款余额调节表，见表8-3。

表8-3

科达公司银行存款余额调节表

2016年12月31日

项目	金额	项目	金额
		银行对账单余额	150 720
银行存款日记账余额	120 700	加：企业已收、银行未收	10 000
加：银行已收、企业未收	16 400	减：企业已付、银行未付	25 000
减：银行已付、企业未付	11 200	加：因错误少记收款	10 000
加：少记销售费用	1 000	减：漏记办公用品费用	18 820
调节后余额	126 900	调节后余额	126 900

调节后的余额虽是企业银行存款的实有数额，但不能作为调整银行存款账簿记录的依据。企业应等到收到银行有关结算单证时，再将未达账项调整入账。

值得注意的是，由于未达账项不是错账、漏账，因此，不须根据调节表做任何账务处理，双方账面仍保持原有的余额，待收到有关凭证之后（即由未达账项变成已达账项），再同正常业务一样进行处理。

2）往来款项的清查

往来款项，是指各种债权债务结算款项，主要包括应收款项、应付款项和预收、预付款项等。往来款项清查是根据账簿记录，通过对公司的各项实物、现金的实地盘点，对银行存款、往来款项的核对，确定各种财产、货币资金、往来款项的实有数，并查明账存数与实物数是否相符。往来款项在清查之前，应及时与对方公司或个人联系，取得有关的对账单，然后对往来款项进行清查，采用与对方通过对账单核对账簿记录或查询的方法进行，也可以两种方法同时采用。清查过程中，不仅要查明往来款项的余额，还要查明形成的原因。对于清查中发现的坏账损失以及无法支付的应付款项，均必须要按规定进行处理，不得擅自冲销账簿记录。

往来款项的清查一般采取发函询证的方法进行核对，主要分以下三个步骤：

（1）将本单位的往来账款核对清楚，确认总分类账与明细分类账的余额相等。

（2）向对方单位填发对账单。在保证往来账户记录完整正确的基础上，编制“往来款项对账单”，寄往各有关往来单位。“往来款项对账单”的格式一般为一式两联，其中一联作为回单，对方单位核对后退回，盖章表示核对相符，如不相符由对方单位另外说明。其格式见表8-4。

表8-4 **往来款项对账单**

×××有限公司

×月份对账单

To: Tel:

ATTN: 财务部 DATE: FAX:

按照本公司财务管理制度要求，需要函证本公司与贵单位的往来账项等事项。截止 年 月 日本公司与贵公司的往来账项列示如下：

日期	××	××	××	××	××	××	××
	期初余额						
	……						
	本期合计						
	期末余额						

备注：如与贵司记录相符，请在本函下端“信息是否相符”处勾“是”并签章回传；如有不符，请勾“否”并列明原因回传。多谢合作！

供货单位盖章： （公司盖章） 供货单位经办人： 日 期： 年 月 日	信息是否相符：是 □ 否 □ 如若不符，请说明 原因： （公司盖章） 收货单位经办人： 日 期： 年 月 日

（3）收到对方单位的回单联后，应据以编制“往来款项清查表”，见表8-5。

表8-5 **往来款项清查表**

总分类账户名称： 年 月 日

明细分类账户		清查结果		核对不符原因分析			备注
名称	账面余额	核对相符金额	核对不符金额	未达账项金额	有争议款项金额	其他	

3）实物资产的清查

对实物资产如材料、产品、包装物、固定资产等的清查，要从数量和金额两个方面进行清查。由于实物资产的形态、体积、重量、堆放方式等不尽相同，因而对于实物资产的清查，其方法也各不相同。实物资产数量的清查方法主要包括实地盘点法、技术推算法和抽样盘点法。

（1）实地盘点法

实地盘点法即通过逐一清点数量、过秤或使用计量器具来确定实物的实存数。其适用的范围比较广，在多数实物资产清查中都可以使用，并且这种方法数字准确可靠，但工作量较大。局限性是只适用于能直接查清数量的财产。

（2）技术推算法

技术推算法是指利用技术方法推算财产物资实存数的方法。此方法盘点数字不够准确，但工作量较小。适用于堆垛量很大，不便一一清点，单位价值又比较低的实物的清查，比如露天堆放的煤炭、砂石等大宗物资的清查。

（3）抽样盘点法

抽样盘点法是对某些价值小，数量多，不便逐一清点的财产，采用从总体或总量中抽取少量样品，确定其样品数量，然后再推算总体数量的方法。

实物清查过程中，实物保管人员和盘点人员必须同时在场。盘点结束后，将“盘点单”的实存数额与账面结存数额核对。若发现某些财产物资账实不符，应填制“实存账存对比表”（见表8-6），确定财产物资盘盈或盘亏数额，并由盘点人和实物保管人签字或盖章，以明确经济责任。实存账存对比表是记录盘点结果的书面证明，是反映财产物资实存数的原始凭证，也是分析差异原因，明确经济责任的重要依据。

表8-6　**账存实存对比表**

单位名称：　　　　　　　　　　　　　　　　年　月　日

序号	名称	规格型号	计量单位	单价	数量		盘盈		盘亏		原因
					账存	实存	数量	金额	数量	金额	
合计											

盘点人签章：　　　　　　保管人签章：　　　　　　会计签章：

8.3.3 财产清查结果的处理

1）财产清查结果处理的要求

对于财产清查中发现的问题，如财产物资的盘盈、盘亏、毁损或其他各种损失，应核实情况，调查分析产生的原因，按照国家有关法律法规的规定，进行相应的处理。具体要求包括：

（1）分析产生差异的原因和性质，提出处理建议。财产清查所发现的实存数量与账存数量的差异，应进行对比，核定其相差数额，然后调查并分析产生差异的原因，明确经济责任，提出处理意见，处理方案应按规定的程序报请审批。

（2）积极处理多余积压财产，清理往来款项。在财产清查中，会明确企业存在的积压财产和长期挂账的往来款项。积压财产和被拖欠的款项都是企业资金的占用形态，意味着企业的资金有相应的部分没有有效地运转并给企业带来效益，会在一定程度上降低企业资金利润率。因此，在财产清查后，应及时处理多余积压财产、清理往来款项，以减少不必要的资金占用，提高资金使用效率。

（3）总结经验教训，建立健全各项管理制度。在财产清查中，会发现企业在管理中存在的种种问题，这些问题大多数都是由于企业的各项管理制度不完善或管理制度没有得到严格执行造成的，因此，在总结了财产清查发现的问题后，企业的管理部门应及时建立健全各项规章制度，以防止相同的问题再次发生，因此，财产清查对建立健全管理制度有促进作用。

（4）及时调整账簿记录，保证账实相符。财产清查是为了检查企业的财产物资是否账实相符。在发现财产物资的盘盈和盘亏后，应按照一定的程序报请企业领导部门的批准，在得到批准的情况下调整账簿记录，以保证账实相符，使会计资料符合实际情况。

2）财产清查结果处理的步骤和方法

（1）审批之前的处理

根据“财产清查结果报告表”“盘点报告表”等已经查实的数据资料，编制记账凭证，记入有关账簿，使账簿记录与实际盘存数相符，同时，根据企业的管理权限，将处理建议报股东大会或董事会，或经理（厂长）会议或类似机构批准。

（2）审批之后的处理

经批准后根据差异发生的原因和批准处理意见，进行差异处理，调整账项，并据以登记有关账簿。一般来说，个人造成的损失，应由个人赔偿，记入“其他应收款”账户；因管理不善原因造成的损失，应作为企业“管理费用”入账；因自然灾害造成的非常损失，列入企业的“营业外支出”。

3）财产清查处理结果的账务处理

（1）设置“待处理财产损溢”账户

在财产清查中，如果发现某项财产物资由于计量不准、手续不完备等造成实存数大于账面数的差额，称为盘盈；如果发现某项财产物资由于计量不准、自然灾害等原因造成的实存数小于账面数的差额，称为盘亏或毁损。

为了反映和监督企业在财产清查过程中查明的各种记录、反映财产物资的盘盈、盘亏和毁损情况，应设置“待处理财产损溢”账户。该账户属双重性质账户，在该科目下设置“待处理固定资产损损溢”和“待处理流动资产损溢”两个明细账户。

该账户的借方用来登记各项财产物资发生的盘亏、毁损和经批准转销的财产物资盘盈数；贷方登记各项财产物资发生的盘盈数和经批准转销的财产物资的盘亏及毁损数。

“待处理财产损溢”账户的基本结构如下：

借方　　　　**待处理财产损溢**　　　　贷方

借方	贷方
财产的盘亏、损毁数 盘盈的转销数	财产的盘盈数 盘亏的转销数
尚未处理的财产净损失数额	尚未处理的财产的净溢余数

企业清查的各种财产的盘盈、盘亏和毁损应在期末结账前处理完毕。期末结账后，该账户无余额。

（2）库存现金清查结果的账务处理

①库存现金盘盈的账务处理

发现现金盘盈后，应查明盘盈的原因，及时办理现金入账手续，调整现金账簿记录。借记“库存现金”账户，贷记“待处理财产损溢——待处理流动资产损溢”账户。经有关部门批准后，借记“待处理财产损溢——待处理流动资产损溢”账户，贷记“其他应付款”“营业外收入”。

对库存现金清查盘盈的结果，应分别情况处理：如属于违反库存现金管理的有关规定，应及时予以纠正。如属于账实不符，应查明原因，将长款先记入“待处理财产损溢”科目。待查明原因后分别情况处理：属于记账差错的应及时予以更正；属于无法查明原因的长款应记入“营业外收入”账户，属于应支付给个人或单位的记入“其他应付款”账户。

【例8-2】科达公司在2016年12月进行库存现金清查时，通过账实核对，发现库存现金长余8 000元，原因需要进一步查证。编制会计分录如下：

借：库存现金　　8 000

　贷：待处理财产损溢——待处理流动资产损溢　　8 000

随后，经过调查。长款现金原因无法查明，经批准作为企业营业外收入处理。

借：待处理财产损溢——待处理流动资产损溢　　8 000

　贷：营业外收入——盘盈利得　　8 000

②库存现金盘亏的账务处理

库存现金盘亏和毁损后，在盘点后即应转入“待处理财产损溢——待处理流动资产损溢”账户，待批准后根据不同情况进行处理；能确定具体交款单位的少收款，应先计入其他应收款；不能确定具体交款单位的少收或者虽然能确定具体交款单位但数额较小或对方不认账时，应由过失人赔偿计入其他应收款，超过过失人赔偿额的部分，计入管理费用；由于自然灾害所造成的现金毁损，计入营业外支出。

【例8-3】科达公司在2016年12月进行现金清查时，经过账实核对，发现现金短缺15 000元，原因不清，需要进一步查实。编制会计分录如下：

借：待处理财产损溢——待处理流动资产损溢　　15 000

　贷：库存现金　　15 000

经查明，现金短缺有5 000元是出纳人员责任，应由其赔偿；其余短缺款原因无法查明，经批准，计入管理费用。

借：其他应收款——××出纳　　5 000

　　管理费用　　10 000

　贷：待处理财产损溢——待处理流动资产损溢　　15 000

（3）存货清查结果的账务处理

①存货盘盈的账务处理

在财产清查中发现存货盘盈时，经查明是由于收发计量或核算上的误差等原因造成的，应及时办理存货入账手续，调整存货账簿的实存数，借记“原材料”“库存商品”等账户，贷记“待处理财产损溢——待处理流动资产损溢”账户，经有关部门批准后，再冲减管理费用。

②存货盘亏的账务处理

企业财产清查中发现存货盘亏和毁损，在报经批准前，应按其成本转入“待处理财产损溢——待处理流动资产损溢”账户，贷记存货类账户，使账实相符。报经批准后，再根据造成盘亏和毁损的原因，分情况进行处理，其进项税额应转入有关账户。

第一种情况是属于正常损失，经批准后转作“管理费用”，借记“管理费用”账户，贷记 “待处理财产损溢——待处理流动资产损溢”账户

第二种情况是属于非正常损失（包括按照增值税暂行条例规定不允许抵扣的增值税进项税额），能确定过失人的由过失人赔偿，记入“其他应收款”账户的借方。由于计量收发差错和管理不善造成的超定额损耗，应先扣除材料价值和过失人的赔偿，然后将净损失记入“管理费用”账户；属于自然灾害或意外事故造成的存货损失，应先扣除保险公司赔偿和残值后，记入“营业外支出”账户的借方和“待处理财产损溢——待处理流动资产损溢”账户的贷方。

【例8-4】科达公司2016年12月10日对库存原材料进行全面盘点，列出“库存材料盈亏明细表”。账存实存对比表见表8-7。

表8-7

账存实存对比表

单位名称：科达公司　　2016年12月10日

序号	名称	规格型号	计量单位	单价	数量		盘盈		盘亏		原因
					账存	实存	数量	金额	数量	金额	
1	甲材料		千克	50			100				无法确认
2	乙材料		千克	30			50				管理原因
合计											

盘点人签章：　　保管人签章：　　会计签章：

①借：原材料——甲材料　　5 000

　　贷：待处理财产损溢——待处理流动资产损溢　　5 000

借：待处理财产损溢——待处理流动资产损溢　　1 500

　　贷：原材料——乙材料　　1 500

②盘盈、盘亏、毁损的存货经批准后的处理

盘亏、毁损的存货，按管理权限报经批准后处理时，按残料价值，借记“原材料”等科目，按可收回的保险赔偿或过失人赔偿，借记“其他应收款”科目，按“待处理财产损溢——待处理流动资产损溢”科目余额，贷记“待处理财产损溢——待处理流动资产损

溢”科目，按其借方差额，属于管理原因造成的，借记“管理费用”科目，属于非正常损失的，借记“营业外支出——非常损失”科目。

盘盈的存货，借记“待处理财产损溢——待处理流动资产损溢”科目，贷记“管理费用”“营业外收入”科目。

【例8-5】续【例8-4】，科达公司2016年12月31日对盘盈原因进行核实，并按规定管理权限报经批准，对盘盈材料5 000元冲减管理费用。

借：待处理财产损溢——待处理流动资产损溢　　5 000

　贷：管理费用　　5 000

【例8-6】续【例8-4】，科达公司2016年12月31日对盘亏材料1 500元进行原因核实，经查确属于管理方面的原因，按规定的管理权限报经批准进行处理。

借：管理费用　　1 500

　贷：待处理财产损溢——待处理流动资产损溢　　1 500

【例8-7】科达公司于2016年12月20日由于自然灾害毁损的原材料实际成本20 000元，该批毁损原材料的进项税额为3 400元，其残值处置收入为5 000元。

①确认毁损时：

借：待处理财产损溢——待处理流动资产损溢　　23 400

　贷：原材料　　20 000

　　　应交税费——应交增值税（进项税额）　　3 400

②收到处置收入时：

借：银行存款　　5 000

　贷：待处理财产损溢——待处理流动资产损溢　　5 000

③计算毁损收益：

借：营业外支出——非常损失　　18 400

　贷：待处理财产损溢——待处理流动资产损溢　　18 400

（4）固定资产清查结果的账务处理

①固定资产盘盈的账务处理

企业在财产清查过程中，发现盘盈的固定资产，经查明确属企业所有，应根据盘存凭证填制固定资产交接凭证，经有关人员签字后送交企业会计部门，填写固定资产卡片账，并按同类或类似固定资产市场价格，减去按该项资产的新旧程度估计的价值损耗的余额作为前期差错处理计入“以前年度损益调整”账户。

②固定资产盘亏的账务处理

企业在财产清查过程中，发现盘亏的固定资产，应及时办理固定资产注销手续，按盘亏固定资产账面价值，借记“待处理财产损溢——待处理固定资产损溢”账户，按已计提的累计折旧额，借记“累计折旧”账户，按固定资产的原价，贷记“固定资产”账户。经规定程序批准后，应按盘亏固定资产的原价扣除累计折旧和过失人及保险公司赔偿后的差额，借记“营业外支出”账户，同时按过失人及保险公司赔偿额，借记“其他应收款”账户，按盘亏固定资产的账面价值，贷记“待处理财产损溢——待处理固定资产损溢”账户。

【例8-8】科达公司于2016年10月30日进行固定资产资产清查，盘盈一项固定资产，6成新，同类固定资产市场价格约为10 000元。

借：固定资产　　6 000

　贷：以前年度损益调整　　6 000

【例8-9】科达公司于2016年10月30日进行固定资产资产清查，盘亏一项固定资产，原值200 000元，已计提折旧50 000元。经查实，该固定资产的毁损应由保管员负30%的责任，另外保险公司可以赔偿30%，其余的金额作为支出处理。

①盘亏时：

借：待处理财产损溢——待处理固定资产损溢　　150 000

　　累计折旧　　50 000

　贷：固定资产　　200 000

②查实处理时：

借：其他应收款——保险公司　　45 000

　　　　　　——保管员　　45 000

　　营业外支出　　60 000

　贷：待处理财产损溢——待处理固定资产损溢　　150 000

（5）结算往来款项盘存的账务处理

在财产清查过程中发现的长期未结算的往来款项，应及时清查。对于经查明确实无法支付的款项可按规定程序报经批准后，转作“营业外收入”。

对于无法收回的应收款项则作为坏账损失冲减坏账准备。坏账是指企业无法收回或收回的可能性极小的应收款项。由于发生坏账而产生的损失，称为坏账损失。

一般而言，企业的应收款项符合下列条件之一的，应确认为坏账：

①债务人死亡，以其遗产清偿后仍然无法收回。

②债务人破产，以其破产财产清偿后仍然无法收回。

③债务人较长时间内未履行其偿债义务，并有足够的证据表明无法收回或者收回的可能性极小。

企业对有确凿证据表明确实无法收回的应收款项，经批准后作为坏账损失。

对于已确认的坏账的应收款项，并不意味着企业放弃了追索权，一旦重新收回，并及时入账。

【例8-10】科达公司于2016年12月30日对往来款项进行清查，根据收回的往来款项清查表，发现应支付给昌达公司的10 000元的应付款无法支付。

借：应付账款——昌达公司　　10 000

　贷：营业外收入　　10 000

章末习题

一、思考题

1.财产物资的盘存制度有哪些？是如何进行盘存的？

2. 如何对财产物资实物进行清查？

3. 银行存款未达账项存在的原因有哪些？对银行存款进行清查时对于未达账项是否应该进行账务处理？

二、业务处理题

1. 辉煌公司经过财产清查，发现盘亏甲材料3 000吨，单价5元。经过查明发现其中100吨是由于自然挥发导致的减少，剩余的材料是由于保管员管理不到位导致的。

要求：对该业务做出批准前和批准后的账务处理。

2. 辉煌公司于2017年1月31日对往来款项进行清查，根据收回的往来款项清查表，发现应支付给昌达公司的20 000元的应付款无法支付。

要求：对该业务做出账务处理。

3. 辉煌公司2017年1月31银行存款日记账与银行对账单的记录如下。

（1）银行存款日记账记录（见表8-8）。

表8-8　**银行存款日记账记录**　单位：元

日期	业务摘要	金额
10日	存入购货方转账支票ZZ101	15 000
12日	开出转账支票ZZ102，支付购货款	8 000
16日	开出转账支票ZZ103，预支差旅费	5 000
28日	支付利息	3 000
30日	收到客户支付货款的转账支票ZZ104	28 000
31日	银行存款日记账账面余额	64 800

（2）银行对账单记录（见表8-9）。

表8-9　**银行对账单记录**　单位：元

日期	业务摘要	金额
10日	存入转账支票ZZ101	15 000
15日	开出转账支票ZZ102	5 000
16日	货款到账	10 000
28日	扣除银行手续费	1 000
31日	银行对账单账面余额	56 800

假定辉煌公司与银行的记录不存在差错，存款余额调整后核对相符。

要求：请代辉煌公司完成以下银行存款余额调节表（见表8-10）的编制。

表8-10

辉煌公司银行存款余额调节表

2017年1月31日

项目	金额	项目	金额
银行存款日记账余额 加：银行已收、企业未收 减：银行已付、企业未付		银行对账单余额 加：企业已收、银行未收 减：企业已付、银行未付	
调节后余额		调节后余额	

三、案例讨论

辉煌公司出纳员王鑫在工作过程中遇到两件关于货币资金的事：第一件事是2017年1月10日现金业务结束后，进行日清日结的现金清查时，发现现金溢余50元，经过核对与检查其没有发现原因，考虑到金额比较小，他决定将现金溢余50元暂时收起。第二件事是王鑫每次编制银行存款余额调节表时，只根据公司银行存款日记账的余额加上或减去对账单中企业的未入账款项来确定公司银行存款的实际数，并将这些未入账的款项登记入账。

（1）辉煌公司出纳员王鑫关于上述两项业务的处理是否正确？为什么？

（2）如果你认为王鑫处理得不正确，那么正确的处理是怎样的？

第9章/
财务会计报告

本章知识结构图

［学习目标］掌握资产负债表的概念、内容、结构和编制方法；掌握利润表的概念、内容、结构和编制方法；了解现金流量表的构成项目；熟悉所有者权益变动表的结构和作用；熟悉会计报表附注的概念和作用。

引导案例

2014年8月8日，三峡新材接到上证所《关于对湖北三峡新型建材股份有限公司及相关责任人予以公开谴责并公开认定不适合担任上市公司董事、监事和高级管理人员的决定》和《关于对湖北三峡新型建材股份有限公司有关责任人予以通报批评的决定》。这两份《决定书》对三峡新材财务造假问题予以了认定，并对当事责任人予以了处罚。2014年8月9日，三峡新材发布公告，2011年、2012年，三峡新材通过少记成本虚增利润合计接近1亿元。值得注意的是，三峡新材的财务造假手段谈不上高明，甚至是早有端倪。但为什么三线新材的时任审计机构中勤万信会计师事务所未能发现其中存在的问题呢？这到底是一个真实的神话还是被可以包装的“谎言”？三峡新材利润操纵背后的原因到底是什么呢？

要想能够清楚明了地了解企业的财务状况和经营成果，掌握必备的财务报告知识是非常必要的。在此基础上，才能在会计及财务工作中有效的规避财务造假，及时发现存在的问题，提高企业会计信息的质量。

9.1 财务报告概述

财务报告，是指企业对外提供的反映企业某一特定日期的财务状况和某一会计期间的经营成果、现金流量等会计信息的文件。财务报告包括财务报表和其他应当在财务报告中披露的相关信息和资料。

一般国际或者区域会计准则都对财务报告有专门的独立准则。“财务报告”从国际范围来看是一个比较通用的术语，但是在我国现行有关法律、行政法规中使用的是“财务会计报告”术语。为了保持法规体系上的一致性，基本准则仍然沿用了“财务会计报告”的术语，但同时又引入了“财务报告”这一术语，并指出“财务会计报告”又称“财务报告”，从而较好地解决了立足国情与国际趋同的问题。

9.1.1 财务报表的定义和构成

财务报表是对企业财务状况、经营成果和现金流量的结构性表述。财务报表至少应当包括下列组成部分：(1) 资产负债表；(2) 利润表；(3) 现金流量表；(4) 所有者权益（或股东权益，下同）变动表；(5) 附注。

财务报表可以按照不同的标准进行分类：(1) 按财务报表编报期间的不同，可以分为中期财务报表和年度财务报表。中期财务报表是短于一个完整会计年度的报告期间为基础的财务报表，包括月报、季报和半年报等。(2) 按财务报表编报主体的不同，可以分为个别财务报表和合并财务报表。个别财务报表是由企业在自身会计核算基础上对账簿记录进行加工而编制的财务报表，它主要用以反映企业自身的财务状况、经营成果和现金流量情况。合并财务报表是以母公司和子公司组成的企业集团为会计主体，根据母公司和所属子公司的财务报表，由母公司编制的综合反映企业集团财务状况、经营成果及现金流量的财务报表。

9.1.2 财务报表列报的基本要求

1）遵循各项会计准则进行确认和计量

企业应当根据实际发生的交易和事项，遵循各项具体会计准则的规定进行确认和计量，并在此基础上编制财务报表。

2）列报基础

在编制财务报表的过程中，企业经理层应当对企业持续经营的能力进行评价，评价后对企业持续经营的能力产生严重怀疑的，应当在附注中披露导致对持续经营能力产生重大怀疑的重要的不确定因素。

3）重要性和项目列报

关于项目在财务报表中是单独列报还是合并列报，应当依据重要性原则来判断。重要性是判断项目是否单独列报的重要标准。其他在进行重要性判断时，应当根据所处环境，从项目的性质和金额大小两方面予以判断。

4）列报的一致性

可比性是会计信息质量的一项重要质量要求，目的是使统一企业不同期间和同一期间不同企业的财务报表相互可比。为此，财务报表项目的列报应当在各个会计期间保持一致，不得随意变更，这一要求不仅只针对财务报表中的项目名称，还包括财务报表项目的分类、排列顺序等方面。

5）财务报表的列报要求

财务报表一般分为表首、正表两部分，其中，在表首部分企业应当概括地说明下列基本信息：(1) 编报企业的名称；(2) 对资产负债表而言，须披露资产负债表日，而对利润表、现金流量表、所有者权益变动表而言，须披露报表涵盖的会计期间；(3) 货币名称和单位；(4) 财务报表是合并财务报表的，应当予以表明。

6）报告期间

企业至少应当编制年度财务报表。根据《中华人民共和国会计法》的规定，会计年度自公历1月1日起至12月31日止。因此，在编制年度财务报表时，可能存在年度财务报表的期间短于1年的情况，在这种情况下，企业应当披露年度财务报表的实际涵盖期间及短于1年的原因，并应当说明由此引起财务报表项目与比较数据不具可比性这一事实。

9.2 资产负债表

9.2.1 资产负债表的概念

资产负债表，是指反映企业在某一特定日期的财务状况的会计报表。

特定日期是指：月末、季末、半年末、年末。

资产负债表是静态时点报表，以“资产=负债+所有者权益”会计等式为理论依据，按照一定的分类标准与顺序把企业一定日期的资产、负债和所有者权益项目予以适当排列，并结合企业的总分类账和明细分类账的会计资料，对日常账簿记录中的大量数据进行浓缩整理后编制而成。

通过资产负债表，可以提供某一日期资产的总额及结构，表明企业拥有或控制的资源及分布情况，使用者可以一目了然地从资产负债表上了解企业在某一特定日期所拥有的资产总量及结构，可以提供某一日期的负债总额及结构，表明企业未来需要用多少资产或劳务清偿债务以及清偿时间，可以反映所有者所拥有的权益，据以判断资本保值、增值的情况以及对负债的保障程度。此外，资产负债表还可以提供进行财务分析的基本资料，如将流动资产与流动负债进行比较，计算出流动比率；将速动资产与流动负债进行比较，计算出速动比率等，可以表明企业的变现能力、偿债能力和资金周转能力，从而有助于报表使用者做出经济决策。

9.2.2 资产负债表的内容和格式

1）资产负债表的内容

资产负债表中的资产类至少应当包括流动资产和非流动资产的合计项目，并应当单独列示反映下列信息的项目：货币资金、应收及预付款项、交易性投资、存货、持有至到期投资、长期股权投资、投资性房地产、固定资产、生物资产、递延所得税资产、无形资产。

资产负债表中的负债类至少应当包括流动负债、非流动负债和负债的合计项目，并应当单独列示反映下列信息的项目：短期借款、应付及预收款项、应交税费、应付职工薪酬、预计负债、长期借款、长期应付款、应付债券、递延所得税负债。

资产负债表中的所有者权益类应当包括所有者权益的合计项目，应当列示资产总计项目、负债和所有者权益总计项目，并应当单独列示反映下列信息的项目：实收资本（股本）、资本公积、盈余公积、未分配利润。在合并资产负债表中，企业应当在所有者权益类中单独列示少数股东权益。

报表补充资料部分是为了弥补报表主体内容不足而做的补充说明，报表注释的内容主要包括贴现的商业承兑汇票、融资租入固定资产原价等。

2）资产负债表的格式

资产负债表一般由报表的表首、正表和补充资料三部分组成。

资产负债表的格式包括账户式和报告式两种。

(1) 账户式资产负债表

账户式资产负债表是根据“资产＝负债＋所有者权益”的会计恒等式，按账户的格式，左边是资产项目、右边是负债和所有者权益项目排列编制而成的（见表9-1）。

表9-1 **资产负债表（账户式）** 会企01表

编制单位：××产品制造企业 200×年12月31日 单位：元

资产	期末余额	年初余额	负债和所有者权益（或股东权益）	期末余额	年初余额
流动资产：			流动负债：		
货币资金			短期借款		
以公允价值计量且其变动计入当期损益的金融资产			以公允价值计量且其变动计入当期损益的金融负债		
应收票据			应付票据		
应收账款			应付账款		
预付款项			预收款项		
应收利息			应付职工薪酬		
应收股利			应交税费		
其他应收款			应付利息		
存货			应付股利		
划分为持有待售的资产			其他应付款		
一年内到期的非流动资产			划分为持有待售的负债		
其他流动资产			一年内到期的非流动负债		
流动资产合计			其他流动负债		
非流动资产：			流动负债合计		
可供出售金融资产			非流动负债：		
持有至到期投资			长期借款		
长期应收款			应付债券		
长期股权投资			长期应付款		
投资性房地产					
固定资产			专项应付款		

续表

资产	期末余额	年初余额	负债和所有者权益（或股东权益）	期末余额	年初余额
在建工程			预计负债		
工程物资			递延收益		
固定资产清理			递延所得税负债		
生产性生物资产			其他非流动负债		
油气资产			非流动负债合计		
无形资产			负债合计		
开发支出			所有者权益（或股东权益）:		
商誉			实收资本（或股本）		
长期待摊费用					
递延所得税资产					
其他非流动资产					
非流动资产合计			资本公积		
			减：库存股		
			其他综合收益		
			盈余公积		
			未分配利润		
			所有者权益（或股东权益）合计		
			负债和所有者权益（或股东权益）总计		
资产总计					

（2）报告式资产负债表

报告式资产负债表是根据“资产－负债＝所有者权益”的会计恒等式排列编制而成的，按写报告的格式，先排列资产项目、再排列负债项目，最后是所有者权益项目（见表9-2）。

表 9-2　　　　资产负债表（报告式）　　　　会企 01 表

编制单位：　　　　年　　月　　日　　　　单位：元

资产	行次	期末余额	年初余额
流动资产：			
货币资金			
以公允价值计量且其变动计入当期损益的金融资产			
……			
流动资产合计			
非流动资产：			
可供出售金融资产			
持有至到期投资			
长期应收款			
长期股权投资			
……			
非流动资产合计			
资产总计			
负债和所有者权益（或股东权益）			
流动负债：			
短期借款			
以公允价值计量且其变动计入当期损益的金融负债			
……			
流动负债合计			
非流动负债：			
长期借款			
应付债券			
……			
非流动负债合计			
负债合计			
所有者权益（或股东权益）：			
实收资本（或股本）			
资本公积			
……			
所有者权益（或股东权益）合计			
负债和所有者权益（或股东权益）总计			

3）资产负债表的排列

资产负债表无论是采用账户式还是报告式，其资产、负债和所有者权益项目都应按一定的标准进行分类排列。

（1）资产项目按流动性或变现能力进行排列

资产项目按流动性或变现能力分类排列。所谓资产的变现能力，是指一项资产从其现状态变换成现金或被耗用所需要的时间。资产按流动性分为流动资产和非流动资产。流动资产按流动性或变现能力的强弱排列，依次是货币资金、交易性金融资产、应收票据、应收账款、存货等；非流动资产是指超过一年或一个营业周期变现的资产，包括可供出售金融资产、持有至到期投资、长期股权投资、投资性房地产、固定资产、在建工程、无形资产、长期待摊费用等。

（2）负债项目按到期日远近排列

负债项目是按到期日的远近排列的，近者在前，远者在后，负债按到期日的远近分为流动负债和非流动负债。对于将在正常营业周期内到期的流动负债，按短期借款、交易性金融负债、应付票据、应付账款、应付职工薪酬、应交税费等排列在前；超过正常营业周期到期的非流动负债，如长期借款、应付债券、长期应付款、预计负债等排列在后。

（3）所有者权益项目按永久性排列

所有者权益按可供企业使用的永久性程度排列，永久性强的在前，永久性弱的在后。排列顺序是：实收资本（或股本）、资本公积、其他综合收益、盈余公积、未分配利润。

9.2.3　资产负债表的编制方法

1）年初余额栏的填列方法

资产负债表“年初余额”栏内各项数字，应根据上年末资产负债表“期末余额”栏内所列数字填列。如果上年度资产负债表规定的各个项目的名称和内容同本年度不相一致，应对上年年末资产负债表各个项目的名称和数字按照本年度的规定进行调整，填入表中“年初余额”栏内。

2）期末余额栏的填列方法

资产负债表“期末余额”栏内各项数字，一般应根据资产、负债和所有者权益类科目的期末余额填列，主要包括以下方式：

（1）根据总账科目余额填列。资产负债表中的有些项目，可直接根据有关总账科目的余额填列，如“以公允价值计量且其变动计入当期损益的金融资产”“短期借款”“应付票据”“应付职工薪酬”等项目；有些项目则需根据几个总账科目的期末余额计算填列，如“货币资金”项目，需根据“库存现金”“银行存款”“其他货币资金”三个总账科目的期末余额的合计数填列。

（2）根据明细账科目余额计算填列。如“应付账款”项目，需要根据“应付账款”和“预付账款”两个科目所属的相关明细科目的期末贷方余额计算填列；“应收账款”项目，需根据“应收账款”和“预收账款”两个科目所属的相关明细科目的期末借方余额计算填列。

（3）根据总账科目和明细账科目余额分析计算填列。如“长期借款”项目，需要根据“长期借款”总账科目余额扣除“长期借款”科目所属的明细科目中将在1年内到期，且企业不能自主地将清偿义务展期的长期借款后的金额计算填列。

（4）根据有关科目余额减去其备抵科目余额后的净额填列。如资产负债表中的“应收账款”项目，应当根据“应收账款”科目的期末余额减去“坏账准备”科目余额后的净额填列。“固定资产”科目的期末余额减去“累计折旧”“固定资产减值准备”备抵科目余额后的净额填列等。

（5）综合运用上述填列方法分析填列。如资产负债表中的“存货”项目，需要根据“原材料”“库存商品”“委托加工物资”“周转材料”“材料采购”“生产成本”“发出商品”“材料成本差异”等总账科目期末余额的分析汇总数，再减去“存货跌价准备”科目余额后的净额填列。

9.2.4 资产负债表编制示例

某公司20×6年12月31日的资产负债表（年初余额略）及20×7年12月31日的科目余额表分别见表9-3和表9-4。

表9-3　　**资产负债表**　　会企01表

编制单位：　　20×6年12月31日　　单位：元

资产	期末余额	年初余额	负债和股东权益	期末余额	年初余额
流动资产：			流动负债：		
货币资金	1 406 300		短期借款	300 000	
以公允价值计量且其变动计入当期损益的金融资产	15 000		以公允价值计量且其变动计入当期损益的金融负债	0	
应收票据	246 000		应付票据	200 000	
应收账款	299 100		应付账款	953 800	
预付款项	100 000		预收款项	0	
应收利息	0		应付职工薪酬	110 000	
应收股利	0		应交税费	36 600	
其他应收款	5 000		应付利息	1 000	
存货	2 580 000		应付股利	0	
一年内到期的非流动资产	0		其他应付款	50 000	
其他流动资产	100 000		一年内到期的非流动负债	1 000 000	

续表

资产	期末余额	年初余额	负债和股东权益	期末余额	年初余额
流动资产合计	4 751 400		其他流动负债	0	
非流动资产：			流动负债合计	2 651 400	
可供出售金融资产	0		非流动负债：		
持有至到期投资	0		长期借款	600 000	
长期应收款	0		应付债券	0	
长期股权投资	250 000		长期应付款	0	
投资性房地产	0		专项应付款	0	
固定资产	1 100 000		预计负债	0	
在建工程	1 500 000		递延所得税负债	0	
工程物资	0		其他非流动负债	0	
固定资产清理	0		非流动负债合计	600 000	
生产性生物资产	0		负债合计	3 251 400	
油气资产	0		股东权益：		
无形资产	600 000		股本	5 000 000	
开发支出	0		资本公积	0	
商誉	0		减：库存股	0	
长期待摊费用	0		其他综合收益	0	
递延所得税资产	0		盈余公积	100 000	
其他非流动资产	200 000		未分配利润	50 000	
非流动资产合计	3 650 000		股东权益合计	5 150 000	
资产总计	8 401 400		负债和股东权益总计	8 401 400	

表 9-4 **科目余额表** 单位：元

科目名称	借方余额	科目名称	贷方余额
库存现金	2 000	短期借款	50 000
银行存款	805 831	应付票据	100 000
其他货币资金	7 300	其他应付款	953 800
交易性金融资产	0	应付职工薪酬	180 000
应收票据	66 000	应交税费	226 731
应收账款	600 000	应付利息	0
坏账准备	-1 800	应付股利	32 215.85
预付账款	100 000	一年内到期的非流动负债	0
其他应收款	5 000	长期借款	1 160 000
材料采购	275 000	股本	5 000 000
原材料	45 000	盈余公积	124 770.4
周转材料	38 050	利润分配（未分配利润）	218 013.75
库存商品	2 122 400		
材料成本差异	4 250		
其他流动资产	100 000		
长期股权投资	250 000		
固定资产	2 401 000		
累计折旧	-170 000		
固定资产减值准备	-30 000		
工程物资	300 000		
在建工程	428 000		
无形资产	600 000		
累计摊销	-60 000		
递延所得税资产	7 500		
其他长期资产	200 000		
合计	8 095 531	合计	8 095 531

根据上述资料，编制某公司20×7年12月31日的资产负债表（见表9-5）。

表9-5　　资产负债表　　会企01表

编制单位：　　20×7年12月31日　　单位：元

资产	期末余额	年初余额	负债和股东权益	期末余额	年初余额
流动资产：			流动负债：		
货币资金	815 131	1 406 300	短期借款	50 000	300 000
以公允价值计量且其变动计入当期损益的金融资产	0	15 000	以公允价值计量且其变动计入当期损益的金融负债	0	0
应收票据	66 000	246 000	应付票据	100 000	200 000
应收账款	598 200	299 100	应付账款	953 800	953 800
预付款项	100 000	100 000	预收款项	0	0
应收利息	0	0	应付职工薪酬	180 000	110 000
应收股利	0	0	应交税费	226 731	36 600
其他应收款	5 000	5 000	应付利息	0	1 000
存货	2 484 700	2 580 000	应付股利	32 215.85	0
一年内到期的非流动资产	0	0	其他应付款	50 000	50 000
其他流动资产	100 000	100 000	一年内到期的非流动负债	0	1 000 000
流动资产合计	4 169 031	4 751 400	其他流动负债	0	0
非流动资产：			流动负债合计	1 592 746.85	2 651 400
可供出售金融资产	0	0	非流动负债：		
持有至到期投资	0	0	长期借款	1 160 000	600 000
长期应收款	0	0	应付债券	0	0
长期股权投资	250 000	250 000	长期应付款	0	0
投资性房地产	0	0	专项应付款	0	0
固定资产	2 201 000	1 100 000	预计负债	0	0
在建工程	428 000	1 500 000	递延所得税负债	0	0
工程物资	300 000	0	其他非流动负债	0	0
固定资产清理	0	0	非流动负债合计	1 160 000	600 000
生产性生物资产	0	0	负债合计	2 752 746.85	3 251 400
油气资产	0	0	股东权益：		
无形资产	540 000	600 000	股本	5 000 000	5 000 000
开发支出	0	0	资本公积	0	0
商誉	0	0	减：库存股	0	0
长期待摊费用	0	0	其他综合收益	0	0
递延所得税资产	7 500	0	盈余公积	124 770.4	100 000
其他非流动资产	200 000	200 000	未分配利润	218 013.75	50 000
非流动资产合计	3 926 500	3 650 000	股东权益合计	5 342 784.15	5 150 000
资产总计	8 095 531	8 401 400	负债和股东权益总计	8 095 531	8 401 400

9.2.5 资产负债表的局限

资产负债表的主要局限包括：

（1）大多数资产和负债按历史成本报告。因此，资产负债表中的信息可靠性高，但也经常被批评没有报告更相关的公允价值。

（2）报告资产负债表中项目时企业需要进行判断和估计。

（3）资产负债表必须省去一些不能客观记录但具有财务价值的项目。许多其他资产或负债按照表外方式进行报告。

（4）在资产负债表中，"其他综合收益"以前并没有作为一个单独的科目，而是计入到资本公积中，而现在作为了一个单独的科目，以便于和资本公积区分。这种核算方式，有利于使资本公积的核算内容明晰化。资本公积现在核算的内容主要为股东资本性投入的部分，与其他综合收益混在一个科目中，将不便于报表使用者理解和分析。

9.3 利润表

9.3.1 利润表的概念

利润表，是指反映企业在一定会计期间的经营成果的会计报表。利润表是动态报表，并以"收入－费用＝利润"动态会计等式为理论依据。

利润表能够向财务会计报告使用者提供以下几个方面的会计信息：

（1）企业在一定时期内取得的全部收入。

（2）企业在一定时期内发生的全部费用和支出。

（3）全部收入与支出相抵后计算出企业一定时期内实现的净利润（或净亏损）总额。

（4）企业在一定时期内的每股收益的相关信息，并且通过利润表提供的不同时期的比较数字，还可以分析企业未来利润的发展趋势及获利能力。

9.3.2 利润表的内容和格式

1）利润表的内容

利润表至少应当单独列示反映下列信息的项目：营业收入、营业成本、税金及附加、管理费用、销售费用、财务费用、投资收益、公允价值变动损益、资产减值损失、非流动资产处置损益、所得税费用和净利润。

2）利润表的格式

利润表的格式包括单步式和多步式。

（1）单步式利润表（见表9-6）。

（2）多步式利润表。

根据我国《企业会计准则第30号——财务报表列报》，利润表至少应当单独列示反映下列信息的项目，但其他会计准则另有规定的除外：

（1）营业收入；

（2）营业成本；

（3）税金及附加；

（4）管理费用；

表9-6　　利润表（单步式）　　会企02表

编制单位：　　年　月　　单位：元

项目	行次	本期余额	上期余额
一、收入			
营业收入			
……			
收入合计			
二、费用			
营业成本			
税金及附加			
销售费用			
……			
费用合计			
三、净利润（净亏损以“-”）填列			

（5）销售费用；

（6）财务费用；

（7）投资收益；

（8）公允价值变动损益；

（9）资产减值损失；

（10）非流动资产处置损益；

（11）所得税费用；

（12）净利润；

（13）其他综合收益各项目分别扣除所得税影响后的净额；

（14）综合收益总额。

多步式利润表的格式见表9-7。

表9-7　　利润表（多步式）　　会企02表

编制单位：　　20×7年　　单位：元

项目	本期金额	上期金额
一、营业收入		
减：营业成本		
税金及附加		
销售费用		
管理费用		

续表

项目	本期金额	上期金额
财务费用		
资产减值损失		
加：公允价值变动收益（损失以“-”号填列）		
投资收益（损失以“-”号填列）		
其中：对联营企业和合营企业的投资收益		
其他收益		
二、营业利润（亏损以“-”号填列）		
加：营业外收入		
其中：非流动资产处置利得		
减：营业外支出		
其中：非流动资产处置损失		
三、利润总额（亏损总额以“-”号填列）		
减：所得税费用		
四、净利润（净亏损以“-”号填列）		
五、其他综合收益的税后净额		
（一）以后不能重分类进损益的其他综合收益		
1.重新计量设定受益计划净负债或净资产的变动		
2.权益法下在被投资单位不能重分类进损益的其他综合收益中享有的份额		
……		
（二）以后将重分类进损益的其他综合收益		
1.权益法下在被投资单位以后将重分类进损益的其他综合收益中享有的份额		
2.可供出售金融资产公允价值变动损益		
3.持有至到期投资重分类可供出售金融资产损益		
4.现金流量套期损益的有效部分		
5.外币财务报表折算差额		
……		
六、综合收益总额		
七、每股收益：		
（一）基本每股收益		
（二）稀释每股收益		

多步式利润表的优点是可以对企业生产经营状况进行分析，有利于不同企业之间进行比较，更重要的是多步式利润表有利于预测企业未来的获利能力。

综合收益，是指企业在某一期间除与所有者以其所有者身份进行的交易之外的其他交易或事项所引起的所有者权益变动。综合收益总额项目反映净利润和其他综合收益扣除所得税影响后的净额相加后的合计金额。

其他综合收益，是指企业根据其他会计准则规定未在当期损益中确认的各项利得和损失。

其他综合收益项目应当根据其他相关会计准则的规定分为下列两类列报：

（1）以后会计期间不能重分类进损益的其他综合收益项目，主要包括重新计量设定受益计划净负债或净资产导致的变动、按照权益法核算的在被投资单位以后会计期间不能重分类进损益的其他综合收益中所享有的份额等。

（2）以后会计期间在满足规定条件时将重分类进损益的其他综合收益项目，主要包括按照权益法核算的在被投资单位以后会计期间在满足规定条件时将重分类进损益的其他综合收益中所享有的份额、可供出售金融资产公允价值变动形成的利得或损失、持有至到期投资重分类为可供出售金融资产形成的利得或损失、现金流量套期工具产生的利得或损失中属于有效套期的部分、外币财务报表折算差额等。

在合并利润表中，企业应当在净利润项目之下单独列示归属于母公司所有者的损益和归属于少数股东的损益，在综合收益总额项目之下单独列示归属于母公司所有者的综合收益总额和归属于少数股东的综合收益总额。

9.3.3　利润表的编制方法

1）上期金额栏的填列方法

利润表“上期金额”栏内各项数字，应根据上年该期利润表“本期金额”栏内所列数字填列。如果上年该期利润表规定的各个项目的名称和内容同本期不相一致，应对上年该期利润表各项目的名称和数字按本期的规定进行调整，填入利润表“上期金额”栏内。

2）本期金额栏的填列方法

利润表“本期金额”栏内各项数字一般应根据损益类科目的发生额分析填列。

某公司损益类科目20×7年度累计发生净额见表9-8。

表9-8　**某公司损益类科目20×7年度累计发生净额**　单位：元

科目名称	借方发生额	贷方发生额
主营业务收入		1 250 000
主营业务成本	750 000	
税金及附加	2 000	
销售费用	20 000	
管理费用	157 100	
财务费用	41 500	
资产减值损失	30 900	
投资收益		31 500
营业外收入		50 000
营业外支出	19 700	
所得税费用	85 300	

根据上述资料，编制某公司20×7年度利润表（见表9-9）。

表9-9　　　　　　　　　　　　　**利润表**　　　　　　　　　　　　　会企02表

编制单位：　　　　　　　　　　　　20×7年　　　　　　　　　　　　单位：元

项目	本期金额	上期金额（略）
一、营业收入	1 250 000	
减：营业成本	750 000	
税金及附加	2 000	
销售费用	20 000	
管理费用	157 100	
财务费用	41 500	
资产减值损失	30 900	
加：公允价值变动收益（损失以“-”号填列）	0	
投资收益	31 500	
其中：对联营企业和合营企业的投资收益	0	
二、营业利润（亏损以“-”号填列）	280 000	
加：营业外收入	50 000	
其中：非流动资产处置利得	（略）	
减：营业外支出	19 700	
其中：非流动资产处置损失	（略）	
三、利润总额（亏损总额以“-”号填列）	310 300	
减：所得税费用	85 300	
四、净利润（净亏损以“-”号填列）	225 000	
五、其他综合收益的税后净额		
（一）以后不能重分类进损益的其他综合收益		
1.重新计量设定受益计划净负债或净资产的变动		
2.权益法下在被投资单位不能重分类进损益的其他综合收益中享有的份额		
……		
（二）以后将重分类进损益的其他综合收益		
1.权益法下在被投资单位以后将重分类进损益的其他综合收益中享有的份额		
2.可供出售金融资产公允价值变动损益		
3.持有至到期投资重分类可供出售金融资产损益		
4.现金流量套期损益的有效部分		
5.外币财务报表折算差额		
……		
六、综合收益总额	225 000	
七、每股收益：	（略）	
（一）基本每股收益		
（二）稀释每股收益		

9.3.4 “其他综合收益”辨析

1）其他综合收益与资本公积科目核算内容的主要区别

资本公积的核算主要与股本投入相关，而其他综合收益属于已经实现但暂时不能计入本年利润或费用的项目。一般来说，资本公积属于已经确定的一个事实，后续期间不会再予以转出。而其他综合收益类似于一个过渡科目，在未来期间还需要予以转出。

2）以后期间不能重分类进损益的其他综合收益的会计处理

（1）重新计量设定受益计划净负债或净资产导致的变动。根据《企业会计准则第9号——职工薪酬》，有设定受益计划形式离职后福利的企业应当将重新计量设定受益计划净负债或净资产导致的变动计入其他综合收益，并且在后续会计期间不允许转回至损益，在原设定受益计划终止时应当在权益范围内将原计入其他综合收益的部分全部结转至未分配利润。计划终止，指该计划已不存在，即本企业已解除该计划所产生的所有未来义务。

（2）按照权益法核算的在被投资单位不能重分类进损益的其他综合收益变动中所享有的份额。

根据《企业会计准则第2号——长期股权投资》，投资方取得长期股权投资后，应当按照应享有或应分担的被投资单位其他综合收益的份额，确认其他综合收益，同时调整长期股权投资的账面价值。投资单位在确定应享有或应分担的被投资单位其他综合收益的份额时，该份额的性质取决于被投资单位的其他综合收益的性质，即如果被投资单位的其他综合收益属于“以后会计期间不能重分类进损益”类别，则投资方确认的份额也属于“以后会计期间不能重分类进损益”类别。在终止对被投资单位投资时，在权益范围内将原计入其他综合收益的部分全部结转至未分配利润。

3）以后期间需重分类进损益的其他综合收益的会计处理

（1）权益法下长期股权投资的其他权益变动

根据长期股权投资准则，对于不受控制，但受重大影响的投资单位，采用权益法核算。投资方取得长期股权投资后，应当按照应享有或应分担的被投资单位其他综合收益的份额，确认其他综合收益，同时调整长期股权投资的账面价值。如果被投资单位的其他综合收益属于“以后会计期间在满足规定条件时将重分类进损益”类别，则投资方确认的份额也属于“以后会计期间在满足规定条件时将重分类进损益”类别。在终止对被投资单位投资时，在权益范围内将原计入其他综合收益的部分全部结转至相关的损益。

（2）可供出售金融资产公允价值变动形成的利得或损失及持有至到期投资重分类为可供出售金融资产形成的利得或损失。根据《企业会计准则第22号——金融工具确认和计量》，可供出售金融资产公允价值变动形成的利得或损失，除减值损失和外币货币性金融资产形成的汇兑差额外，应当直接计入所有者权益（其他综合收益），在该金融资产终止确认时转出，计入当期损益；根据金融工具确认和计量准则规定将持有至到期投资重分类为可供出售金融资产的，在重分类日，该投资的账面价值与其公允价值之间的差额计入其他综合收益，在该可供出售金融资产发生减值或终止确认时转出，计入当期损益。

（3）现金流量套期工具产生的利得或损失中属于有效套期的部分。根据《企业会计准则第4号——套期保值》，现金流量套期利得或损失中属于有效套期的部分，应当直接确认为其他综合收益；属于无效套期的部分，应当计入当期损益。对于前者，套期保值准则规定在一定的条件下，将原直接计入所有者权益中的套期工具利得或损失转出，计入当期损益。

（4）外币财务报表折算差额。根据《企业会计准则第19号——外币折算》，企业对境外经营的财务报表进行折算时，应当将外币财务报表折算差额在其他综合收益中列示；企业在处置境外经营时，应当将资产负债表中所有者权益项目下列示的、与该境外经营相关的外币报表折算差额，自所有者权益项目转入处置当期损益，部分处置境外经营的，应当按处置的比例计算处置部分的外币财务报表折算差额，转入处置当期损益。

投资单位对于采用外币作为记账本位币的子公司，在合并报表时，需要编制折算为本币报表，根据外币折算准则，产生的外币财务报表折算差额，在编制合并财务报表时，应在合并资产负债表中所有者权益项目下单独作为“外币报表折算差额”项目列示。

投资单位可能通过出售、清算、返还股东或放弃全部或部分权益等方式处置其在境外经营中的利益。企业应在处置境外经营的当期，将已列入合并财务报表所有者权益的外币报表折算差额中与该境外经营相关部分，自所有者权益项目转入处置当期损益。

（5）根据相关会计准则规定的其他项目。比如根据《企业会计准则第3号——投资性房地产》，自用房地产或作为存货的房地产转换为以公允价值模式计量的投资性房地产在转换日公允价值大于账面价值部分计入其他综合收益；待该投资性房地产处置时，将该部分转入当期损益。

4）其他综合收益的会税差异的具体处理

其他综合收益作为企业不计入当期损益的利得或损失，与税法处理存在差异。税法规定，会计处理与税法规定不一致的，应在企业税前利润（利润总额）基础上，按照税法规定进行纳税调整。在会计上，则规定属暂时性差异的，要按准则规定确认和转回递延所得税资产或递延所得税负债。企业产生按规定未在当期损益中确认的各项利得或损失，不论以后会计期间是否能够重分类进入损益，都应在确认其他综合收益的同时确认递延所得税负债或资产，并在以后会计期间按相关会计准则的规定转回。

具体做法是对未计入当期损益的各项利得，在发生时按照预期税率确认递延所得税负债；对于未计入当期损益的各项损失，则在发生时按照预期税率确认递延所得税资产，除非企业经营状况不具备确认递延所得税资产的条件。其他综合收益产生时无须作纳税调整，待相关资产终止确认时再作纳税调整。

对于具体的税务事项的处理，应遵循配比原则。对在未来期间不可以重分类计入损益的其他综合收益，其递延所得税的确认时计入其他综合收益，在转回时不予计入所得税费用，而是直接计入未分配利润。而对于未来期间可以重分类计入损益的其他综合收益，其递延所得税在确认时计入其他综合收益，在相关的损益实现时，递延所得税资产或负债予以转回，则确认为当期的所得税费用。

举例来说，目前，我国的所得税法尚未对重新计量设定受益计划净负债或净资产导致的变动的纳税做出相应规定。但根据税法的基本原则，应付职工薪酬只有在实际列支时才能予以税前扣除。因此，在确认应付职工薪酬时，应同时确认递延所得税资产或负债。由于在以后的会计期间不允许转回至损益，那么递延所得税资产或负债的转回也不予计入所得税费用，而是直接计入未分配利润。

又如，对于可供出售金融资产的公允价值变动，在变动当期并不直接确认为损益，而是将公允价值的变动计入其他综合收益，同时将公允价值变动收益确认递延所得税负债，将公允价值变动损失确认递延所得税资产，对应科目为其他综合收益，在利润表中则体现为其他综合收益的税后净额。只有在可供出售金融资产处置时才将已经确认的递延所得税资产或负债予以转回，确认为当期的所得税费用。

5）其他综合收益的列报

和其他科目的核算原则类似，资产负债表中反映的其他综合收益为余额，而利润表中的其他综合收益则反映的为发生额。两表之间的勾稽关系体现为：

资产负债表其他综合收益期初数+利润表其他综合收益税后净额中归属于母公司的部分=资产负债表其他综合收益期末数

利润表其他综合收益税后净额=其他综合收益税后净额中归属于母公司的部分+其他综合收益税后净额中归属于少数股东的部分

其他综合收益的核算，是不影响具体的现金流量的，因此，在现金流量表的主表中并未反映。但需要提醒注意的是，在现金流量表的补充资料中，对递延所得税进行调整时，应该把其他综合收益确认的递延所得税变动予以剔除。原因是这部分的递延所得税变动，对应的科目为其他综合收益，并没有计入损益，因此，不属于影响净利润的内容。在补充资料的调整中，需要把握这样一个原则，只有影响了净利润但并没有影响经营活动现金流量的内容，才属于应调整事项。

9.3.5　资产负债表和利润表之间的勾稽关系

利润表中的净利润是所有者权益的一个组成部分，在资产负债表中以留存收益的形式出现，作为资产负债表的一个增加量。未分配利润将各个期间的经营成果连接在一起，是两个会计期间利润之间的桥梁。

（1）两者反映的对象相同。两表反映的都是资金运动。资产负债表反映的是资金的静态表现。反映某一时点资金的状况，利润表反映的是资金运动的动态表现，反映其一时期的经营状况。

（2）两表都是总结性报告，都是月报，都是经济业务的综合反映。

（3）两表的作用相互补充，相辅为用：资产负债表反映企业发生损益后的结果，即资产、负债、所有者权益的构成；利润表说明利润的形成过程及损益数。

（4）资产负债表中的“未分配利润”与“利润表附表”中的“利润分配表”中的“未分配利润”（利润总额−利润分配数）相等。（这个未分配利润是企业的累计利润，不是本期利润）

（5）两表的关系是“资产=负债+所有者权益”和“收入−费用=利润（或亏损）”两个方程式内在联系的反映。本期损益发生后，资产负债表中的等量关系实为将上述两个会计方程式合并：资产=负债+所有者权益+（收入−费用）。这一等式为综合会计方程式，其中“资产”里面包含利润，因为利润的表现形式是资产。

（6）利润表中的“其他综合收益”作为利润表中的一级科目，主要反映的是报告期内满足所有者权益确认和计量条件、能引起所有者权益发生增减变动、由企业与非所有者方面进行交易或发生其他事项和情况所产生的、当期不确认为损益，但未来影响损益的利得和损失。"综合收益总额"项目，则反映了企业净利润与其他综合收益的合计金额。

9.4 现金流量表

9.4.1 现金流量表的概念

现金流量表，是指反映企业在一定会计期间的现金和现金等价物流入和流出的会计报表。其中，现金是指企业库存现金以及可以随时用于支付的存款，如库存现金、银行存款、其他货币资金。现金等价物，是指企业持有的期限短（一般是指从购买日起3个月内到期）、流动性强、易于转换为已知金额现金、价值变动风险很小的投资。现金等价物通常包括3个月内到期的债券投资等。权益性投资变现的金额通常不确定，因而不属于现金等价物。

现金流量表主要能够向财务会计报告使用者提供以下几个方面的会计信息：

（1）现金流量表能够说明企业一定期间内现金流入和流出的原因。

（2）现金流量表能够说明企业的现金偿债和现金支付的能力。

（3）现金流量表可用来分析企业未来获取现金的能力。

（4）现金流量表可用来分析企业投资和理财活动对经营成果和财务状况的影响。

（5）现金流量表能够提供不涉及现金的投资和筹资活动的信息。

9.4.2 现金流量表的内容和格式

1）现金流量表的内容

现金流量表应当分别就经营活动、投资活动和筹资活动列报现金流量。

（1）经营活动产生的现金流量

经营活动是指企业投资活动和筹资活动以外的所有交易和事项。各类企业由于行业特点不同，对经营活动的认定存在一定差异。对于工商企业而言，经营活动主要包括销售商品、提供劳务、购买商品、接受劳务、支付税费等。对于商业银行而言，经营活动主要包括吸收存款、发放贷款、同业存放、同业拆借等。对于保险公司而言，经营活动主要包括原保险业务和再保险业务等。对于证券公司而言，经营活动主要包括自营证券、代理承销证券、代理兑付证券、代理买卖证券等。

在我国，企业经营活动产生的现金流量应当采用直接法填列。直接法，是指通过现金收入和现金支出的主要类别列示经营活动的现金流量。

（2）投资活动产生的现金流量

投资活动是指企业长期资产的购建和不包括在现金等价物范围内的投资及其处置活动。长期资产是指固定资产、无形资产、在建工程、其他资产等持有期限在一年或一个营业周期以上的资产。这里所讲的投资活动，既包括实物资产投资，也包括金融资产投资。这里之所以将"包括在现金等价物范围内的投资"排除在外，是因为已经将包括在现金等价物范围内的投资视同现金。不同企业由于行业特点不同，对于工商企业而言，属于投资活动现金流量，而对于证券公司而言，属于经营活动现金流量。

（3）筹资活动产生的现金流量

筹资活动是指导致企业资本及债务规模的构成发生变化的活动。这里所说的资本，既包括实收资本（股本），也包括资本溢价（股本溢价）；这里所说的债务，指对外举债，包括向银行借款、发行债券以及偿还债务等。通常情况下，应付账款、应付票据等商业应付款等属于经营活动，不属于筹资活动。

此外，对于企业日常活动之外特殊的、不经常发生的特殊项目，如自然灾害损失、保险赔款、捐赠等，应当归并到相关类别中，并单独反映。如对于自然灾害损失和保险赔款，如果能够确指，属于流动资产损失，应当列入经营活动产生的现金流量；属于固定资产损失，应当列入投资活动产生的现金流量。

2）现金流量表的格式

现金流量表由表首、正表和补充资料三部分构成（见表9-10和表9-11）。

表9-10　　**现金流量表**　　会企03表

编制单位：××制造企业　　20×7年　　单位：元

项目	本期金额	上期金额（略）
一、经营活动产生的现金流量：		
销售商品、提供劳务受到的现金	1 312 500	
收到的税费返还	0	
收到其他与经营活动有关的现金	0	
经营活动现金流入小计	1 312 500	
购买商品、接受劳务支付的现金	392 266	
支付给职工以及为职工支付的现金	300 000	
支付的各项税费	174 703	
支付其他与经营活动有关的现金	80 000	
经营活动现金流出小计	1 006 361	
经营活动产生的现金流量净额	365 531	
二、投资活动产生的现金流量：		
收回投资收到的现金	16 500	
取得投资收益收到的现金	30 000	
处置固定资产、无形资产和其他长期资产收回的现金净额	300 300	
处置子公司及其他营业单位收到的现金净额	0	
收到其他与投资活动有关的现金	0	
投资活动现金流入小计	346 800	
购建固定资产、无形资产和其他长期资产支付的现金	601 000	

续表

项目	本期金额	上期金额（略）
投资支付的现金	0	
取得子公司及其他营业单位支付的现金净额	0	
支付其他与投资活动有关的现金	0	
投资活动现金流出小计	601 000	
投资活动产生的现金流量净额	−254 200	
三、筹资活动产生的现金流量：		
吸收投资收到的现金	0	
取得借款收到的现金	560 000	
收到其他与筹资活动有关的现金	0	
筹资活动现金流入小计	560 000	
偿还债务支付的现金	1 250 000	
分配股利、利润或偿付利息支付的现金	12 500	
支付其他与筹资活动有关的现金	0	
筹资活动现金流出小计	1 262 500	
筹资活动产生的现金流量净额	−702 500	
四、汇率变动对现金及现金等价物的影响	0	
五、现金及现金等价物净增加额	−591 169	
加：期初现金及现金等价物余额	1 406 300	
六、期末现金及现金等价物余额	815 131	

表9−11 **现金流量表补充资料** 单位：元

补充资料	本期金额	上期金额（略）
1.将净利润调节为经营活动现金流量：		
净利润	225 000	
加：资产减值准备	30 900	
固定资产折旧、油气资产折耗、生产性生物资产折旧	100 000	
无形资产摊销	60 000	
长期待摊费用摊销	0	

续表

补充资料	本期金额	上期金额（略）
处置固定资产、无形资产和其他长期资产的损失（收益以“－”号填列）	−50 000	
固定资产报废损失（收益以“－”号填列）	19 700	
公允价值变动损失（收益以“－”号填列）	0	
财务费用（收益以“－”号填列）	11 500	
投资损失（收益以“－”号填列）	−31 500	
递延所得税资产减少（增加以“－”号填列）	−2 500	
递延所得税负债增加（减少以“－”号填列）	0	
存货的减少（增加以“－”号填列）	95 300	
经营性应收项目的减少（增加以“－”号填列）	−120 000	
经营性应付项目的增加（减少以“－”号填列）	32 121	
其他	0	
经营活动产生的现金流量净额	365 531	
2.不涉及现金收支的重大投资和筹资活动：		
债务转为资本	0	
一年内到期的可转换公司债券	0	
融资租入固定资产	0	
3.现金及现金等价物净变动情况：		
现金的期末余额	815 131	
减：现金的期初余额	1 406 300	
加：现金等价物的期末余额	0	
减：现金等价物的期初余额	0	
现金及现金等价物净增加额	−591 169	

9.4.3 现金流量表的编制方法

现金流量表是以现金和现金等价物为编制基础的。现金流量表的编制方法有工作底稿法、T形账户法和分析填列法等。

1）工作底稿法

采用工作底稿法编制现金流量表，是以工作底稿未手段，以资产负债表和利润表数据为基础，对每一项目进行分析并编制调整分录，从而编制现金流量表。工作底稿法的程序是：

第一步，将资产负债表的期初数和期末数过入工作底稿的期初数栏和期末数栏。

第二步，对当期业务进行分析并编制调整分录。编制调整分录时，要以利润表项目为基础，从“营业收入”开始，结合资产负债表项目逐一进行分析。在调整分录中，有关现金和现金等价物的事项，并不直接借记或贷记现金，而是分别计入“经营活动产生的现金流量”“投资活动产生的现金流量”“筹资活动产生的现金流量”有关项目，借记表示现金流入，贷记表示现金流出。

第三步，将调整分录过入工作底稿中的相应部分。

第四步，核对调整分录，借方、贷方合计数均已经相等，资产负债表项目期初数加减调整分路中的借贷金额以后，也等于期末数。

第五步，根据工作底稿中的现金流量表项目部分编制正式的现金流量表。

2）T形账户法

采用T形账户法编制现金流量表，是以T形账户为手段，以资产负债表和利润表数据为基础，对每一项目进行分析并编制调整分录，从而编制现金流量表。T形账户法的程序是：

第一步，为所有的非现金项目（包括资产负债表项目和利润表项目）分别开设T形账户，并将各自的期末期初变动数过入各该账户。如果项目的期末数大于期初数，则将差额过入和项目余额相同的方向；反之，过入相反的方向。

第二步，开设一个大的“现金及现金等价物”T形账户，每边分为经营活动、投资活动和筹资活动三个部分，左边记现金流入，右边记现金流出。与其他账户一样，过入期末期初变动数。

第三步，以利润表项目为基础，结合资产负债表分析每一个非现金项目的增减变动，并据此编制调整分录。

第四步，将调整分录过入各T形账户，并进行核对，该账户借贷相抵后的余额与原先过入的期末期初变动数应当一致。

第五步，根据大的“现金及现金等价物”T形账户编制正式的现金流量表。

3）分析填列法

分析填列法是直接根据资产负债表、利润表和有关会计科目明细账的记录，分析计算出现金流量表各项目的金额，并据以编制现金流量表的一种方法。

确定经营活动提供的净利润有两种方法：直接法和间接法。

在直接法下，一般是以利润表中的营业收入为起算点，调节与经营活动有关的项目的增减变动，然后计算出经营活动产生的现金流量。采用直接法编报的现金流量表，便于分析企业经营活动产生的现金流量的来源和用途，预测企业现金流量的未来前景。

在间接法下，将净利润调节为经营活动现金流量，实际上就是将按权责发生制原则确定的净利润调整为现金净流入，并剔除投资活动和筹资活动对现金流量的影响。采用间接法编报现金流量表，便于将净利润与经营活动产生的现金流量净额进行比较，了解净利润与经营活动产生的现金流量差异的原因，从现金流量的角度分析净利润的质量。在我国，现金流量表补充资料应采用间接法反映经营活动产生的现金流量情况，以对现金流量表中采用直接法反映的经营活动现金流量进行核对和补充说明。

所以，我国企业会计准则规定企业应当采用直接法编报现金流量表，同时要求在辅助中提供以净利润为基础调节到经营活动现金流量的信息。

在根据会计报表之间的勾稽关系进行核对时，应将现金流量表中的“现金及现金等价物净增加额”和资产负债表中“货币资金”的年末数与年初数之间的差额相互核对，检查各种报表编制是否正确。

9.4.4　现金流量表的用途

“快乐是正的现金流”，的确如此。尽管净收益提供了企业成功或失败的长期指标，现金却是企业生命的血脉。没有现金，企业无法生存。对小型和新成立的企业而言，现金是生存唯一重要的因素。即使大中型企业也必须控制现金流。

债权人会仔细研究现金流量表，因为他们关心是否能得到偿付。他们首先研究经营活动提供的现金净额。如果该金额高，就说明企业可以从经营中获得充足的现金，无须其他借贷就可支付账单。相反，该金额小或者是负值，表示企业必须借款或发行权益证券来获得支付账单的现金。这样，债权人要通过现金流量表得到想要的答案。

9.5　所有者权益变动表

9.5.1　所有者权益变动表的概念

所有者权益（或股东权益）变动表，是指反映构成所有者权益各组成部分当期的增减变动情况的会计报表。

9.5.2　所有者权益变动表的内容和格式

所有者权益变动表应当反映构成所有者权益的各组成部分当期的增减变动情况。所有者权益变动表至少应当单独列示反映下列信息的项目：

（1）综合收益总额，在合并所有者权益变动表中还应单独列示归属于母公司所有者的综合收益总额和归属于少数股东的综合收益总额；

（2）会计政策变更和前期差错更正的累积影响金额；

（3）所有者投入资本和向所有者分配利润等；

（4）按照规定提取的盈余公积；

（5）所有者权益各组成部分的期初和期末余额及其调节情况。

综合收益和与所有者（或股东，下同）的资本交易导致的所有者权益的变动，应当分别列示。

9.5.3　所有者权益变动表的编制方法

所有者权益（或股东权益）变动表在一定程度上体现企业综合收益的特点，除列示直接计入所有者权益的利得和损失外，同时包含最终属于所有者权益变动的净利润，从而构成企业的综合收益。

所有者权益（或股东权益）变动表各项目应当根据当期净利润、直接计入所有者权益的利得和损失项目、所有者投入资本和向所有者分配利润、提取盈余公积等情况分析填列。

所有者权益（或股东权益）变动表中，直接计入当期损益的利得和损失应包含在净利润中。直接计入所有者权益的利得和损失主要包括可供出售金融资产公允价值变动净额、现金流量套期工具公允价值变动净额等，以上内容需单列项目反映。

所有者权益（或股东权益）变动表的格式见表9-12。

表9-12

所有者权益（股东权益）变动表

会企04表

编制单位：　　　　年度　　　　单位：元

项目	本年金额							上年金额						
	实收资本（或股本）	资本公积	减：库存股	其他综合收益	盈余公积	未分配利润	所有者权益合计	实收资本（或股本）	资本公积	减：库存股	其他综合收益	盈余公积	未分配利润	所有者权益合计
一、上年年末余额														
加：会计政策变更														
前期差错更正														
二、本年年初余额														
三、本年增减变动金额（减少以“－”填列）														
（一）综合收益总额														
（二）所有者投入和减少资本														
1.所有者投入资本														
2.股份支付计入所有者权益的金额														
3.其他														
（三）利润分配														
1.提取盈余公积														
2.对所有者（或股东）的分配														
3.其他														
（四）所有者权益内部结转														
1.资本公积转增资本（或股本）														
2.盈余公积转增资本（或股本）														
3.盈余公积弥补亏损														
4.其他														
四、本年年末余额														

9.6 附　注

9.6.1 会计报表附注的概念

附注，是指对在会计报表中列示项目所做的进一步说明，以及对未能在这些报表中列示项目的说明等。

会计报表附注的主要作用如下：

（1）会计报表附注将对会计报表中重要的数据做出解释和说明；

（2）会计报表附注主要以文字说明的方式充分披露了会计报表所提供的信息以及会计报表以外对财务会计报告使用者的决策有关的重要会计信息，从而有利于财务会计报告使用者全面掌握企业的财务状况、经营成果和现金流量等并做出正确的决策。

（3）会计报表附注可以提高企业会计信息的可比性。

总之，企业编制会计报表附注，有利于报表使用者，包括债权人、投资者以及政府有关部门等更充分地了解企业的财务状况、经营成果和现金流量状况。

9.6.2 会计报表附注的内容

1）企业的基本情况

（1）企业注册地、组织形式和总部地址。

（2）企业的业务性质和主要经营活动。

（3）母公司以及集团最终母公司的名称。

（4）财务报告的批准报出者和财务报告批准报出日。

2）财务报表的编制基础

财务报告编制基础分为通用目的编制基础和特殊目的编制基础。通用目的编制基础，是指旨在满足广大财务报表使用者共同的财务信息需求的财务报告编制基础，主要是指会计准则和会计制度。特殊目的编制基础，是指旨在满足财务报表特定使用者对财务信息需求的财务报告编制基础，包括计税核算基础、监管机构的报告要求和合同的约定等。

3）遵循企业会计准则的声明

企业应当明确说明编制的财务报表符合企业会计准则的要求，真实、公允地反映了企业的财务状况、经营成果和现金流量等有关信息，以此明确企业编制财务报表所依据的制度基础。

如果企业编制的财务报表只是部分地遵循了企业会计准则，附注中不得做出这种表述。

4）重要会计政策和会计估计

企业应当披露采用的重要会计政策和会计估计，不重要的会计政策和会计估计可以不披露。

（1）重要会计政策的说明

由于企业经济业务的复杂性和多样化，某些经济业务可以有多种会计处理方法，即存在不止一种可供选择的会计政策。企业在发生某项经济业务时，必须从允许的会计处理方法中选择适合本企业特点的会计政策，企业选择不同的会计处理方法，可能极大地影响企业的财务状况和经营成果，进而编制出不同的财务报表。为了有助于使用者理解，有必要对这些会计政策加以披露。

需要特别指出的是，说明会计政策时还需要披露下列两项内容：

①财务报表项目的计量基础。会计计量属性包括历史成本、重置成本、可变现净值、现值和公允价值，这直接显著影响报表使用者的分析，这项披露要求便于使用者了解企业财务报表中的项目是按何种计量基础予以计量的，如存货是按成本还是可变现净值计量等。

②会计政策的确定依据，主要是指企业在运用会计政策过程中所做的对报表中确认的项目金额最具影响的判断。例如，企业如何判断持有的金融资产是持有至到期而不是交易性投资等，这些判断对在报表中确认的项目金额具有重要影响。因此，这项披露有助于使用者理解企业选择和运用会计政策的背景，增加财务报表的可理解性。

（2）重要会计估计的说明

企业应当披露会计估计中所采用的关键假设和不确定因素的确定依据，这些关键假设和不确定因素在下一会计期间内很可能导致资产、负债账面价值进行重大调整。在确定报表中确认的资产和负债的账面金额中，企业有时需要对不确定的未来事项在资产负债表日对这些资产和负债的影响加以估计。例如，固定资产可收回金额的计算需要根据其公允价值减去处置费用后的净额与预计未来现金流量的现值两者之间的较高者确定，在计算资产预计未来现金流量的现值时需要对未来现金流量进行预测，并选择适当的折现率，应当在附注中披露未来现金流量预测所采用的假设及依据、所选择的折现率为什么是合理的等。这些假设的变动对这些资产和负债项目金额的确定影响很大，有可能会在下一个会计年度内做出重大调整。因此，强调这一披露要求，有助于提高财务报表的可理解性。

5）会计政策和会计估计变更以及差错更正的说明

企业应当按照《企业会计准则第28号——会计政策、会计估计变更和差错更正》及其应用指南的规定，披露会计政策和会计估计变更以及差错更正的有关情况。

6）报表重要项目的说明

企业应当以文字和数字描述相结合、尽可能以列表形式披露重要报表项目的构成或当期增减变动情况，并与报表项目相互参照。在披露顺序上，一般应当按照资产负债表、利润表、现金流量表、所有者权益变动表的顺序及报表项目列示的顺序。

7）或有和承诺事项、资产负债表日后非调整事项、关联方关系及其交易等需要说明的事项

这主要包括或有事项、资产负债表日后非调整事项、关联方关系及其交易等。

8）其他综合收益

（1）其他综合收益各项目及其所得税影响；

（2）其他综合收益各项目原计入其他综合收益、当期转出计入当期损益的金额；

（3）其他综合收益各项目的期初和期末余额及其调节情况。

章末习题

一、思考题

1.什么是财务报表？编制财务报表有哪些基本要求？

2.什么是资产负债表？资产负债表有何作用？

3.什么是利润表？利润表的结构如何？

4.试述现金流量表的编制基础及分类。

二、业务处理题

1.已知多元公司2016年初总资产比年末总资产少100 000元，年末流动资产是年末流动负债的3倍。2016年末的资产负债表（简表）见表9-13。

表9-13 **资产负债表（简表）**

制表单位：多元公司 2016年12月31日 单位：元

资产	期末余额	年初余额	负债和所有者权益（或股东权益）	期末余额	年初余额
流动资产：			流动负债：		
货币资金	52 500	47 200	短期借款	20 000	50 000
应收账款	26 500	83 500	应付账款	22 500	65 500
其他应收款	1 000	1 500	应交税费	9 500	6 500
存货	266 000	233 800	流动负债合计	52 000	（3）
流动资产合计	346 000	366 000	非流动负债：		
非流动资产：			长期借款	180 000	200 000
			非流动负债合计	180 000	200 000
			负债合计	232 000	
固定资产	204 000	（1）	所有者权益（或股东权益）：		
			实收资本	300 000	300 000
			盈余公积	18 000	（4）
			所有者权益合计	318 000	（5）
资产总计	550 000		负债及所有者权益总计	550 000	（2）

要求：请填写完成上表括号中的数据。

2.宏程公司所得税税率为25%。该公司2016年1月至11月各损益类账户的累计发生额和12月底转账前各损益类账户的发生额见表9-14。

表9-14 **各损益类账户的发生额** 单元：元

账户名称	12月份发生数		1月至11月累计发生数	
	借方	贷方	借方	贷方
主营业务收入	252 500		2 800 000	5 000 000
主营业务成本	2 600		10 000	
销售费用	1 000		29 000	
税金及附加	7 500		32 500	
其他业务成本	2 000		11 000	
营业外支出	3 000		30 000	
财务费用	4 400	3 000	50 000	
管理费用		20 000		
其他业务收入				
营业外收入		2 500		
投资收益				

则宏程公司2016年度利润表的下列报表项目金额为：

（1）营业收入（　　）元；

（2）营业成本（　　）元；

（3）营业利润（　　）元；

（4）利润总额（　　）元；

（5）净利润（　　）元。

3.发达公司2016年度有关账户余额见表9-15，编制2016年的利润表。

表9-15 **发达公司有关账户余额** 单位：元

科目	余额	科目	余额
主营业务收入	1 250 000	投资收益（贷方）	100 000
主营业务成本	750 000	其他业务收入	2 000 000
税金及附加	20 000	其他业务成本	1 800 000
销售费用	20 000	营业外收入	1 000 000
管理费用	100 000	营业外支出	200 000
财务费用	50 000	所得税费用	347 500
资产减值损失	20 000		

三、案例讨论

绿大地（002200）是国内绿化苗木行业首家上市公司，曾经获誉无数。然而，2008年10月至今，绿大地两换财务总监、三换会计师事务所；2009年度业绩预告和快报五度反复，2009年年报和2010年第一季度报告分别被补充更正，2011年年报又对业绩预报进行了大幅向下修正；2010年年报和2011年年报分别收到了保留意见审计报告和无法表示意见的审计报告。2010年3月17日，绿大地因严重违规披露被证监会立案调查，高管被捕。2011年5月4日，绿大地被带帽“*ST”。绿大地利用生物资产估值的难以取证的特性在上市之前就涉嫌财务造假，值得深入研究。本案例旨在使学生对会计信息质量特征的内涵及其对保护投资者合法权益的重要性有更深层次的认识，提高学生剖析财务报表的能力。

讨论题：

（1）如果你是一名中小投资者，如何通过解读财务报告发现公司财务舞弊行为？

（2）你认为绿大地财务造假的动机是什么？

（3）结合该案例，会计信息质量对投资者权益有怎样的影响？

（4）你认为在绿大地财务造假的背后，公司治理层面可能存在哪些漏洞？

（5）如果你是政府监管部门的工作人员，你认为应该从哪些方面切实加强对上市公司信息披露的监管？

（6）为了防范风险，实现投资保值增值，投资者在分析财务报告时应该特别注意哪些地方？

第10章/
账务处理程序

本章知识结构图

【学习目标】了解账务处理程序及分类；掌握记账凭证账务处理程序步骤及优缺点、科目汇总表账务处理程序的步骤及优缺点；了解汇总记账凭证账务处理程序、多栏式日记账和日记总账账务处理程序。

引导案例

张女士想买一条裤子，她可以坐车—商场—讨价还价—试穿—购买付款—收货，也可以打开电脑—网上商场—聊天讨价—购买—等待收货—收货试穿—确认付款。这两种方式最终都可以买到想要的裤子，只是购买过程中的试穿与付款顺序略有不同。同样，会计核算最终的产品是会计账簿和报表信息，生成这些信息需要经历经济业务的发生（原始凭证的取得）、记账凭证的填制、日记账和明细账的登记、总账的登记、报表的生成等步骤，这些步骤和方法在登记总分类账时可以选择不同的登记方法，因此，产生了不同的账务处理程序。

10.1 账务处理程序概述

10.1.1 账务处理程序概念

会计核算的最终产品是决策有用的会计信息，主要以财务报告为载体，在生产最终信息过程中，也会产生凭证信息和账簿信息，一般来说，经济业务发生后我们会记录每笔业务的数据生成会计凭证，进而连续系统、分类汇总各种零散数据登记为会计账簿，最后根据会计账簿数据和信息生成财务报告信息。会计凭证和会计账簿已经在前面章节讲述，如何及时、准确、完整地将会计凭证的数据和信息载入到会计账簿，进而生成有用会计信息反映给使用者，这就涉及账务处理程序。

账务处理程序又称会计核算形式、会计核算组织程序，是指对会计数据从取得原始凭证到产生完整会计信息的步骤和方法。其主要内容包括整理和汇总原始记账凭证，填制记账凭证，登记各种账簿，编制会计报表这一过程的步骤和方法。

10.1.2 账务处理程序的意义和原则

在会计工作中，账务处理程序能够使会计的工作程序更加规范化，保证会计工作的有序进行，提高会计核算资料的质量和会计核算工作的效率，同时减少不必要的核算环节和手续，并且充分发挥会计的核算和监督职能。

科学、合理地组织账务处理程序是做好会计工作的重要前提之一，设计账务处理程序一般应遵循以下几个原则：第一，要与本单位的业务性质、规模大小、繁简程度、经营管理的要求和特点等相适应，有利于岗位责任制的建立和分工合作。第二，要能够准确、及时、完整地向会计信息使用者提供需要的信息。第三，要在保证会计核算工作质量的前提下，尽量简化核算手续，节约人力和物力，降低会计信息的成本，提高会计核算的工作效率。

10.1.3　账务处理程序的分类

在会计工作的长期实践中，根据具体登记会计总分类账的依据和方式不同，形成了以下5种账务处理程序：

（1）记账凭证账务处理程序；

（2）科目汇总表账务处理程序；

（3）汇总记账凭证账务处理程序；

（4）多栏式日记账账务处理程序；

（5）日记总账账务处理程序。

这几类账务处理程序的基本模式没有太大差别，主要区别在于登记总分类账的依据和方法不同，记账凭证账务处理程序是根据记账凭证登记总分类账；科目汇总表账务处理程序是根据科目汇总表登记总分类账；汇总记账凭证账务处理程序是根据汇总记账凭证登记总分类账；多栏式日记账账务处理程序是根据多栏式日记账登记总分类账；日记总账账务处理程序则是直接将总分类账当作日记账处理，即按照记账凭证逐日逐笔登记。

10.2　记账凭证账务处理程序

10.2.1　记账凭证账务处理程序的含义

记账凭证账务处理程序是指对发生的经济业务事项，都要根据原始凭证或汇总原始凭证编制记账凭证，然后直接根据记账凭证逐笔登记总分类账的一种账务处理程序。

10.2.2　凭证与账簿设置

在记账凭证账务处理程序下，记账凭证可以设置为“收款凭证”“付款凭证”“转账凭证”三种格式，也可以不分类设置为通用格式“记账凭证”一种。会计账簿需要设置库存现金日记账和银行存款日记账进行序时记录，设置总分类账进行总分类核算，设置一定的明细分类账进行明细分类核算。日记账和总分类账一般采用订本账，三栏式格式，明细分类账可以根据企业实际情况灵活设置活页账，主要可以采用三栏式、多栏式、数量金额式等。

10.2.3　记账凭证账务处理程序的步骤

第一步，经济业务发生后，根据有关原始凭证或汇总原始凭证编制记账凭证（收款凭证、付款凭证和转账凭证）；

第二步，根据收款凭证和付款凭证，逐日逐笔登记库存现金（银行存款）日记账；

第三步，根据原始凭证或汇总原始凭证、记账凭证，逐笔登记各种明细分类账；
第四步，根据各种记账凭证，逐笔登记总分类账；
第五步，期末，将日记账、明细账的余额和总分类账中相应账户余额进行核对；
第六步，期末，根据总分类账和明细分类账以及其他资料，编制会计报表。
记账凭证账务处理流程图如图10-1所示。

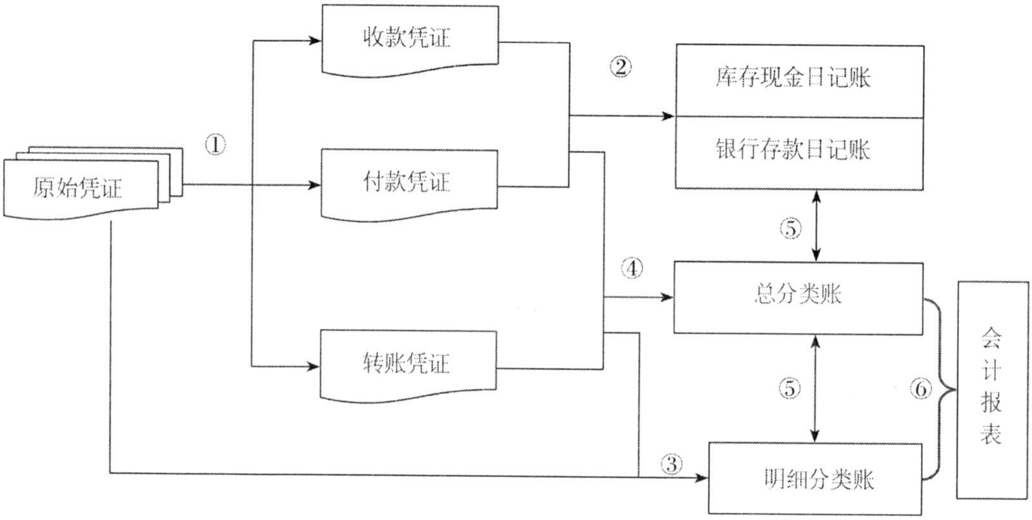

图10-1 记账凭证账务处理流程图

10.2.4 优缺点

记账凭证账务处理程序的优点是：手续简便，易于理解，总分类账比较详细地反映了经济业务情况，来龙去脉清楚，便于了解经济业务的动态和核对账目。其缺点是，由于总分类账是直接根据记账凭证逐笔登记，如果企业规模大，经济业务繁多，就会使得记账凭证多，从而加大登记总分类账的工作量。

10.2.5 适用范围

记账凭证账务处理程序适合规模小、业务量少、记账凭证不多的企业使用。

10.3 科目汇总表账务处理程序

10.3.1 科目汇总表账务处理程序的含义

科目汇总表账务处理程序是定期根据各种记账凭证进行汇总，编制科目汇总表，然后再根据科目汇总表登记总分类账的一种账务处理程序。该账务处理程序和记账凭证账务处理程序相比，最大差别是需要设置“科目汇总表”。

10.3.2 科目汇总表的编制方法

科目汇总表是根据记账凭证汇总编制而成，基本编制方法为：根据一定会计期间编制的全部记账凭证，按照相同会计科目进行归类，定期（一般每10天、每15天或者每个月）分别汇总每一个账户的借贷方的发生额，并将其填列在科目汇总表的相应栏目内，用以反映本次汇总的全部账户的借、贷方发生额。根据科目汇总表登记总分类账时，只需要将科目汇总表各账户汇总起来的借贷方发生额合计数，分次（每10天汇总则分3次，每

15天汇总则分2次，每月汇总则为1次）计入相应总分类账借方或者贷方即可。科目汇总表的格式见表10-1。

表10-1

科目汇总表

年 月 日 至 月 日

编号：		
凭证号数	收款	自 号至 号
	付款	自 号至 号
	转账	自 号至 号

会计科目	借方金额	贷方金额	总账页数

注：科目汇总表右上角，如果不分类，通用一种，则“记账凭证自 号至 号”，当然如果用上述科目汇总表，可以直接填在转账栏，用以代替通用记账凭证。

10.3.3 科目汇总表账务处理程序的步骤

第一步，经济业务发生后，根据审核无误的原始凭证或汇总原始凭证编制记账凭证（可分类为收款凭证、付款凭证和转账凭证）。

第二步，根据收款凭证和付款凭证，逐日逐笔登记库存现金（银行存款）日记账。

第三步，根据原始凭证或汇总原始凭证、记账凭证，逐笔登记明细分类账。

第四步，根据一定时期内的全部记账凭证，定期汇总编制科目汇总表。

第五步，根据科目汇总表，登记总分类账。

第六步，期末，将日记账、明细账的余额和总分类账中相应账户余额进行核对。

第七步，期末，根据总分类账和明细分类账的记录，编制会计报表。

科目汇总表账务处理流程图如图10-2所示。

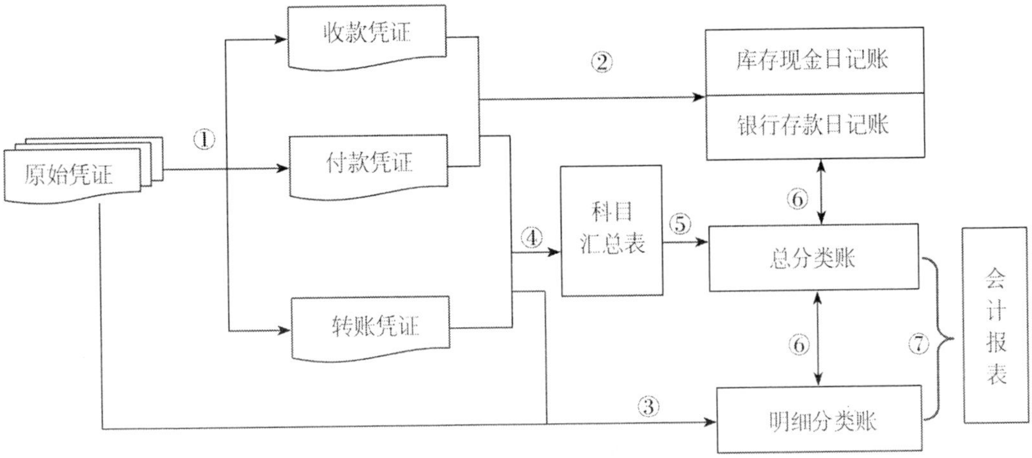

图10-2 科目汇总表账务处理流程图

10.3.4 优缺点

科目汇总表账务处理程序的优点是，由于总分类账的登记日期是根据科目汇总表的编制时间而定的，采用了汇总登记总分类账的方法，明显减少了登记总分类账的工作量，并且编制科目汇总表的方法简单易学，能够起到试算平衡的作用。其缺点是，科目汇总表不考虑账户间的对应关系，不便于分析和检查经济业务的详细内容和核对账目。

10.3.5 适应范围

科目汇总表账务处理程序能够进行账户发生额的试算平衡，减轻总分类账登记工作量的优点，因此，不论规模大小的企业都可采用，是适用性最广的一种账务处理程序。

10.4 汇总记账凭证账务处理程序

10.4.1 汇总记账凭证账务处理程序的含义

汇总记账凭证账务处理程序是根据原始凭证或原始凭证汇总表编制的记账凭证，定期根据记账凭证分类编制汇总收款凭证、汇总付款凭证和汇总转账凭证，再根据汇总记账凭证登记总分类账的一种账务处理程序。汇总记账凭证账务处理程序是在记账凭证账务处理程序的基础上发展起来的，它与记账凭证账务处理程序的主要区别是在记账凭证和总分类账之间增加了汇总记账凭证。

10.4.2 凭证与账簿设置

采用这一程序，企业除必须设置收款凭证、付款凭证和转账凭证外，还应设置汇总收款凭证、汇总付款凭证、汇总转账凭证，作为登记总分类账的依据。按“库存现金”和“银行存款”科目的借方分别设置汇总收款凭证，汇总一定时期内库存现金和银行存款的收款业务；按“库存现金”和“银行存款”的贷方科目分别设置汇总付款凭证，汇总一定时期内库存现金和银行存款的付款业务；汇总转账凭证则一般按转账凭证中每一贷方科目分别设置，以汇总一定时期内的转账业务。

会计账簿需要设置库存现金日记账和银行存款日记账进行序时记录，设置总分类账进行分类核算，设置一定的明细账进行明细核算。日记账和总分类账的格式一般采用订本式、三栏式，明细账则可按企业实际情况进行灵活的设置，一般为活页账，可采用三栏式、多栏式、数量金额式等。

10.4.3 汇总收款凭证

汇总收款凭证可分为库存现金汇总收款凭证和银行存款汇总收款凭证，按照收款凭证的样式设置，即设置借方科目为“库存现金”或者“银行存款”，将收款凭证中贷方科目的发生额定期进行汇总，可以按照业务量每10天或者每15天等汇总，并将汇总后的金额填在凭证中，期末，根据计算后的库存现金或者银行存款合计数登记到库存现金或者银行存款总分类账，根据对应贷方科目的发生额合计数登记到相应的总分类账中。具体格式见表10-2。

10.4.4 汇总付款凭证

汇总付款凭证可分为库存现金汇总付款凭证和银行存款汇总付款凭证，按照付款凭证的样式设置，即设置贷方科目为“库存现金”或者“银行存款”，将付款凭证中借方科目

表10-2　　汇总收款凭证

借方科目：库存现金（或银行存款）

贷方科目	金额				总账页数	
	(1)	(2)	(3)	合计	借方	贷方
合计						

会计主管：　　记账：　　出纳：　　审核：　　填制：

注：(1)、(2)、(3) 是指分几次汇总，汇总的时间及收款凭证的号数。

的发生额定期进行汇总，可以按照业务量每10天或者每15天等汇总，并将汇总后的金额填在凭证中，期末，根据计算后的库存现金或者银行存款合计数登记到库存现金或者银行存款总分类账，根据对应借方科目的发生额合计数登记到相应的总分类账中。具体格式见表10-3。

表10-3　　汇总付款凭证

贷方科目：库存现金（或银行存款）

借方科目	金额				总账页数	
	(1)	(2)	(3)	合计	借方	贷方
合计						

会计主管：　　记账：　　出纳：　　审核：　　填制：

注：(1)、(2)、(3) 是指分几次汇总，汇总的时间及付款凭证的号数。

10.4.5　汇总转账凭证

在编制汇总转账凭证时，按照日常核算工作中所填制的转账凭证上会计分录的贷方科目设置汇总转账凭证，按照对应的借方科目定期（如每10天或15天等）进行汇总，每月编制一张，计算出每一个借方科目的发生额合计数，填入汇总转账凭证的对应合计栏。期末，根据合计栏，分别将各借方科目发生额合计数登记到对应的总分类账，同时将这一贷方科目的合计数登记到自身总分类账中。具体格式见表10-4。

上述分别对汇总收款凭证、汇总付款凭证及汇总转账凭证的填制方法和格式进行了说明，需要补充说明两点：第一，编制汇总收款凭证，会计分录最好的形式是一借一贷或者一借多贷，不宜多借一贷或者多借多贷，避免汇总过程中重复使用收款凭证造成汇总错误。编制汇总付款凭证，会计分录最好的形式是一借一贷或者多借一贷，不宜一借多贷或者多借多贷，避免汇总过程中重复使用付款凭证而造成汇总错误。编制汇总转账凭证时，

表10-4

汇总转账凭证

贷方科目：

借方科目	金额				总账页数	
	(1)	(2)	(3)	合计	借方	贷方
合计						

会计主管： 记账： 出纳： 审核： 填制：

注：(1)、(2)、(3) 是指分几次汇总，汇总的时间及转账凭证的号数。

由于按会计分录贷方科目设置，与编制汇总付款凭证一样，会计分录最好的形式是一借一贷或者多借一贷，不宜一借多贷或者多借多贷，避免汇总过程中重复使用付款凭证而造成汇总错误。第二，期末根据汇总凭证登记总分类账，一般只需要根据第5栏的合计数填列即可，在上述格式中，第5栏为合计栏目，包含了会计分录所有借贷科目的合计数。

10.4.6 汇总记账凭证账务处理程序的基本步骤

第一步，经济业务发生后，根据审核无误的原始凭证或汇总原始凭证编制记账凭证（即收款凭证、付款凭证和转账凭证）；

第二步，根据收款凭证和付款凭证，逐日逐笔登记库存现金（银行存款）日记账；

第三步，根据原始凭证或汇总原始凭证、记账凭证，逐笔登记明细分类账；

第四步，根据收款凭证、付款凭证、转账凭证分别编制汇总收款记账凭证、汇总付款记账凭证、汇总转账记账凭证；

第五步，根据各种汇总记账凭证登记总分类账；

第六步，期末，将日记账、明细账的余额和总分类账中相应账户余额进行核对；

第七步，期末，根据总分类账和明细分类账的记录，编制会计报表。

汇总记账凭证账务处理流程图如图10-3所示。

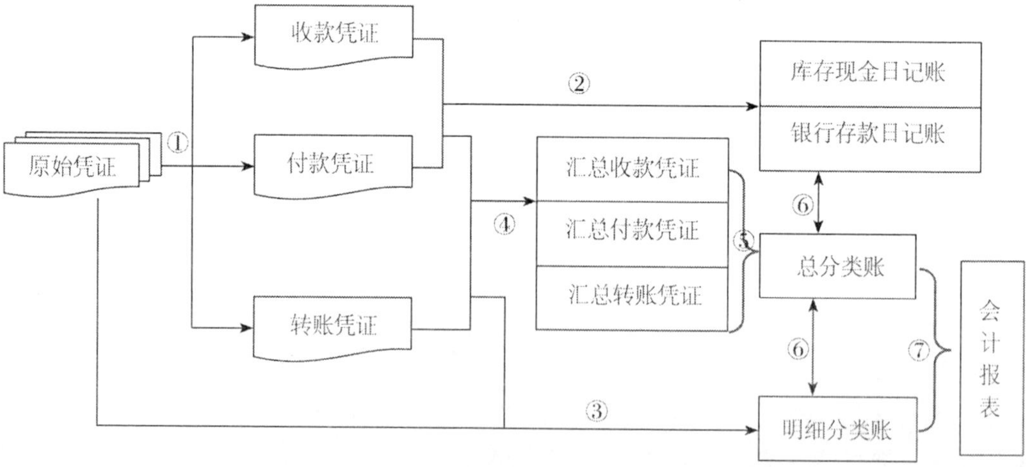

图10-3 汇总记账凭证账务处理流程图

10.4.7　优缺点

汇总记账凭证账务处理程序的优点是：根据汇总后的记账凭证登记总分类账，而不是直接根据大量的记账凭证登记总分类账，大大减轻了会计人员在会计核算期末的登账工作量，并可以促进会计分工，提高工作效率；同时，汇总记账凭证能够清晰地反映账户之间的对应关系。

但汇总记账凭证账务处理程序也存在一定的缺点：首先，汇总记账凭证账务处理程序要求按期编制一定数量的汇总记账凭证，这就在会计期间增加了会计人员的工作量。其次，汇总过程中可能出现重复汇总现象，有些错误难以发现。

10.4.8　适用范围

这一账务处理程序适用于规模较大、收付款业务发生较多的单位。

10.5　多栏式日记账账务处理程序

10.5.1　多栏式日记账账务处理程序的含义

多栏式日记账账务处理程序是指根据多栏式库存现金日记账、多栏式银行存款日记账和转账凭证或汇总转账凭证登记总分类账的一种账务处理程序。其主要特点是将企业银行存款及库存现金日记账的功能扩充，利用多栏式日记账的特点，在进行序时登记时，按相应的会计科目分类登记，期末，涉及收付款业务的可直接将多栏式日记账中的对应科目发生额作为登记总分类账的依据，不涉及收付款业务的会计分录，可根据转账凭证逐笔登记或者根据汇总转账凭证登记总分类账。值得注意的是，该账务处理程序和汇总记账凭证账务处理程序相比，用多栏式日记账代替了汇总收款凭证和汇总付款凭证的功能。

10.5.2　凭证与账簿设置

为方便日记账登记的需要，一般设置“收款凭证”“付款凭证”“转账凭证”格式，而不用通用的记账凭证格式。另外，按企业实际需要，还可设置汇总转账凭证，以方便期末登记总分类账。

账簿需要设置多栏式库存现金日记账、多栏式银行存款日记账、总分类账及相应的明细分类账。如果库存现金和银行存款对应科目较多时，可以设置“多栏式库存现金收入日记账”“多栏式银行存款收入日记账”“多栏式库存现金支出日记账”“多栏式银行存款支出日记账”；而库存现金和银行存款对应科目较少时，可只设置“多栏式库存现金（收支）日记账”和“多栏式银行存款（收支）日记账”。多栏式库存现金（收支）日记账的格式见表10-5，多栏式银行存款（收支）日记账基本相同。

10.5.3　多栏式日记账账务处理程序的基本步骤

第一步，经济业务发生后，根据审核无误的原始凭证或汇总原始凭证编制记账凭证（即收款凭证、付款凭证和转账凭证）；

第二步，根据收款凭证和付款凭证，逐日逐笔登记多栏式库存现金（银行存款）日记账；

第三步，根据原始凭证或汇总原始凭证、记账凭证，逐笔登记明细分类账；

表 10-5　　多栏式库存现金（收支）日记账

年		凭证号	摘要	收入（应贷科目）			支出（应借科目）			余额
月	日			银行存款	其他应收款	……	银行存款	管理费用	……	

注：如果对应科目过多，栏目不够，可以将收入（应贷科目）和支出（应借科目）分开单独设置多栏式日记账。

第四步，根据转账凭证编制汇总转账凭证（如根据转账业务不多，根据转账凭证逐笔登记总分类账，则不需要编制汇总转账凭证）；

第五步，根据上述多栏式库存现金、银行存款日记账及汇总转账凭证登记总分类账；

第六步，期末，将日记账、明细账的余额和总分类账中相应账户余额进行核对；

第七步，期末，根据总分类账和明细分类账的记录，编制会计报表。

多栏式日记账账务处理流程图如图 10-4 所示。

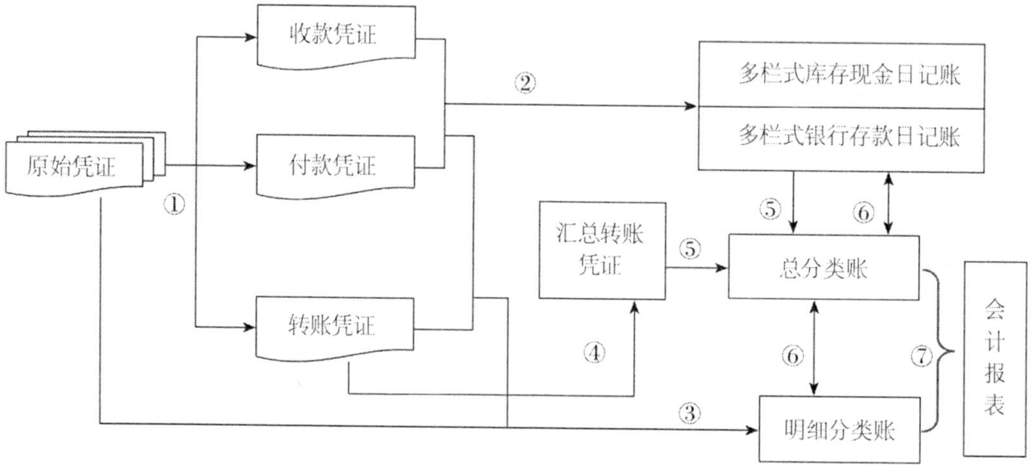

图 10-4　多栏式日记账账务处理流程图

10.5.4　优缺点

多栏式日记账账务处理程序的优点是：在这种账务处理程序中，收款凭证、付款凭证通过多栏式日记账进行汇总，再据以登记总分类账，减少了中间处理环节，简化了登记总分类账的工作，提高了效率。同时，多栏式日记账可使企业对货币资金的管理大大加强。另外，它还清晰反映了库存现金或银行存款相关经济业务收支的来龙去脉。但多栏式日记账账务处理程序也存在一定的缺点：如果企业经济业务较复杂、会计科目设置较多，必将会造成日记账栏目过多、账页庞大，进而容易串行串栏，不利于账簿登记和事后检查。

10.5.5 适用范围

这种账务处理程序适用于生产经营规模大、经济业务量多，但使用会计科目较少的单位。

10.6 日记总账账务处理程序

10.6.1 日记总账账务处理程序的含义

日记总账账务处理程序是指根据记账凭证逐笔登记日记总账的一种账务处理程序，其主要特点是：预先设置日记总账，然后直接根据记账凭证逐笔登记日记总账。

10.6.2 凭证与账簿设置

在日记总账账务处理程序下，设置的记账凭证有“收款凭证”、“付款凭证”和“转账凭证”，也可以不分类设置通用记账凭证；设置的库存现金日记账、银行存款日记账和各种明细分类账，与其他账务处理程序基本相同，主要不同的是需要设子日记总账，日记总账是一种兼具序时账簿和分类账簿功能的联合账簿，日记总账账页一般为多栏式，将经济业务发生后可能涉及的所有会计账户，分设专栏集中列示在同一张账页上，每一个账户又具体分为借贷两栏。

登记日记总账时，应在同一行将每笔经济业务的借、贷方发生额按应借、应贷账户分别填列到相应账户的借方栏或贷方栏内，同时将这一发生额记入同一行的发生额栏内。到了每月的月末，应计算出各科目的本期发生额和月末余额。其中，发生额一栏的当月合计数应该与全部科目的借方发生额合计数、贷方发生额合计数分别核对相符。日记总账的格式见表10-6。

表10-6 日记总账

年		凭证号	摘要	发生额	银行存款		应收账款		原材料		……
月	日				借方	贷方	借方	贷方	借方	贷方	……
			本月合计								

10.6.3 日记总账账务处理程序的步骤

第一步，经济业务发生后，根据审核无误的原始凭证或汇总原始凭证编制记账凭证（也可分类为收款凭证、付款凭证和转账凭证）；

第二步，根据收款凭证和付款凭证，逐日逐笔登记库存现金日记账或银行存款日记账；

第三步，根据原始凭证或汇总原始凭证、记账凭证，逐笔登记明细分类账；

第四步，根据各种记账凭证逐笔登记日记总账；

第五步，期末，将库存现金日记账、银行存款日记账和明细账的余额与总分类账中相应账户余额进行核对；

第六步，期末，根据日记总账和明细分类账的记录，编制会计报表。

日记总账账务处理流程图如图10-5所示。

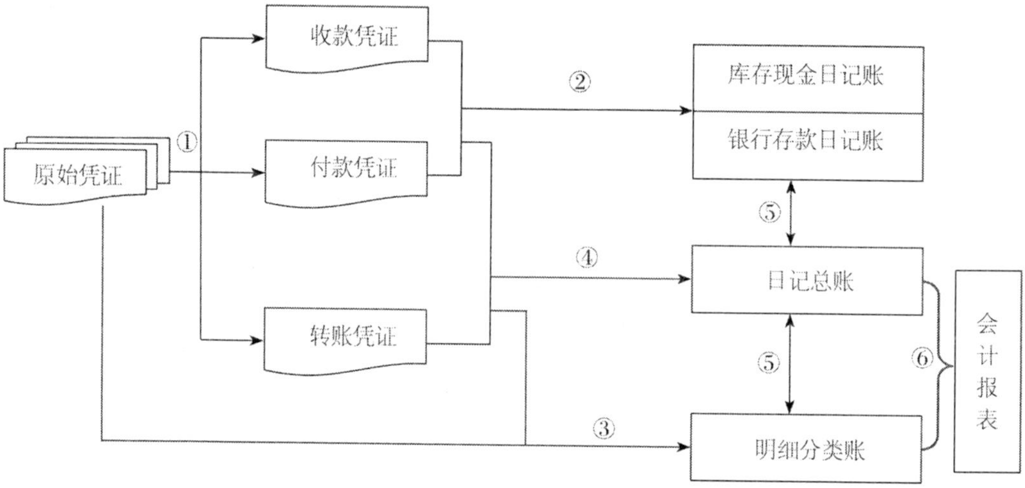

图10-5　日记总账账务处理流程图

10.6.4　优缺点

日记总账账务处理程序的优点是：在此账务处理程序下，序时核算与总分类核算结合进行，核算程序简便易行；同时全部账户集中在一张账页上，因而能直观清晰反映各账户之间的对应关系。

但是日记总账账务处理程序也存在一定的缺点：增大了登记日记总账的工作量，同时，如果单位的规模较大，运用的会计科目较多，日记总账的账户栏次就会过多，账页宽幅就会过长，这样不利于会计人员的分工也不便记账和查阅。

10.6.5　适用范围

这种账务处理程序只适用于规模较小、经济业务比较简单、使用会计科目也较少的单位。

10.7　会计信息化下账务处理程序

10.7.1　我国会计信息化发展历程

我国会计信息化始于20世纪70年代，经历了三个时期。

第一个时期为萌芽及发展时期（1978—1998年），即会计电算化，1978年改革开放以来，我国会计信息化工作开始产生，1981年8月，由一汽和中国人民大学发起召开了“财务、会计、成本应用电子计算机专题讨论会”，讨论会在长春召开，在这次讨论会上提出了“会计电算化”的概念。这一时期主要表现为：（1）尝试阶段（1983年前），特点是单项会计业务的电算化，最为普遍的是工资核算的电算化；（2）自发发展阶段（无序发展阶段）（1983—1988年），特点是会计电算化工作受到重视；（3）计划发展阶段（有序发展阶段）（1989—1998年），1989年12月财政部颁布了《会计核算软件管理的几项规定（试行）》，明确了会计电算化的宏观管理，软件向通用化、专业化、商品化和规范化方向发展；在此基础上相继出台了《会计电算化管理办法》《商品化会计核算评审规则》《会计核算软件基本功能规范》《关于大力开展会计电算化培训工作》等。

第二个时期为会计信息化产生及初步应用时期（1999—2002年），这个时期投资、资本运作及财务协同的发展，会计软件逐步向管理型软件发展，同时网络技术在会计领域不断深入运用，大型会计软件公司开始研制和完善ERP系统、SCM等系统，"会计信息化"概念由此提出。

第三个时期为会计信息化的推进与发展（2003年至今），这一时期的特点主要表现为：定期召开信息化年会、深入研究会计信息化理论、会计信息化应用、会计标准化体系研究、XBRL的应用及国际化、国家标准化管理委员会颁布《信息技术、会计核算软件数据接口规范》、管理会计信息化研究等。

10.7.2　会计信息化含义

会计信息化发展起源于会计电算化，二者的应用依托于会计信息系统，实际工作中可视化为会计软件。会计电算化最初产生是指利用计算机软硬件技术，以替代手工会计核算为目的，对经济业务产生的会计数据，进行收集、整理、加工和输出，生成会计信息的工作。发展到会计信息化阶段，其含义已经发生了变化，会计信息化是会计电算化在信息技术条件下发展的结果，一般认为，会计信息化是利用计算机技术、网络通信技术、数据库技术等，解决会计电算化信息孤岛现象，对企业经济业务进行全面的核算和监督，通过收集和加工处理进行会计核算，通过数据库存储所有财务与非财务数据与信息，共享挖掘数据，输出所需有用会计信息的过程。

10.7.3　会计信息化下的账务处理程序

1）计算机条件下会计核算的基本原理

计算机条件下会计核算过程主要表现为：收集经济业务产生的会计分录数据、存储进入相应的会计凭证数据库文件、审核该文件中各个会计分录记录的正确性、自动进行汇总登记入账、汇总入账结果存储在相应的汇总数据库文件、明细账数据库文件、日记账数据库文件等（如图10-6所示）。

2）会计信息化下的账务处理程序

从图10-6可以看出，计算机条件下进行会计核算，记账过程是由计算机自动完成的，因此，不存在人工记账工作量大小问题，也不存在登记总分类账分类汇总问题，这些工作都由程序自动进行，并将结果存储在"汇总文件"中。

会计信息化下会计核算主要也经过凭证、账簿和报表三个过程，其中由凭证到账簿的过程经过录入（或导入）记账凭证、审核凭证、凭证记账三个核心过程，在这个过程中，记账过程是由计算机程序自动进行，不存在账务处理程序选择问题，但是严格意义来说，按照上图所示，登记总分类账即生成汇总文件数据，计算机是直接根据记账凭证文件中的记录检索并分类汇总形成，因此，也可以说计算机条件下账务处理程序自动选择了"记账凭证账务处理程序"，所输出的总分类账数据是逐笔按照记账凭证登记的，同时计算机的

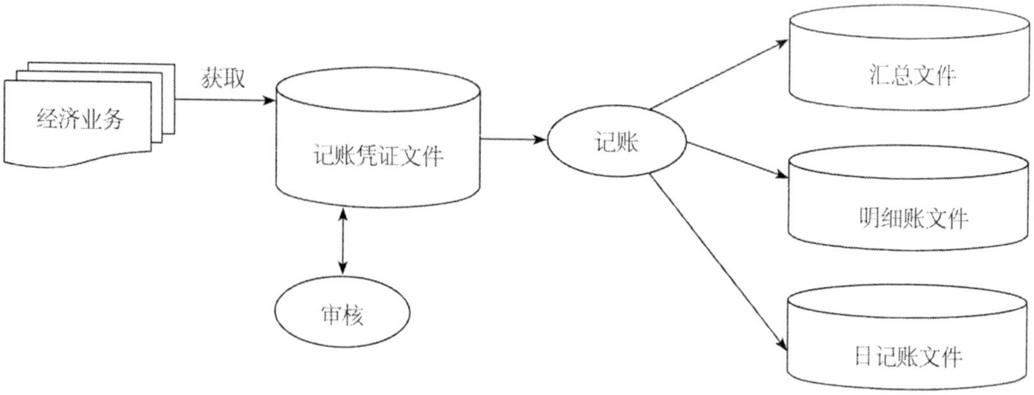

图10-6　会计软件进行核算的基本原理图

自动快速计算功能，也提供了查询科目汇总表、查询多栏账等功能，这些功能仅限于查询，而与我们传统手工核算下作为登记总分类账依据的作用已经相去甚远。

章末习题

一、思考题

1.什么是会计账务处理程序？账务处理程序有哪些种类？

2.各种账务处理程序之间有什么主要区别？

3.在会计电算化普及的时代，哪一种账务处理程序仍被普遍使用？为什么？

4.科目汇总表账务处理程序与汇总记账凭证账务处理程序有什么区别？

二、业务题

1.某有限责任公司属一般纳税人，20×7年3月份发生的经济业务如下：

（1）3月2日，收到投资者投入资本40 000元，存入银行。

（2）3月3日，某企业以银行存款购入不需要安装的设备，增值税专用发票注明的价款100 000元，增值税17 000元，发生包装费用1 400元。

（3）3月12日，企业向乙公司购进A材料1 000千克，单价50元，价款50 000元，增值税进项税额8 500元，对方代垫运杂费4 000元，其款项以银行存款支付。材料尚未到达。

（4）3月15日，结算本月份应付职工工资100 000元，其中，生产工人工资80 000元，企业管理部门人员工资20 000元。

（5）3月21日，用银行存款支付企业行政管理部门水电费2 600元。

（6）3月22日，企业行政管理部门因公出差预借差旅费6 000元。以现金支票支付。

（7）3月25日，把收到的现金2 000元存入开户银行。

（8）3月31日，本月生产的产品完工，结转成本6 000元。

（9）3月31日，企业向乙公司购进A材料100千克，单价50元，价款5 000元，增值税进项税额850元，原材料验收入库，款项尚未支付。

（10）3月31日，收到甲公司归还货款10 000元。

要求：

（1）编制上述经济业务的会计分录；

（2）完成科目汇总表（见表10-7）。

表10-7

科目汇总表

20×7年3月1日至5日

会计科目	借方发生额	贷方发生额
合计		

2.资料见上述业务题，假如该公司采用汇总记账凭证账务处理程序，每5天对各种记账凭证汇总一次，为简化起见，编制汇总收款凭证、汇总付款凭证。

三、案例分析题

甲公司刚刚成立，主要从事小工艺品进出口贸易，注册资本20万元，成立初期业务较少，为了开展业务，招聘了2个业务员进行网络和实地销售，发生的业务主要由其中一个业务员进行流水账登记，由于忽略了会计的作用，成立后3个月内没有进行合理系统的会计核算，没有设置完整的账簿报表，因此，没有及时进行纳税申报，被罚款2 000元，经理意识到了会计的重要性，决定招聘一名会计，主要负责建立会计核算体系，进行凭证、账簿、报表的编制，负责资金收付业务、负责纳税申报等所有企业的财务会计工作。小张刚毕业，应聘上了这个岗位，按照所学知识，他认为应当购买设置三种凭证：收款凭证、付款凭证和转账凭证，同时购买了订本式总分类账和日记账，也购买了三栏式明细分类账，由于商品种类较多，商品明细分类账购买了数量金额式，同时，小张认为科目汇总表适用于任何规模企业，因此，购买了科目汇总表，采用科目汇总表账务处理程序来组织会计核算。

案例要求：利用您所学的知识，分析一下该公司聘请小张负责的工作职责合理吗？小张考虑设置的账务处理程序是否合理？为什么？

第11章/ 会计循环综合案例

本章知识结构图

【学习目标】掌握会计核算方法在各个会计循环步骤中的具体应用。

11.1 资料与要求

11.1.1 公司概况

长江有限责任公司是一家典型的工业企业，主要生产甲产品和乙产品。公司适用的增值税税率为17%，所得税税率为25%。公司内部设置财务部，负责公司的会计与财务管理工作，具体会计工作岗位及分工如下。

（1）财务部负责人：肖峰。

（2）记账：董冰，负责总账的登记，财务报表的编制等工作。

（3）记账：白雪，负责记账凭证的编制、明细账的登记等工作。

（4）出纳：孟鸽，负责现金、银行存款的管理及日记账的登记等工作。

（5）稽核：姜瀚，负责账目稽查等工作。

11.1.2 账户余额

2016年5月初有关账户的余额资料见表11-1。

11.1.3 经济业务

长江公司2016年5月份发生下列经济业务（相当于原始凭证）。

（1）5月1日，开出金额为1 500 000元的转账支票，支付前欠美钻公司的货款。

（2）5月3日，接到银行通知，应收阳光公司3 000 000元的货款已经到账。

（3）5月5日，销售甲产品给阳光公司，数量100件，单价5 600元，货款560 000元及增值税95 200元，共计655 200元已收到存入银行。

（4）5月10日，销售乙产品给彩虹公司，数量100件，单价7 600元，货款760 000元及增值税129 200元，共计889 200元已收到存入银行。

（5）5月15日，向丽晶公司购买B材料1 000千克，单价20元，价款20 000元，增值税进项税额3 400元，款项未付，材料已验收入库。

（6）5月18日，向希望工程捐款200 000元，以银行存款支付。

（7）5月22日，接受宏达公司支付的500元现金罚款。

表11-1　　**长江有限责任公司账户期初余额资料**　　单位：元

总账	借方余额	明细账	借方余额	总账	贷方余额	明细账	贷方余额
库存现金	50 000			短期借款	8 000 000		
银行存款	3 000 000			应付账款	2 000 000	美钻公司	1 500 000
						丽晶公司	500 000
应收账款	4 000 000	阳光公司	3 000 000	应付职工薪酬	100 000		
		彩虹公司	1 000 000				
原材料	1 000 000	A材料	800 000	股本	9 000 000	黄河公司	5 000 000
		B材料	200 000			淮河公司	4 000 000
生产成本	156 000	甲产品	156 000	资本公积	1 000 000		
		乙产品	0				
库存商品	4 886 600	甲产品	2 742 600	盈余公积	1 306 000		
		乙产品	2 144 000				
固定资产	9 113 400			累计折旧	800 000		
合计	22 206 000				22 206 000		

（8）5月25日，从银行提取现金10 000元，备用。

（9）5月31日，预提本月银行短期借款利息40 000元。

（10）5月31日，根据“发出材料汇总表”，生产甲产品耗用A材料150 000元，乙产品耗用B材料50 000元，车间一般耗用B材料5 000元，公司管理部门耗用B材料1 000元。

（11）5月31日，分配并结转本月工资，其中，甲产品生产工人工资60 000元，乙产品生产工人工资40 000元，车间管理人员的工资20 000元，公司管理人员的工资50 000元。

（12）5月31日，本月提取固定资产折旧12 000元，其中车间使用的固定资产折旧10 000元，管理部门使用的固定资产折旧2 000元。

（13）5月31日，以银行存款支付本月车间水电费8 000元，管理部门水电费2 000元。

（14）5月31日，归集本月的制造费用，并按生产工人工资比例分配制造费用。

（15）5月31日，甲产品完工产品100件，乙产品完工产品20件。甲产品月初在产品成本见表11-2，月末无在产品；乙产品月初、月末均无在产品。计算并结转完工产品成本。

表11-2　　**甲产品月初在产品成本表**　　单位：元

成本项目	直接材料	直接人工	制造费用	合　计
月初在产品成本	100 000	40 000	16 000	156 000

（16）5月31日，计算结转本月销售甲、乙产品的销售成本，假设本月销售的甲、乙产品的单位生产成本与本月生产的甲、乙产品的单位生产成本一致。

（17）5月31日，结转各项收入、费用，计算本月利润。

（18）5月31日，按25%计算本月应交所得税，并结转本年利润，计算出本月净利润。

11.1.4 要求

在企业会计实践中，会计循环一般包括填制、取得并审核原始凭证、分析经济业务编制记账凭证、过账、结算余额、编制调整前试算平衡表、编制期末调整分录并过账、编制调整后试算平衡表、结账、编制财务会计报告等步骤。本案例简化处理，按如下步骤处理上述业务：

（1）分析经济业务，编制记账凭证。

（2）登记账簿。根据记账凭证，登记日记账、明细账、总账。

（3）根据每一账户的期初余额、本期发生额，结出余额。

（4）编制调整试算平衡表。

（5）编制财务报表。根据账簿资料以及调整试算平衡表，编制资产负债表、利润表。

11.2 会计循环过程

11.2.1 填制记账凭证

根据上述经济业务涉及的原始凭证，经审核后，编制记账凭证见表11-3至表11-22。

表11-3 **付款凭证**

贷方科目：银行存款　　2016年5月1日　　付字第1号

摘要	借方科目		金额	记账
	一级科目	明细科目		
支付美钻公司货款	应付账款	美钻公司	1 500 000	√
合 计			¥1 500 000	

附件2张

会计主管：肖峰　　记账：董冰　　出纳：孟鸽　　审核：姜瀚　　制单：白雪

表11-4 **收款凭证**

借方科目：银行存款　　2016年5月3日　　收字第1号

摘要	贷方科目		金额	记账
	一级科目	明细科目		
收到阳光公司货款	应收账款	阳光公司	3 000 000	√
合计			¥3 000 000	

附件1张

会计主管：肖峰　　记账：董冰　　出纳：孟鸽　　审核：姜瀚　　制单：白雪

表11-5

收款凭证

借方科目：银行存款　　2016年5月5日　　收字第2号

摘要	贷方科目		金额	记账
	一级科目	明细科目		
销售甲产品给阳光公司	主营业务收入	甲产品	560 000	√
	应交税费	应交增值税	95 200	√
合计			￥655 200	

附件3张

会计主管：肖峰　记账：董冰　出纳：孟鸽　审核：姜瀚　制单：白雪

表11-6

收款凭证

借方科目：银行存款　　2016年5月10日　　收字第3号

摘要	贷方科目		金额	记账
	一级科目	明细科目		
销售乙产品给彩虹公司	主营业务收入	乙产品	760 000	√
	应交税费	应交增值税	129 200	√
合计			￥889 200	

附件3张

会计主管：肖峰　记账：董冰　出纳：孟鸽　审核：姜瀚　制单：白雪

表11-7

转账凭证

2016年5月15日　　转字第1号

摘要	一级科目	明细科目	借方金额	贷方金额	记账
向丽晶公司购买B材料	原材料	B材料	20 000		√
	应交税费	应交增值税	3 400		√
	应付账款	丽晶公司		23 400	√
合计			￥23 400	￥23 400	

附件3张

会计主管：肖峰　记账：董冰　审核：姜瀚　制单：白雪

表11-8

付款凭证

贷方科目：银行存款　　2016年5月18日　　付字第2号

摘 要	借方科目		金额	记账
	一级科目	明细科目		
向希望工程捐款	营业外支出	希望工程捐款	200 000	√
合 计			￥200 000	

附件2张

会计主管：肖峰　记账：董冰　出纳：孟鸽　审核：姜瀚　制单：白雪

表11−9

收款凭证

借方科目：库存现金　　2016年5月22日　　收字第4号

摘要	贷方科目		金额	记账
	一级科目	明细科目		
罚款收入	营业外收入	罚款收入	500	√
合计			￥500	

附件1张

会计主管：肖峰　　记账：董冰　　出纳：孟鸽　　审核：姜瀚　　制单：白雪

表11−10

付款凭证

贷方科目：银行存款　　2016年5月25日　　付字第3号

摘 要	借方科目		金额	记账
	一级科目	明细科目		
从银行提取现金	库存现金		10 000	√
合 计			￥10 000	

附件2张

会计主管：肖峰　　记账：董冰　　出纳：孟鸽　　审核：姜瀚　　制单：白雪

表11−11

转账凭证

2016年5月31日　　转字第2号

摘要	一级科目	明细科目	借方金额	贷方金额	记账
预提短期借款利息	财务费用	借款利息	40 000		√
	应付利息	××银行		40 000	√
合计			￥40 000	￥40 000	

附件　张

会计主管：肖峰　　记账：董冰　　审核：姜瀚　　制单：白雪

表11−12

转账凭证

2016年5月31日　　转字第3号

摘要	一级科目	明细科目	借方金额	贷方金额	记账
结转耗用材料的	生产成本	甲产品	150 000		√
实际成本	生产成本	乙产品	50 000		√
	制造费用		5 000		√
	管理费用		1 000		√
	原材料	A材料		150 000	√
	原材料	B材料		56 000	√
合计			￥206 000	￥206 000	

附件1张

会计主管：肖峰　　记账：董冰　　审核：姜瀚　　制单：白雪

表11-13

转账凭证

2016年5月31日　　　　转字第4号

摘要	一级科目	明细科目	借方金额	贷方金额	记账
结转本月工资	生产成本	甲产品	60 000		√
	生产成本	乙产品	40 000		√
	制造费用		20 000		√
	管理费用		50 000		√
	应付职工薪酬			170 000	√
合计			¥170 000	¥170 000	

附件1张

会计主管：肖峰　　记账：董冰　　审核：姜瀚　　制单：白雪

表11-14

转账凭证

2016年5月31日　　　　转字第5号

摘要	一级科目	明细科目	借方金额	贷方金额	记账
计提折旧	制造费用		10 000		√
	管理费用		2 000		√
	累计折旧			12 000	√
合计			¥12 000	¥12 000	

附件1张

会计主管：肖峰　　记账：董冰　　审核：姜瀚　　制单：白雪

表11-15

付款凭证

贷方科目：银行存款　　2016年5月31日　　　　付字第4号

摘要	借方科目		金额	记账
	一级科目	明细科目		
支付水电费	制造费用	水电费	8 000	√
	管理费用	水电费	2 000	√
合计			¥10 000	

附件2张

会计主管：肖峰　　记账：董冰　　出纳：孟鸽　　审核：姜瀚　　制单：白雪

表11-16

转账凭证

2016年5月31日　　　　转字第6号

摘要	一级科目	明细科目	借方金额	贷方金额	记账
汇集与分配制造费用	生产成本	甲产品	25 800		√
	生产成本	乙产品	17 200		√
	制造费用			43 000	√
合计			¥43 000	¥43 000	

附件1张

会计主管：肖峰　　记账：董冰　　审核：姜瀚　　制单：白雪

表11-17

转账凭证

2016年5月31日　　　　转字第7号

摘要	一级科目	明细科目	借方金额	贷方金额	记账
计算并结转完工产品生产成本	库存商品	甲产品	391 800		√
	库存商品	乙产品	107 200		√
	生产成本	甲产品		391 800	√
	生产成本	乙产品		107 200	√
合计			￥499 000	￥499 000	

附件2张

会计主管：肖峰　　记账：董冰　　审核：姜瀚　　制单：白雪

表11-18

转账凭证

2016年5月31日　　　　转字第8号

摘要	一级科目	明细科目	借方金额	贷方金额	记账
计算并结转销售产品生产成本	主营业务成本	甲产品	391 800		√
	主营业务成本	乙产品	536 000		√
	库存商品	甲产品		391 800	√
	库存商品	乙产品		536 000	√
合计			￥927 800	￥927 800	

附件1张

会计主管：肖峰　　记账：董冰　　审核：姜瀚　　制单：白雪

表11-19

转账凭证

2016年5月31日　　　　转字第9号

摘要	一级科目	明细科目	借方金额	贷方金额	记账
结转各种收入	主营业务收入		1 320 000		√
	营业外收入		500		√
	本年利润			1 320 500	√
合计			￥1 320 500	￥1 320 500	

附件　张

会计主管：肖峰　　记账：董冰　　审核：姜瀚　　制单：白雪

表11-20

转账凭证

2016年5月31日　　　　转字第10号

摘要	一级科目	明细科目	借方金额	贷方金额	记账
结转各种费用支出	本年利润		1 222 800		√
	主营业务成本			927 800	√
	管理费用			55 000	√
	财务费用			40 000	√
	营业外支出			200 000	√
合计			￥1 222 800	￥1 222 800	

附件　张

会计主管：肖峰　　记账：董冰　　审核：姜瀚　　制单：白雪

表11-21

转账凭证

2016年5月31日　　　　转字第11号

摘要	一级科目	明细科目	借方金额	贷方金额	记账
计算本月所得税	所得税费用		24 425		√
	应交税费	应交所得税		24 425	√
合计			￥24 425	￥24 425	

附件1张

会计主管：肖峰　　记账：董冰　　审核：姜瀚　　制单：白雪

表11-22

转账凭证

2016年5月31日　　　　转字第12号

摘要	一级科目	明细科目	借方金额	贷方金额	记账
结转所得税	本年利润		24 425		√
	所得税费用			24 425	√
合计			￥24 425	￥24 425	

附件　张

会计主管：肖峰　　记账：董冰　　审核：姜瀚　　制单：白雪

11.2.2　登记账簿

根据记账凭证登记现金和银行存款日记账、明细账及总账。

1）登记库存现金日记账和银行存款日记账

库存现金日记账和银行存款日记账见表11-23、表11-24。

2）登记明细分类账

明细分类账见表11-25至11-34。

表11-23　**库存现金日记账**　单位：元

2016年		凭证		摘要	对方科目	收入	付出	结余
月	日	种类	编号					
5	1			月初余额				50 000
5	22	收	4	罚款收入	营业外收入	500		50 500
5	25	付	3	提取现金	银行存款	10 000		60 500
5	31			月末结账		10 500	0	60 500

表11-24　**银行存款日记账**　单位：元

2016年		凭证		摘要	结算凭证		对方科目	收入	付出	结余
月	日	种类	号数		种类	号数				
5	1			期初余额						3 000 000
5	1	付	1	支付货款	转账支票		应付账款		1 500 000	1 500 000
5	3	收	1	收回货款	转账支票		应收账款	3000 000		4 500 000
5	5	收	2	销售甲产品	转账支票		主营业务收入 应交税费	655 200		5 155 200
5	10	收	3	销售乙产品	转账支票		主营业务收入 应交税费	889 200		6 044 400
5	18	付	2	捐款	转账支票		营业外支出		200 000	5 844 400
5	25	付	3	提取现金			库存现金		10 000	5 834 400
5	31	付	4	支付水电费	转账支票		制造费用 管理费用		10 000	5 824 400
5	31			月末结账				4 544 400	1 720 000	5 824 400

表11-25　**应收账款明细账**

总账科目：应收账款

明细科目：阳光公司　单位：元

2016年		凭证		摘要	借方	贷方	借或贷	余额
月	日	种类	编号					
5	1			月初余额			借	3 000 000
5	3	收	1	收回货款		3 000 000	平	0
5	31			月末结账	0	3 000 000	平	0

表11-26

应收账款明细账

总账科目：应收账款

明细科目：彩虹公司

2016年		凭证		摘要	借方	贷方	借或贷	余额
月	日	种类	编号					
5	1			月初余额			借	1 000 000
5	31			月末结账			借	1 000 000

表11-27

原材料明细账

总账科目：原材料　　金额单位：元

明细科目：A材料　　计量单位：千克

2016年		凭证		摘要	借方			贷方			余额		
月	日	字	号		数量	单价	金额	数量	单价	金额	数量	单价	金额
5	1			月初余额							10 000	80	800 000
5	31	转	3	领用				1 875	80	150 000	8 125	80	650 000
5	31			月末结账				1 875	80	150 000	8 125	80	650 000

表11-28

原材料明细账

总账科目：原材料　　金额单位：元

明细科目：B材料　　计量单位：千克

2016年		凭证		摘要	借方			贷方			余额		
月	日	字	号		数量	单价	金额	数量	单价	金额	数量	单价	金额
5	1			月初余额							10 000	20	200 000
5	15	转	1	购入	1 000	20	20 000				11 000	20	220 000
5	31	转	3	领用				2 800	20	56 000	8 200	20	164 000
5	31			月末结账	1 000	20	20 000	2 800	20	56 000	8 200	20	164 000

表11-29

生产成本明细账

总账科目：生产成本

明细科目：甲产品　　单位：元

2016年		凭证		摘要	借方项目			
月	日	字	号		直接材料	直接人工	制造费用	合计
5	1			月初余额	100 000	40 000	16 000	156 000
5	31	转	3	领用A材料	150 000			306 000
5	31	转	4	结算工资		60 000		366 000
5	31	转	6	分配制造费用			25 800	391 800
5	31			合计	250 000	100 000	41 800	391 800
5	31	转	7	完工产品入库	250 000	100 000	41 800	391 800
5	31			月末在产品	0	0	0	0

表 11-30 **生产成本明细账**

总账科目：生产成本

明细科目：乙产品

单位：元

2016年		凭证		摘要	借方项目			
月	日	字	号		直接材料	直接人工	制造费用	合计
5	31	转	3	领用B材料	50 000			50 000
5	31	转	4	结算工资		40 000		90 000
5	31	转	6	分配制造费用			17 200	107 200
5	31			合计	50 000	40 000	17 200	107 200
5	31	转	7	完工产品入库	50 000	40 000	17 200	107 200
5	31			月末在产品	0	0	0	0

表 11-31 **库存商品明细账**

总账科目：库存商品

明细科目：甲产品

金额单位：元

计量单位：件

2016年		凭证		摘要	借方			贷方			余额		
月	日	字	号		数量	单价	金额	数量	单价	金额	数量	单价	金额
5	1			月初余额							700	3 918	2 742 600
5	31	转	7		100	3 918	391 800				800	3 918	3 134 400
5	31	转	8					100	3 918	391 800	700	3 918	2 742 600
5	31			月末结账	100	3 918	391 800	100	3 918	391 800	700	3 918	2 742 600

表 11-32 **库存商品明细账**

总账科目：库存商品

明细科目：乙产品

金额单位：元

计量单位：件

2016年		凭证		摘要	借方			贷方			余额		
月	日	字	号		数量	单价	金额	数量	单价	金额	数量	单价	金额
5	1										400	5 360	2 144 000
5	31	转	7		20	5 360	107 200				420	5 360	2 251 200
5	31	转	8					100	5 360	536 000	320	5 360	1 715 200
5	31			月末结账	20	5 360	107 200	100	5 360	536 000	320	5 360	1 715 200

表11-33

应付账款明细账

总账科目：应付账款

明细科目：美钻公司

2016年		凭证		摘要	借方	贷方	借或贷	余额
月	日	种类	编号					
5	1			月初余额			贷	1 500 000
5	1	付	1	支付货款	1 500 000		平	0
5	31			月末结账	1 500 000	0	平	0

表11-34

应付账款明细账

总账科目：应付账款

明细科目：丽晶公司

2016年		凭证		摘要	借方	贷方	借或贷	余额
月	日	种类	编号					
5	1			月初余额			贷	500 000
5	15	转	1	购买材料		23 400	贷	523 400
5	31			月末结账	0	23 400	贷	523 400

3）登记总分类账

总分类账见表11-35至11-59。

表11-35

总分类账

会计科目：库存现金　　　　第 1 页

2016年		凭证		摘要	借方	贷方	借或贷	余额
月	日	种类	编号					
5	1			期初余额			借	50 000
5	22	收	4	罚款收入	500		借	50 500
5	25	付	3	从银行提取现金	10 000		借	60 500
5	31			本月合计	10 500	0	借	60 500

表 11-36 **总分类账**

会计科目：银行存款 第 2 页

2016年		凭证		摘要	借方	贷方	借或贷	余额
月	日	种类	编号					
5	1			期初余额			借	3 000 000
5	1	付	1	支付美钻公司货款		1 500 000	借	1 500 000
5	3	收	1	收到阳光公司货款	3 000 000		借	4 500 000
5	5	收	2	销售甲产品	655 200		借	5 155 200
5	10	收	3	销售乙产品	889 200		借	6 044 400
5	18	付	2	向希望工程捐款		200 000	借	5 844 400
5	25	付	3	从银行提取现金		10 000	借	5 834 400
5	31	付	4	支付水电费		10 000	借	5 824 400
5	31			本月合计	4 544 400	1 720 000		5 824 400

表 11-37 **总分类账**

会计科目：应收账款 第 3 页

2016年		凭证		摘要	借方	贷方	借或贷	余额
月	日	种类	编号					
5	1			期初余额			借	4 000 000
5	3	收	1	收到阳光公司货款		3 000 000	借	1 000 000
5	31			本月合计	0	3 000 000	借	1 000 000

表 11-38 **总分类账**

会计科目：原材料 第 4 页

2016年		凭证		摘要	借方	贷方	借或贷	余额
月	日	种类	编号					
5	1			期初余额			借	1 000 000
5	15	转	1	购进B材料	20 000		借	1 020 000
5	31	转	3	消耗原材料		206 000	借	814 000
5	31			本月合计	20 000	206 000	借	814 000

表11-39　　**总分类账**

会计科目：生产成本　　第5页

2016年		凭证		摘要	借方	贷方	借或贷	余额
月	日	种类	编号					
5	1			期初余额			借	156 000
5	31	转	3	产品消耗原材料	200 000		借	356 000
5	31	转	4	结算本月工资	100 000		借	456 000
5	31	转	6	分配制造费用	43 000		借	499 000
5	31	转	7	结转完工产品成本		499 000	平	0
5	31			本月合计	343 000	499 000	平	0

表11-40　　**总分类账**

会计科目：库存商品　　第6页

2016年		凭证		摘要	借方	贷方	借或贷	余额
月	日	种类	编号					
5	1			期初余额			借	4 886 600
5	31	转	7	结转完工产品成本	499 000		借	5 385 600
5	31	转	8	已售产品生产成本		927 800	借	4 457 800
5	31			本月合计	499 000	927 800	借	4 457 800

表11-41　　**总分类账**

会计科目：固定资产　　第7页

2016年		凭证		摘要	借方	贷方	借或贷	余额
月	日	种类	编号					
5	1			期初余额			借	9 113 400
5	31			本月合计	0	0	借	9 113 400

表11-42　　**总分类账**

会计科目：累计折旧　　第8页

2016年		凭证		摘要	借方	贷方	借或贷	余额
月	日	种类	编号					
5	1			期初余额			贷	800 000
5	31	转	5	计提折旧		12 000	贷	812 000
5	31			本月合计	0	12 000	贷	812 000

表 11-43 **总分类账**

会计科目：短期借款 第 9 页

2016年		凭证		摘要	借方	贷方	借或贷	余额
月	日	种类	编号					
5	1			期初余额			贷	8 000 000
5	31			本月合计	0	0	贷	8 000 000

表 11-44 **总分类账**

会计科目：应付账款 第 10 页

2016年		凭证		摘要	借方	贷方	借或贷	余额
月	日	种类	编号					
5	1			期初余额			贷	2 000 000
5	1	付	1	支付美钻公司货款	1 500 000		贷	500 000
5	15	转	1	购进B材料		23 400	贷	523 400
5	31			本月合计	1 500 000	23 400	贷	523 400

表 11-45 **总分类账**

会计科目：应付职工薪酬 第 11 页

2016年		凭证		摘要	借方	贷方	借或贷	余额
月	日	种类	编号					
5	1			期初余额			贷	100 000
5	31	转	4	结算本月工资		170 000	贷	270 000
5	31			本月合计	0	170 000	贷	270 000

表 11-46 **总分类账**

会计科目：应交税费 第 12 页

2016年		凭证		摘要	借方	贷方	借或贷	余额
月	日	种类	编号					
5	5	收	2	销售甲产品		95 200	贷	95 200
5	10	收	3	销售乙产品		129 200	贷	224 400
5	15	转	1	购进B材料	3 400		贷	221 000
5	31	转	11	计算应交所得税		24 425	贷	245 425
5	31			本月合计	3 400	248 825	贷	245 425

表11-47

总分类账

会计科目：应付利息

第13页

2016年		凭证		摘要	借方	贷方	借或贷	余额
月	日	种类	编号					
5	31	转	2	预提借款利息		40 000	贷	40 000
5	31			本月合计	0	40 000	贷	40 000

表11-48

总分类账

会计科目：股本

第14页

2016年		凭证		摘要	借方	贷方	借或贷	余额
月	日	种类	编号					
5	1			期初余额			贷	9 000 000
5	31			本月合计	0	0	贷	9 000 000

表11-49

总分类账

会计科目：资本公积

第15页

2016年		凭证		摘要	借方	贷方	借或贷	余额
月	日	种类	编号					
5	1			期初余额			贷	1 000 000
5	31			本月合计	0	0	贷	1 000 000

表11-50

总分类账

会计科目：盈余公积

第16页

2016年		凭证		摘要	借方	贷方	借或贷	余额
月	日	种类	编号					
5	1			期初余额			贷	1 306 000
5	31			本月合计	0	0	贷	1 306 000

表11-51

总分类账

会计科目：本年利润

第17页

2016年		凭证		摘要	借方	贷方	借或贷	余额
月	日	种类	编号					
5	31	转	9	结转收入		1 320 500	贷	1 320 500
5	31	转	10	结转费用、支出	1 222 800		贷	97 700
5	31	转	12	结转所得税	24 425		贷	73 275
5	31			本月合计	1 247 225	1 320 500	贷	73 275

表 11-52 **总分类账**

会计科目：制造费用 第 18 页

2016年		凭证		摘要	借方	贷方	借或贷	余额
月	日	种类	编号					
5	31	转	3	消耗原材料	5 000		借	5 000
5	31	转	4	结算本月工资	20 000		借	25 000
5	31	转	5	计提折旧	10 000		借	35 000
5	31	付	4	水电费	8 000		借	43 000
5	31	转	6	分配制造费用		43 000	平	0
5	31			本月合计	43 000	43 000	平	0

表 11-53 **总分类账**

会计科目：主营业务收入 第 19 页

2016年		凭证		摘要	借方	贷方	借或贷	余额
月	日	种类	编号					
5	5	收	2	销售甲产品		560 000	贷	560 000
5	10	收	3	销售乙产品		760 000	贷	1 320 000
5	31	转	9	转入本年利润	1 320 000		平	0
5	31			本月合计	1 320 000	1 320 000	平	0

表 11-54 **总分类账**

会计科目：营业外收入 第 20 页

2016年		凭证		摘要	借方	贷方	借或贷	余额
月	日	种类	编号					
5	22	收	4	罚款收入		500	贷	500
5	31	转	9	转入本年利润	500		平	0
5	31			本月合计	500	500	平	0

表 11-55 **总分类账**

会计科目：主营业务成本 第 21 页

2016年		凭证		摘要	借方	贷方	借或贷	余额
月	日	种类	编号					
5	31	转	8	已售产品生产成本	927 800		借	927 800
5	31	转	10	转入本年利润账户		927 800	平	0
5	31			本月合计	927 800	927 800	平	0

表11-56　　　　　　　　　　　　　　　　总分类账

会计科目：管理费用　　　　　　　　　　　　　　　　　　　　　　　　　第22页

2016年		凭证		摘要	借方	贷方	借或贷	余额
月	日	种类	编号					
5	31	转	3	消耗原材料	1 000		借	1 000
5	31	转	4	结算本月工资	50 000		借	51 000
5	31	转	5	计提折旧	2 000		借	53 000
5	31	付	4	水电费	2 000		借	55 000
5	31	转	10	转入本年利润账户		55 000	平	0
5	31			本月合计	55 000	55 000	平	0

表11-57　　　　　　　　　　　　　　　　总分类账

会计科目：财务费用　　　　　　　　　　　　　　　　　　　　　　　　　第23页

2016年		凭证		摘要	借方	贷方	借或贷	余额
月	日	种类	编号					
5	31	转	2	预提借款利息	40 000		借	40 000
5	31	转	10	转入本年利润账户		40 000	平	0
5	31			本月合计	40 000	40 000	平	0

表11-58　　　　　　　　　　　　　　　　总分类账

会计科目：营业外支出　　　　　　　　　　　　　　　　　　　　　　　　第24页

2016年		凭证		摘要	借方	贷方	借或贷	余额
月	日	种类	编号					
5	18	付	2	向希望工程捐款	200 000		借	200 000
5	31	转	10	转入本年利润账户		200 000	平	0
5	31			本月合计	200 000	200 000	平	0

表11-59　　　　　　　　　　　　　　　　总分类账

会计科目：所得税费用　　　　　　　　　　　　　　　　　　　　　　　　第25页

2016年		凭证		摘要	借方	贷方	借或贷	余额
月	日	种类	编号					
5	31	转	11	计算本月所得税	24 425		借	24 425
5	31	转	12	转入本年利润账户		24 425	平	0
5	31			本月合计	24 425	24 425	平	0

11.2.3 期末结账

期末，计算出各总账、明细账、库存现金与银行存款日记账的本期发生额及期末余额，具体见各账簿。

11.2.4 期末核对账簿记录

期末，经核对，长江公司的账证、账账、账实相符。该公司编制的试算平衡表见表11-60。

表11-60 **试算平衡表**

企业名称：长江有限责任公司 2016年5月 单位：元

账户名称	期初余额		本期发生额		期末余额	
	借方	贷方	借方	贷方	借方	贷方
库存现金	50 000		10 500	0	60 500	
银行存款	3 000 000		4 544 400	1 720 000	5 824 400	
应收账款	4 000 000		0	3 000 000	1 000 000	
原材料	1 000 000		20 000	206 000	814 000	
生产成本	156 000		343 000	499 000	0	
库存商品	4 886 600		499 000	927 800	4 457 800	
固定资产	9 113 400		0	0	9 113 400	
累计折旧		800 000	0	12 000		812 000
短期借款		8 000 000	0	0		8 000 000
应付账款		2 000 000	1 500 000	23 400		523 400
应付职工薪酬		100 000	0	170 000		270 000
应交税费		0	3 400	248 825		245 425
应付利息		0	0	40 000		40 000
股本		9 000 000	0	0		9 000 000
资本公积		1 000 000	0	0		1 000 000
盈余公积		1 306 000	0	0		1 306 000
本年利润			1 247 225	1 320 500		73 275
制造费用			43 000	43 000		
主营业务收入			1 320 000	1 320 000		
营业外收入			500	500		
主营业务成本			927 800	927 800		
管理费用			55 000	55 000		
财务费用			40 000	40 000		
营业外支出			200 000	200 000		
所得税费用			24 425	24 425		
合　计	22 206 000	22 206 000	10 778 250	10 778 250	21 270 100	21 270 100

11.2.5　编制资产负债表和利润表

在核对账目的基础上，编制长江有限责任公司2016年5月的资产负债表、利润表，见表11-61、表11-62。

表11-61　　　　　　　　　　　**资产负债表（简表）**

编制单位：长江有限责任公司　　　　2016年5月31日　　　　　　　　　　单位：元

资产	期末余额	年初余额	负债和股东权益	期末余额	年初余额
流动资产：			流动负债：		
货币资金	5 884 900	3 050 000	短期借款	8 000 000	8 000 000
应收账款	1 000 000	4 000 000	应付账款	523 400	2 000 000
应收利息			应付职工薪酬	270 000	100 000
应收股利			应交税费	245 425	0
其他应收款			应付利息	40 000	0
存货	5 271 800	6 042 600	应付股利		
流动资产合计	12 156 700	13 092 600	其他流动负债		
非流动资产：			流动负债合计	9 078 825	10 100 000
可供出售金融资产			非流动负债：		
持有至到期投资			长期借款		
长期应收款			应付债券		
长期股权投资			长期应付款		
投资性房地产			专项应付款		
固定资产	8 301 400	8 313 400	预计负债		
在建工程			递延所得税负债		
工程物资			其他非流动负债		
固定资产清理			非流动负债合计	0	0
生产性生物资产			负债合计	9 078 825	10 100 000
油气资产			股东权益：		
无形资产			实收资本（或股本）	9 000 000	9 000 000
开发支出			资本公积	1 000 000	1 000 000
商誉			减：库存股		
长期待摊费用			其他综合收益		
递延所得税资产			盈余公积	1 306 000	1 306 000
其他非流动资产			未分配利润	73 275	
非流动资产合计	8 301 400	8 313 400	股东权益合计	11 379 275	11 306 000
资产总计	20 458 100	21 406 000	负债和股东权益总计	20 458 100	21 406 000

表11-62 **利润表（简表）**

编制单位：长江有限责任公司 2016年5月 单位：元

项目	本期金额	上期金额（略）
一、营业收入	1 320 000	
减：营业成本	927 800	
税金及附加		
销售费用		
管理费用	55 000	
财务费用	40 000	
资产减值损失		
加：公允价值变动收益（损失以“-”号填列）		
投资收益		
其中：对联营企业和合营企业的投资收益		
二、营业利润（亏损以“-”号填列）	297 200	
加：营业外收入	500	
减：营业外支出	200 000	
其中：非流动资产处置损失		
三、利润总额（亏损总额以“-”号填列）	97 700	
减：所得税费用	24 425	
四、净利润（净亏损以“-”号填列）	73 275	
五、其他综合收益的税后净额		
（一）以后不能重分类进损益的其他综合收益		
1.重新计量设定收益计划净负债或净资产的变动		
2.权益法下在被投资单位不能重分类进损益的其他综合收益享有的份额		
（二）以后将重分类进损益的其他综合收益		
1.权益法下在被投资单位以后将重分类进损益的其他综合收益中享有的份额		
2.可供出售金融资产公允价值变动损益		
3.持有至到期投资重分类可供出售金融资产损益		
4.现金流量套期损益的有小部分		
5.外币财务报表折算差额		
6.其他		
六、综合收益总额		
七、每股收益：		
（一）基本每股收益（元/股）		
（二）稀释每股收益（元/股）		

第12章/ 会计规范与会计工作组织

本章知识结构图

【学习目标】了解会计法规的基本内容；了解会计工作组织的意义、内容；掌握会计人员的职责和权限；掌握会计人员的职业道德规范。

引导案例

上海国家会计学院、北京国家会计学院、厦门国家会计学院共守“不做假账”的校训，充分显示了会计职业道德建设的重要性，要求所有会计审计人员必须做到“诚信为本，操守为重，坚持准则，不做假账”，恪守独立、客观、公正的原则，不屈从和迎合任何压力与不合理要求，不以职务之便谋取一己私利，不提供虚假会计信息。

12.1 我国会计规范

会计规范是指导和规范各单位及其人员会计行为的准则。我国的会计法规体系包括会计法律、会计行政法规和会计部门规章三个层次。

12.1.1 会计法律

会计法是规范我国经济生活中会计行为的法律总称。

我国第一部会计法——《中华人民共和国会计法》于1985年1月21日，由第六届全国人民代表大会常务委员会第九次会议通过，1985年5月1日起施行，1993年12月29日，为了适应社会主义市场经济建设的需求，第八届全国人民代表大会常务委员会第五次会议通过了《关于修改〈中华人民共和国会计法〉的决定》，对会计法进行了修改。1999年10月31日第九届全国人民代表大会常务委员会第十二次会议根据进一步深化经济体制改革对会计工作提出的新的要求，审议通过了重新修订的会计法，并于2000年7月1日起施行。《中华人民共和国会计法》（以下简称《会计法》）分别对会计工作的基本目的、对会计工作的一般原则、会计核算、会计监督、会计机构和会计人员、法律责任等作了规定，是会计工作的根本大法，居于会计法规体系的最高层次，是其他会计法规制定的依据。

12.1.2 会计行政法规

会计行政法规是指依据《会计法》，由国家最高行政机关即国务院制定的、调整经济生活中某些方面会计关系的法律规范，是会计法律的补充和具体化。会计行政法规的效力仅次于会计基本法，是我国会计法规体系的重要组成部分。通常以条例、办法、规定等具体名称出现，如《企业财务会计报告条例》《总会计师条例》《会计基础工作规范》等。

《企业财务会计报告条例》是前国务院总理朱镕基2000年6月21日签署中华人民共和国国务院第二八七号令公布的，自2001年1月1日起施行。《企业财务会计报告条例》共六章46条。其主要目的是规范企业财务会计报告，保证财务会计报告的真实、完整。《企业财务会计报告条例》规定，本条例所称财务会计报告，是指企业对外提供的反映企业某一特定日期财务状况和某一会计期间经营成果、现金流量的文件。企业不得编制和对外提供虚假的或者隐瞒重要事实的财务会计报告。企业负责人对本企业财务会计报告的真实性、完整性负责。任何组织或者个人不得授意、指使、强令企业编制和对外提供虚假的或者隐瞒重要事实的财务会计报告。注册会计师、会计师事务所审计企业财务会计报告，应当依照有关法律、行政法规以及注册会计师执业规则的规定进行，并对所出具的审计报告负责。本条例对财务会计报告的构成、财务会计报告的编制、财务会计报告的对外提供、法律责任等进行了规范。

12.1.3 会计部门规章

会计部门规章是指依据会计法律和会计行政法规由主管全国会计工作的行政部门——财政部及其他相关部委就会计工作方面的内容所制定的规范性文件。主要包括企业会计准则和企业会计制度等。

1）企业会计准则

会计准则是处理会计事项、评价会计工作质量的标准，是会计工作的规范。

我国于1992年11月第一次颁布企业会计准则，它是在我国经济改革开放后，随着计划经济向市场经济的转变，根据当时我国的国情，财政部借鉴国际惯例而出台的第一个会计准则，是我国会计改革的一次重要转折，标志着我国的会计体系工作开始走向国际化。

随着经济体制改革的进一步深化以及世界经济的一体化、国际资本市场的全球化进程的快速推进，会计理论也在不断发展、完善。为使会计信息更准确、客观地反映纷繁复杂的经济业务，我国陆续颁布了一些具体会计准则。特别是我国加入WTO以后，会计准则的国际化趋同需要也日益迫切。2006年2月15日，我国新的企业会计准则体系正式颁布，并于2007年1月1日起在上市公司和会计师事务所中执行，其他企业鼓励执行。我国首次构建起了与中国国情相适应同时又充分与国际财务报告准则趋同的、涵盖各类企业（小企业除外）各项经济业务、独立实施的完整协调的会计准则体系，这是我国会计发展史上新的里程碑。《企业会计准则》由一项基本会计准则和38项具体会计准则组成。

会计准则体系分为基本会计准则、具体会计准则及应用指南三个层次。

（1）基本会计准则

基本会计准则类似于美国的“概念结构”和国际会计准则中的“编报财务报表的框架”，用来指导、统驭具体会计准则，为具体准则、会计制度的制定提供了基本框架，以及指导没有具体会计准则规范的交易的处理。

我国的基本会计准则包括：总则，会计信息质量要求，资产，负债，所有者权益，收入，费用，利润，会计计量，财务会计报告及附则十一章。我国基本准则的制定吸收了当代财务会计理论研究的最新成果，反映了当前会计实务发展的内在需要，体现了国际上财务会计概念框架的发展动态，构建起了完整、统一的财务会计的基本目标、假设、会计基础和会计信息质量要求、会计要素及其确认、计量原则，以及财务报告的基本规范等。

（2）具体会计准则

具体会计准则是依据基本会计准则制定的，是对经济业务的会计处理及财务报告披露等所做的具体规定。38项具体会计准则，对我国目前各行业企业中存在的各类经济业务，明确了会计处理的具体原则和规范，分为一般业务准则、特殊行业的特定业务准则和报告准则三类。

一般业务准则规定各类企业一般经济业务的确认和计量要求，包括存货、会计政策、会计估计变更、会计差错更正、资产负债表日后事项、建造合同、所得税、固定资产、租赁、收入、职工薪酬、股票期权、捐赠与补助、外币折算、借款费用、投资、企业年金、每股收益、无形资产、非货币性交易、债务重组、资产减值、或有事项、投资性房地产、企业合并等。特殊行业的特定业务准则规范特殊行业的特定业务的确认和计量要求，包括石油天然气开采、生物资产、金融工具列报和披露、保险合同、再保险合同等。报告准则指规范各类企业财务会计报告的准则，包括财务报表列报、现金流量表、合并财务报表、中期财务报告、分部报告、关联方交易及其披露。

（3）应用指南

应用指南主要指导在应用准则进行经济业务处理时有关会计科目、账务处理、会计报表及其格式等问题。准则规范确认、计量和报告，指南侧重规范记录。

2014年初，为适应市场经济发展的需要，进一步规范会计计量方法，保持与国际财务报告准则的趋同，财政部先后发布了多项准则的增补或修订版，相继修订了《企业会计准则——基本准则》《企业会计准则第2号——长期股权投资》《企业会计准则第9号——职工薪酬》《企业会计准则第30号——财务报表列报》《企业会计准则第33号——合并财务报表》《企业会计准则第37号——金融工具列报》，并发布了《企业会计准则第39号——公允价值计量》《企业会计准则第40号——合营安排》《企业会计准则第41号——在其他主体中权益的披露》等三项具体准则。要求企业自2014年7月1日起执行。此次企业会计准则变化的主要内容包括职工薪酬的分类、五险一金的核算、离职后福利的处理、带薪缺勤的会计处理的变化，资产负债表列报格式发生重要变化，利润表编制、其他综合收益的构成以及转出规定、合并范围发生重大变化，长期股权投资分类发生重大变化，股权投资方法转换规则发生重大变化，关联交易抵销规则发生重大变化，合营安排、公允价值的定义和计量方法等。上述准则的重大变化将对会计核算、资产计量、会计业绩、财务信息系统、财务工作流程等产生重大影响。

2）企业会计制度

《企业会计制度》是企业进行会计工作所应遵循的规则、方法、程序的总称，是为了贯彻执行《中华人民共和国会计法》和《企业财务会计报告条例》，规范企业的会计核算工作制定的，财政部于2000年12月29日发布，于2001年1月1日起执行。这是我国会计核算制度的一次重大改革，打破了计划经济对我国会计核算制度的束缚，打破了行业和所有制界限，使会计信息更具有可比性，为提高我国企业会计信息质量，真实反映企业的财务状况、经营成果和现金流量，加快我国会计与国际接轨奠定了良好的基础。《企业会计制度》主要对会计科目及其核算内容、会计事项的处理方法、财务报告的编制方法等进行了规范。

在2006年《企业会计准则》颁布实施后，上市公司及执行新准则的企业不再执行《企业会计制度》。

除了《企业会计制度》，财政部还颁布了《金融、保险企业会计制度》《小企业会计制度》《民间非营利组织会计制度》《村集体经济组织会计制度》等。

《会计法》、会计准则和会计制度都是会计工作和会计行为的规范，都是我国会计规范体系的重要组成部分。《会计法》主要对会计工作的一般原则、会计核算、会计监督等做出了规定，是会计工作的基本法，必须由全国人民代表大会及其常务委员会制定、修订。会计准则，主要规定会计核算的一般原则、会计要素、财务报告及具体项目的确认、计量、报告方法，其中基本会计准则是制定具体会计准则和会计制度的依据；会计制度，主要就会计科目和会计报表做出规定。会计准则和会计制度都是直接指导各单位会计核算的法规，都要遵守《会计法》的规定，都属于“国家统一的会计制度”中的会计核算制度范畴，由财政部制定、实施。

除以上三个层次的会计法规还有地方性会计法规、章程，主要指各省、自治区、直辖市根据会计法律、会计行政法规和国家统一的会计制度的规定，结合本地区的实际情况，在各自的行政区域内制定、实施的地方性会计法律规范。

12.2 国际会计准则

当代社会已进入经济全球化时代，各市场之间的联系更加紧密，投资者和企业都在不断寻找跨国界的机会，各国企业纷纷从单靠国内资本市场融资转向依靠国际资本市场融资，区域性或全球性的资本市场正在加速形成。全球化对国际会计协调的需求与日俱增，会计的国际趋同已经成为各个市场经济国家共同的目标，各个国家和地区都期待着质量的、统一的国际会计规范。目前来看由国际会计准则理事会制定的国际会计准则已担当起这一重任。

12.2.1 国际会计准则的产生与发展

会计标准的国际统一早在1904年的第一次国际会计师大会召开之后就开始了。20世纪60年代以后，这种会计国际化的运动以更快的速度发展。1966年，由英格兰和威尔士特许会计师协会会长H.边逊爵士发起，联合美国和加拿大的会计师协会共同组成会计师国际研讨组，国际研讨组当时的活动虽不是以直接制定国际会计准则为目的，但它却朝着制定国际会计准则这个方向迈出了第一步。1972年在悉尼召开的国际会计师大会上，成立了会计职业国际协调委员会。经过该组织的主要成员国有关人员的协商，提出了设立国际会计准则委员会的方案。1973年6月由来自澳大利亚、加拿大、法国、德国、日本、墨西哥、荷兰、英国和爱尔兰以及美国的会计职业团体发起成立的国际会计准则委员会（英文简称IASC）。国际会计准则委员会是个国际民间组织，其宗旨是要制定和发布为各国、各地区所承认并遵守的国际会计准则，促进国际会计的协调。

国际会计准则委员会成立之初，只是与银行、国际会计师联合会、国际经贸组织等联系和合作，协调各国现有的会计准则，但在国际会计准则的体系、国际会计准则与各国会计准则的关系、IASC的发展方向等战略性问题上的思路并不清晰。20世纪80至90年代中期，各国的资本市场逐步开放，各国会计准则之间的差异对不同国家财务报告编制者和使用者的影响也越来越大。各国会计准则制定机构开始关注国际会计准则的发展，产生了共同与IASC合作的意向。此时，IASC将战略调整为，引起更多的利益集团的注意，提高国际会计准则的地位，逐步形成规范现有会计实务的国际会计准则体系。

2000年5月，IASC进行重新改组，设立IASC基金会，下设“国际会计准则理事会”（IASB）、“国际财务报告解释委员会”（IFRIC）和“准则咨询委员会”（SAC）。其中，IASB主要负责各项会计准则的研究、制定等工作。这次改组使IASC在某种意义上由各国会计准则“协调者”的身份转变成“全球会计准则”“制定者”的身份。

12.2.2　国际会计准则体系

改组后国际会计准则理事会制定的国际财务报告准则（IFRS）、中小主体国际财务报告准则（IFRS for SMEs），对部分原国际会计准则委员会制定的国际会计准则（IAS）进行了修订并继续有效。国际财务报告准则解释委员会发布国际财务报告准则解释（IFRIC）。因此，国际财务报告准则（IFRS）、中小主体国际财务报告准则（IFRS for SMEs）、国际财务报告准则解释（IFRIC）、部分继续有效的国际会计准则（IAS）及其解释（SIC）构成了现在的国际会计准则体系。

12.3　会计工作组织

12.3.1　会计工作组织概述

1）会计工作组织的概念和意义

会计工作组织，是指企事业单位为保证会计工作正常、有效地运转，科学地组织会计工作，即如何安排、协调和管理好单位的会计工作。

会计是经济管理的重要组成部分，是项复杂、细致、专业性较强的经济管理活动。而一个合理有序的会计工作组织是充分发挥会计作用、提高会计工作质量、提高企业管理水平的前提保证。因此，科学地组织会计工作具有重要意义：

（1）会计工作组织是保证会计工作顺利进行的前提条件。

会计反映的是再生产过程中以货币表现的纷繁复杂的经济活动。会计工作要把这些经济活动从凭证到账簿到报表，连续、系统、全面地进行确认、计量、记录、报告，需要经过一系列的程序和手续，为保证会计工作的顺利进行，就必须科学地组织会计工作。

一个单位应该设置合理的会计机构、配备必需的会计人员，如果不具备设置会计机构的条件，也必须配备专职的会计人员，才能保证单位的财务状况、经营成果得到及时、准确地反映与监督，提供会计信息使用者所需的财务信息，充分发挥会计信息系统的作用。

会计工作组织中对会计法规的执行、对会计政策、会计制度的设计则是进行会计工作的依据和行为规范。

（2）科学、有效的会计工作组织，有利于会计工作与其他经济管理工作的协调一致。

会计工作是经济管理的重要组成部分，因此与其他经济管理工作，如计划、统计、审计、税收等联系密切。只有科学地组织会计工作才能使得会计与其他经济管理工作相互协调、相互促进、相互配合，才能充分发挥会计在经济管理中的作用。

（3）科学、有效的会计工作组织，有利于加强经济责任制。

企业实行内部控制和管理的重要手段之一是经济责任制，而会计在加强经济责任制中起着重要的作用。企业在管理中的经济预测、决策、计划、资金的运用、业绩考评等都离不开会计。

（4）科学、有效的会计工作组织，有利国家方针政策和财经纪律的贯彻执行。

会计工作具有较强的政策性，要充分发挥会计反映和监督的职能，必须在会计工作中认真贯彻执行国家的方针、政策和法律、规范，监督经济活动的合理性、合法性，维护财经纪律，防范、制止、揭露违法、违纪行为，以维护良好的社会经济秩序。

2）会计工作组织的内容

会计工作组织的内容就是与组织会计工作有关的一切事物，主要包括：会计机构的设置，会计人员的配备，会计人员的职责权限，会计工作的规范，会计法规制度的制定，会计档案的保管，会计工作的电算化等。

其中，会计机构和会计人员是会计工作的重要承担者，在会计工作中起着关键作用，是会计工作有效运行的必要条件，而会计法规则是会计工作正常运行的必要的保证和约束。

3）会计工作组织的原则

（1）组织会计工作必须符合国家对会计工作的统一要求。

国家对会计工作制定了严格的法律、规范，比如《会计法》《总会计师条例》《会计基础工作规范》《会计专业职务试行条例》《会计档案管理办法》《会计电算化管理办法》等，组织会计工作必须符合国家对会计工作的这些统一的要求，在实际的会计工作中认真贯彻、执行。

（2）组织会计工作要符合各单位生产经营管理的特点。

各企业应根据自身规模的大小、经营管理的特点，从实际出发，确定本企业的会计制度，设置符合本企业实际的会计机构，配备满足本单位需求的会计人员。

（3）组织会计工作要在保证会计工作质量的前提下，讲求工作效率，提高经济效益。

组织会计工作要在遵守国家统一的法律规范和各单位自身特点的前提下，以高质量的会计工作，充分发挥会计在经营管理中的重要作用，讲求工作效率，以提高经济效益。

12.3.2 会计机构

1）会计机构的设置

会计机构是单位内部所设置的、专门办理会计事项的机构。会计机构直接从事和组织领导会计工作，会计机构和会计人员是会计工作的主要承担者。

建立和健全会计机构，是充分发挥会计工作的作用，保证会计工作顺利进行的重要条件。会计机构主要完成以下工作：

（1）进行有效的会计核算。

（2）实行合理的会计监督。

（3）制定本单位的会计制度、会计政策。

（4）参与本单位计划的制定、考核计划的执行。

为完成各项任务，实现会计的目标，会计机构应进行合理的分工，按照会计核算的流程设置岗位，配备会计人员。《会计法》第三十六条明确规定："各单位应当根据会计业务的需要，设置会计机构，或者在有关机构中设置会计人员并指定会计主管人员；不具备条件设置的，应当委托经批准设立从事会计代理记账业务的中介机构代理记账。"根据财政部1996年6月17日颁布的《会计基础工作规范》："各单位应当根据会计业务的需要设置会计机构；不具备单独设置会计机构条件的，应当在有关机构中配备专职会计人员。事业行政单位会计机构的设置和会计人员的配备，应当符合国家统一事业行政单位会计制度的规定。设置会计机构，应当配备会计机构负责人；在有关机构中配备专职会计人员，应当在专职会计人员中指定会计主管人员。会计机构负责人、会计主管人员的任免，应当符合《中华人民共和国会计法》和有关法律的规定。"

2）会计机构的类型

我国会计机构主要包括三种类型：主管会计工作的机构、业务主管部门的会计机构和单位的会计机构。

（1）国家管理部门设置的会计机构。

《会计法》规定，国务院财政部门是主管全国会计工作的机构，地方各级人民政府的财政部门是主管该地区会计工作的机构。国家各级管理部门分别设置会计司、处、科等。

国家管理部门会计机构的主要任务是：组织、指导、监督所属单位的会计工作；审核、汇总所属单位上报的会计报表；核算本单位和上、下级之间缴、拨款等事项。

（2）行政、事业单位设置的会计机构。

行政、事业单位设置的会计机构，需要满足对经费的收支及时地进行核算和报告的要求，同时也需要遵循内部控制的原则，以保证各该单位预算资金的安全与合理地使用。

（3）企业单位设置的会计机构。

企业单位包括各种类型的企业组织。一般地，除了规模小、业务简单的企业不需要设立专门会计机构外（但必须进行正常的会计核算），所有的企业单位都必须设置会计机构。

3）会计工作的组织形式

会计工作的组织形式是指会计机构的设置层次与会计核算资料的整理和提供的方式与分工。会计机构的组织形式关系到一个单位的会计部门要完成哪些会计工作，与企业的其他职能部门、车间、仓库等部门如何分工、协作。各企业应该根据自身规模的大小、业务的繁简，以及单位内部其他组织机构设置的实际情况，来确定科学、合理的组织形式，另外，确定会计工作的组织形式还应注意简化核算手续，提高工作效率。

企业会计工作的组织形式有独立核算和非独立核算、集中核算和非集中核算、专业核算和群众核算等形式。

（1）独立核算和非独立核算。

独立核算是指全面、系统地对本单位的业务经营过程及结果进行会计核算。实行独立核算的单位称为独立核算单位。独立核算单位的特点是具有一定数量的资金，在银行单独开户，独立经营、计算盈亏，账簿体系完整，定期编制财务报表。独立核算单位应单独设置会计机构，配备必要的会计人员，业务少的单位也可只设专职会计人员。

非独立核算又称报账制。实行非独立核算的单位称为报账单位。它是由上级拨给一定数量的备用金和物资，日常填制和整理原始凭证，登记备用金账和实物账，定期将收入、支出向上级报销，由上级汇总。非独立核算单位的特点是不独立计算盈亏，不编制财务报表，一般不设置专门的会计机构，但需要配备专职的会计人员，处理日常的会计事务。

（2）集中核算与非集中核算。

实行独立核算的单位，其会计工作的组织形式又可以分为集中核算和非集中核算。

所谓集中核算就是将整个单位的会计工作都集中在企业会计部门进行。单位内部的各部门、各单位一般不进行单独核算，只对经济业务进行原始凭证的取得、填制、汇总，并定期报送单位的会计部门，会计部门负责原始凭证和原始凭证汇总表的审核、记账凭证的填制、账簿的登记、报表的编制。集中核算的优点是可以减少核算的层次，精简会计人员，缺点是不利于企业各部门和各单位及时利用核算资料进行日常的考核和分析。

非集中核算又称分散核算。分散核算就是将会计工作分散在各有关部门进行，企业的内部各单位要对自身发生的经济业务进行比较全面的会计核算。例如，在工业企业中，车间应设置成本明细账，登记、计算本车间发生的生产成本，厂部会计部门只根据车间报送的资料进行产品成本的总分类核算。非集中核算的优点是，有利于企业内部各部门、各单位及时了解本部门、本单位的经济活动情况，以便于及时发现问题、分析问题、解决问题。这种组织形式的缺点是核算手续和核算层次增加。

（3）专业核算和群众核算。

除实行专业核算外，我国有的企业还实行群众核算。

专业核算就是由专职会计人员进行核算。

群众核算是由职工群众参加的经济核算。这种会计工作组织形式的具体做法是，确定核算单位，制订核算指标，选出核算人员，定期计算各项经济指标的实绩、得失，发现问题、总结经验，以取得良好的经济效果。如工业企业的班组核算，具体核算内容有：劳动生产率、产品任务完成率、出勤率、人均产值、工时、成本等，可以考核各企业班组生产任务的完成情况。群众核算的优点是便于群众及时了解班组完成的业绩，提高职工群众的生产积极性和主动性。

12.3.3 会计人员

会计人员是指从事会计工作的专职人员，在我国，会计人员按职权划分为总会计师、会计机构负责人、会计主管人员、一般会计；按专业技术职务划分为高级会计师、中级会计师、初级会计师。

会计工作人员的岗位一般可分为：会计主管、出纳、财产物资核算、收入利润核算、资金核算、工资核算、成本费用核算、往来结算、总账报表、税务核算、稽核、管理会计、会计电算化管理、会计事务管理等，这些岗位可以一人一岗，一人多岗或一岗多人。但出纳人员不得兼管稽核、会计档案保管和收入、费用、债权债务账目的登记工作。各单位可以根据行业特点、规模大小、业务繁简和人员多少情况具体确定。

1）会计人员应具备的条件

各单位应当根据会计业务需要配备持有会计证的会计人员。

从事会计工作的人员，必须取得会计从业资格证书。担任单位会计机构负责人（会计主管人员）的，除取得会计从业资格证书外，还应当具备会计师以上专业技术职务资格或者从事会计工作三年以上经历。会计人员应当具备必要的专业知识和专业技术，熟悉国家有关法律、法规、规章和国家统一会计制度，遵守职业道德。

会计人员应当按照国家有关规定参加会计业务的培训。各单位应当合理安排会计人员的培训，保证会计人员每年有一定时间用于学习和参加培训。

2）会计人员的职责

（1）进行会计核算。这是会计人员最基本的职责。会计人员要根据实际发生的经济业务，进行会计核算，做到手续完备，内容真实，账目清楚，如实地反映单位的财务状况、经营成果。及时地提供真实可靠的、满足财务信息使用者需要的会计信息。

（2）实行会计监督。这是会计核算的保障。会计人员要对经济业务的合理性、合法性、有效性进行监督，对不真实、不合法的凭证、记录，应当按照有关规定进行处理。

（3）拟订本单位办理会计事务的具体办法。

（4）参与拟定经济计划、业务计划，考核、分析预算、财务计划的执行情况。

（5）办理其他会计事务。

3）会计人员的权限

（1）会计人员有权要求本单位有关部门、人员认真遵守国家财经纪律和财务会计规章制度；

（2）会计人员有权参与本单位计划的编制、定额的制定、经济合同的签订，有权参与有关业务会议；

（3）会计人员有权监督、检查本单位有关部门的财务收支、资金使用和财产保管、收支、计量、检查等情况。

4）会计人员职业道德

《会计基础工作规范》规定了会计人员应该具备的职业道德：

（1）会计人员在会计工作中应当遵守职业道德，树立良好的职业品质、严谨的工作作风，严守工作纪律，努力提高工作效率和工作质量。

（2）会计人员应当热爱本职工作，努力钻研业务，使自己的知识和技能适应所从事工作的要求。

（3）会计人员应当熟悉财经法律、法规、规章和国家统一会计制度，并结合会计工作进行广泛宣传。

（4）会计人员应当按照会计法律、法规和国家统一会计制度规定的程序和要求进行会计工作，保证所提供的会计信息合法、真实、准确、及时、完整。

（5）会计人员办理会计事务应当实事求是、客观公正。

（6）会计人员应当熟悉本单位的生产经营和业务管理情况，运用掌握的会计信息和会计方法，为改善单位内部管理、提高经济效益服务。

（7）会计人员应当保守本单位商业秘密。除法律规定和单位领导人同意外，不能私自向外界提供或者泄露单位的会计信息。

财政部门、业务主管部门和各单位应当定期检查会计人员遵守职业道德的情况，并作为会计人员晋升、晋级、聘任专业职务、表彰奖励的重要考核依据。

会计人员违反职业道德的，由所在单位进行处罚；情节严重的，由会计证发证机关吊销其会计证。

12.3.4 总会计师

总会计师是在单位主要领导人的领导下，主管经济核算和财务会计工作的负责人。是组织领导本单位的财务管理、成本管理、预算管理、会计核算和会计监督等方面的工作，参与本单位重要经济问题分析和决策的单位行政领导人员，总会计师协助单位主要行政领导人工作，直接对单位主要行政领导人负责。因此，总会计师不是一种专业技术职务，也不是会计机构的负责人或会计主管人员，而是一种行政职务。

大、中型企业、事业单位、业务主管部门应当根据法律和国家有关规定设置总会计师。总会计师由具有会计师以上专业技术资格的人员担任。

总会计师行使《总会计师条例》规定的职责、权限。

1）总会计师的职责

（1）总会计师负责组织本单位的下列工作：

①编制和执行预算、财务收支计划、信贷计划，拟订资金筹措和使用方案，开辟财源，有效地使用资金；

②进行成本费用预测、计划、控制、核算、分析和考核，督促本单位有关部门降低消耗、节约费用、提高经济效益；

③建立、健全经济核算制度，利用财务会计资料进行经济活动分析；

④承办单位主要行政领导人交办的其他工作。

（2）总会计师负责对本单位财会机构的设置和会计人员的配备、会计专业职务的设置和聘任提出方案；组织会计人员的业务培训和考核；支持会计人员依法行使职权。

（3）总会计师协助单位主要行政领导人对企业的生产经营、行政事业单位的业务发展以及基本建设投资等问题做出决策。

总会计师参与新产品开发、技术改造、科技研究、商品（劳务）价格和工资奖金等方案的制定；参与重大经济合同和经济协议的研究、审查。

2）总会计师的权限

（1）总会计师对违反国家财经法律、法规、方针、政策、制度和有可能在经济上造成损失、浪费的行为，有权制止或者纠正。制止或者纠正无效时，提请单位主要行政领导人处理。

单位主要行政领导人不同意总会计师对前款行为的处理意见的，总会计师应当依照《中华人民共和国会计法》第十九条的规定执行。

（2）总会计师有权组织本单位各职能部门、直属基层组织的经济核算、财务会计和成本管理方面的工作。

（3）总会计师主管审批财务收支工作。除一般的财务收支可以由总会计师授权的财会机构负责人或者其他指定人员审批外，重大的财务收支，须经总会计师审批或者由总会计师报单位主要行政领导人批准。

（4）预算、财务收支计划、成本和费用计划、信贷计划、财务专题报告、会计决算报表，须经总会计师签署。

涉及财务收支的重大业务计划、经济合同、经济协议等，在单位内部须经总会计师会签。

（5）会计人员的任用、晋升、调动、奖惩，应当事先征求总会计师的意见。财会机构负责人或者会计主管人员的人选，应当由总会计师进行业务考核，依照有关规定审批。

总会计师的任命（聘任）、免职（解聘）依照《总会计师条例》和有关法律的规定办理。

12.3.5　会计机构负责人、会计主管人员

《会计法》第三十六条规定："各单位应当根据会计业务的需要，设置会计机构，或者在有关机构中设置会计人员并指定会计主管人员。"根据这一规定，单独设置会计机构的单位，负责组织管理会计事务、行使会计核算与监督职权的负责人为会计机构负责人；不单独设置会计机构的单位，由单位指定的负责组织管理会计事务、行使会计核算与监督职权的负责人为会计主管。

会计机构负责人、会计主管人员是单位会计工作的组织者、领导者。

根据《会计基础工作规范》，会计机构负责人、会计主管人员应当具备下列基本条件：

（1）坚持原则，廉洁奉公；

（2）具有会计专业技术资格；

（3）主管一个单位或者单位内一个重要方面的财务会计工作时间不少于2年；

（4）熟悉国家财经法律、法规、规章和方针、政策，掌握本行业业务管理的有关知识；

（5）有较强的组织能力；

（6）身体状况能够适应本职工作的要求。

12.3.6　内部会计管理制度

内部会计管理制度是各单位根据国家会计法律、法规、规章、制度的规定，结合本单位经营管理和业务管理的特点及要求而制定的旨在规范单位内部会计管理活动的制度、措施和办法。

各单位应当根据《中华人民共和国会计法》和国家统一会计制度的规定，结合单位类型和内部管理的需要，建立健全相应的内部会计管理制度。

1）制定内部会计管理制度应当遵循的原则

（1）应当执行法律、法规和国家统一的财务会计制度。

虽然会计法规赋予各单位一定的理财自主权和会计核算方法的自主权，但这些自主权不能违背国家的法律法规，否则会对经济管理活动产生不利影响。因此，依法办事是会计工作的首要准则，也是制定单位内部会计管理制度的首要原则。

（2）应当体现本单位的生产经营、业务管理的特点和要求。

内部会计管理制度是对单位制度中财务部门的进一步归纳和具体化，必须充分体现本单位生产经营、业务管理实际，要与单位其他管理制度相协调、衔接，而不能脱离单位实际照抄照搬书本上或其他单位的管理方法和管理模式，必须使内部会计管理制度适应内部管理要求才能充分发挥其作用。

（3）应当全面规范本单位的各项会计工作，建立健全会计基础，保证会计工作的有序进行。

内部会计管理制度一方面要符合并体现会计科学的基本原理和方法，不能与会计学科的基本要求相违背；另一方面，应严格规范会计事务的各个方面、各个环节的工作，不能顾此失彼。

（4）应当科学、合理，便于操作和执行。

一方面，单位所制定的内部会计管理制度要便于操作和执行，只有科学、合理、易于操作执行的管理制度，才会有生命力，才会起到积极的作用。

另一方面，内部会计管理制度必须体现内部控制的要求，有效的内部控制是现代管理的基本要求，而会计控制是内部控制的重要组成部分，因此，内部会计管理制度必须体现这方面的要求。

（5）应当定期检查执行情况。

内部会计管理制度应便于检查执行情况，只有定期检查制度在实际工作中的执行情况，才能有效发挥其规范和控制的作用。

（6）应当根据管理需要和执行中的问题不断完善。

各单位所制定的内部会计管理制度，应当根据执行情况和管理需要不断完善，才能保证制度更加适应不断变化的管理需要。

2）内部会计管理制度的内容

（1）内部会计管理体系。

内部会计管理体系主要内容包括：单位领导人、总会计师对会计工作的领导职责；会计部门及其会计机构负责人、会计主管人员的职责、权限；会计部门与其他职能部门的关系；会计核算的组织形式。

（2）会计人员岗位责任制度。

会计人员岗位责任制度主要内容包括：会计人员工作岗位设置；各会计工作岗位的职责和标准；各会计工作岗位的人员和具体分工；会计工作岗位轮换办法；对各会计工作岗位的考核办法。

（3）账务处理程序制度。

账务处理程序制度主要内容包括：会计科目及其明细科目的设置和使用；会计凭证的格式、审核要求和传递程序；会计核算方法；会计账簿的设置；编制会计报表的种类和要求；单位会计指标体系。

（4）内部牵制制度。

内部牵制制度主要内容包括：内部牵制制度的原则；组织分工；出纳岗位的职责和限制条件；有关岗位的职责和权限。

（5）稽核制度。

稽核制度主要内容包括：稽核工作的组织形式和具体分工；稽核工作的职责、权限；审核会计凭证和复核会计账簿、会计报表的方法。

（6）原始记录管理制度。

原始记录管理制度主要内容包括：原始记录的内容和填制方法；原始记录的格式；原

始记录的审核；原始记录填制人的责任；原始记录签署、传递、汇集要求。

（7）定额管理制度。

定额管理制度主要内容包括：定额管理的范围；规定和修订定额的依据、程序和方法；定额的执行；定额考核和奖惩办法等。

（8）计量验收制度。

计量验收制度主要内容包括：计量检测手段和方法；计量验收管理的要求；计量验收人员的责任和奖惩办法。

（9）财产清查制度。

财产清查制度主要内容包括：财产清查的范围；财产清查的组织；财产清查的期限和方法；对财产清查中发现问题的处理办法；对财产管理人员的奖惩办法。

（10）财务收支审批制度。

财务收支审批制度主要内容包括：财务收支审批人员和审批权限；财务收支审批程序；财务收支审批人员的责任。

（11）成本核算制度。

实行成本核算的单位应当建立成本核算制度，主要内容包括：成本核算的对象；成本核算的方法和程序；成本分析等。

（12）财务会计分析制度。

财务会计分析制度主要内容包括：财务会计分析的主要内容；财务会计分析的基本要求和组织程序；财务会计分析的具体方法；财务会计分析报告的编写要求等。

章末习题

一、思考题

1.什么是会计法规？简要说明我国会计法规体系的内容。

2.什么是国际财务报告准则？

3.什么是会计工作组织？会计工作组织的内容有哪些？

4.会计人员的职责和权限是什么？

5.会计人员应具备哪些职业道德？

二、案例讨论

甲公司由于企业内部经营管理不当和外部市场环境的影响，发生亏损，为粉饰报表，维护企业形象，公司的负责人要求公司的财务负责人调整本年度的财务数据，变亏损为盈利。公司会计人员对财务数据做了以下调整：虚构经济业务，编造虚假凭证，以增加营业额；隐瞒费用和成本，降低支出等。

讨论题：

上述行为是否违背了会计职业道德？是否违法？哪些当事人违反了会计职业道德要求、会计法律规范？相关当事人应受到何种处理？

主要参考文献

[1] 陈国辉，迟旭升. 基础会计 [M]. 5版. 大连：东北财经大学出版社，2016.

[2] 唐国平. 会计学基础 [M]. 2版. 北京：高等教育出版社，2011.

[3] 汪本强，巫绪芬，魏朱宝.《基础会计学》现行教材的弊病及新教材编写构想 [J]. 财会月刊，2010（3）.

[4] 沃伦，里夫，费斯. 会计学（财务会计分册）[M]. 英文版第20版. 北京：机械工业出版社，2003.

[5] 吴水澎. 会计学原理 [M]. 2版. 沈阳：辽宁人民出版社，2007.

[6] 吴涛，杨成文. 会计学 [M]. 北京：经济科学出版社，2010.

[7] 阎达五，于玉林. 会计学 [M]. 2版. 北京：中国人民大学出版社，2003.

[8] 中华人民共和国财政部. 企业会计准则（2015年版）[M]. 上海：立信会计出版社，2015.

[9] 周红，王建新，张铁铸. 国际会计准则 [M]. 2版. 大连：东北财经大学出版社，2012.